Eberhard Schmitt-Burk

Toskana per Rad (inkl. Umbrien)

Ein CYKLOS-Fahrrad-Reiseführer

Verlag Wolfgang Kettler

CIP-Einheitsaufnahme der Deutschen Bibliothek

Schmitt-Burk, Eberhard:
Toskana per Rad : (inkl.Umbrien) / Eberhard Schmitt-Burk.
- 1. Aufl. – Neuenhagen b. Berlin : Kettler, 1999
  (Ein Cyklos-Fahrrad-Reiseführer)
  ISBN 3-932546-02-4

Fotos: Eberhard Schmitt-Burk (S. 6, 27, 60, 62, 63, 101, 123, 134, 145, 150, 191, 202, 213, 223, 235, 242, 245, 251), Liesel Burk (S. 2, 9, 24, 39, 77, 87, 95, 112, 160, 171, 181)

Das Titelbild entstand in Trevi.
Das Frontispiz zeigt den Schiefen Turm von Pisa.

1. Auflage Februar 1999

ISBN 3-932546-02-4

© Copyright 1999 by Verlag Wolfgang Kettler, Bergstr. 28,
   15366 Neuenhagen b. Berlin

Alle Rechte, auch des auszugsweisen Nachdrucks, vorbehalten.

Druck: Gallus Druckerei KG, Berlin

Inhalt

Mit dem Fahrrad auf Reisen: Toskana, Umbrien	7
Anleitung zur Benutzung	8

Land und Leute — 9

Fläche und Topografie; Vegetation	10
Klima	12
Bevölkerung	12
Zeugen der Geschichte	14
Sprache	22
Staat, Verwaltung, Wirtschaft	25

Das Reisen — 27

Informationsmaterial	28
Anreise	29
Einreise	32
In Toskana und Umbrien unterwegs	33
Karten	38
Reiseführer und -Literatur	40
Toskana und Umbrien selbst entdecken	43
Ein Dach überm Kopf	44
Kulinarisches	47
Geld	51
Post	52
Telefon	53
Die Zeit	54
Normen	55
Service	56
Das Fahrrad	58
Fahrradteile-Vokabular	61

Unterwegs — 63

Etappenübersicht	65
Etappenbeschreibungen	68
Toskana	68
Umbrien	218

Register — 253

Mit dem Fahrrad auf Reisen: Toskana, Umbrien

... ist ein Fahrradreisegebiet für fast jeden Geschmack und Schwierigkeitsgrad. Die mediterran geprägte Landschaft ist beachtenswert vielfältig: Hügel, Plateaus, Hochgebirge, enge und weite Täler, Wald, Getreidefluren, Weiden, Weinberge, Olivenhaine, Küsten, flach und steil – das alles findet man im Nordwesten Mittelitaliens. Gespickt ist diese überaus abwechslungsreiche Szene mit zahlreichen mittelalterlich-uralten Städten und Städtchen.

Es existiert ein engmaschiges Netz von Straßen und Sträßchen – sowohl in der Toskana (ital. Toscana) als auch in Umbrien (ital. Umbria) –, so daß es, von wenigen Ballungsgebieten (Toskana: Florenz/Prato, Livorno; Umbrien: Perúgia, Terni) abgesehen, auch dort, wo stark frequentierte Hauptverkehrsstraßen abgasfreies Radeln behindern, lediglich ein paar Kilometer entfernt möglich ist, relativ entspannte Radtouren zu unternehmen.

Die Toskana, die Hauptregion dieses Buchs, ist altes Touristenland mit einem breiten und weitgehend flächendeckenden Netz an preiswerten Übernachtungsmöglichkeiten (einfache Hotels, einfache Pensionen, Privatzimmer, Campingplätze, Jugendherbergen, Urlauber aufnehmende Bauernhöfe, Wanderhütten). Auch Radwanderer aus dem Norden sind nichts Neues. Aber ihre Zahl hat in jüngster Zeit reichlich zugenommen – und wird weiter wachsen.

Dagegen ist Umbrien, die Zweitregion unseres Buches, ein Spätstarter, wo erst in den letzten Jahren der Tourismus „richtig" Fuß gefaßt hat. Das ist durchaus kein Nachteil: Übernachtungsmöglichkeiten sind mittlerweile reichlich geschaffen worden – aber die Region ist längst noch nicht so überlaufen, nicht einmal in der Hochsaison.

Die Streckenempfehlungen unseres Fahrradreiseführers spiegeln die enorme landschaftliche und kulturelle Vielfalt Mittelitaliens durch eine große Zahl höchst verschiedener Routen wieder. Sehr unterschiedlich und von großer Vielfalt sind unsere Touren auch hinsichtlich Länge und Schwierigkeitsgrad. So ergibt sich ein Spektrum, das weit über das Programm touristischer Standardtouren hinausreicht.

Toskana und Umbrien sind Gebirgsländer. Dies spiegelt sich darin wieder, daß viele unserer Routen mindestens einen starken Anstieg enthalten. Radler, die Berge überhaupt nicht mögen, finden aber im Bereich der toskanischen Küste und in mehreren Flußtälern (Arno, Sérchio, Ombrone) auch flache Strecken. Eine große Rundfahrt können Sie damit freilich nicht bestreiten.

Foto links: Radweg von Cascina nach Pisa

Anleitung zur Benutzung

Informationen über Benzinpreise fehlen in diesem Reiseführer: er ist voll und ganz auf Fahrradreisen ausgerichtet und verzichtet daher auf alle Details, die für Radler unwichtig sind. Statt dessen legt dieses Buch Wert auf Fahrrad-Werkstätten/-Läden und preiswerte Unterkünfte, gute Landkarten und ruhige Nebenstraßen.
Toskana und Umbrien weisen eine Fülle von nationalen/regionalen Eigenheiten in Politik, Wirtschaft und Kultur auf, deren Kenntnis für Touristen durchaus nützlich ist, wollen sie nicht stetig mit staunend geöffnetem Mund als „lebender Fliegenfänger" durch die Gegend radeln. Etwas Hintergrundwissen über das Land und die dort lebenden Menschen steht deshalb am Anfang des Buches.

Im Anschluß an die allgemeinen Informationen sind jene kleinen Dinge zusammengestellt, die die Besucher Toskanas und Umbriens im Reisealltag brauchen, wie z.B. Einreisebedingungen, geeignete Landkarten, Bahnlinien, Unterkünfte, Kulinarisches oder Details zu geeigneten Fahrrädern.
Der eigentliche Fahrrad-Reiseführer beginnt erst danach. Toskana und Umbrien werden „etappenweise" behandelt. Zu diesem Zweck sind die beiden Regionen in insgesamt 103 (auf der am Ende des Buches befindlichen Übersichtskarte ersichtliche) Teilstrecken aufgeteilt, so daß ein weitgehend individueller Reiseverlauf ermöglicht wird. Die durchnumerierten Teilstrecken sind mit Kartenskizzen und Streckenverlauf ausführlich beschrieben, Städte und Sehenswürdigkeiten „en route", teilweise mit Rasterstreifen hervorgehoben, behandelt. Detailinformationen zu einem Ort stehen im allgemeinen nur in jeweils einer Etappenbeschreibung; sie sind über das Register am Ende des Buches schnell zu finden.
Die Etappen werden durch zahlreiche Abstecher/Ausflüge ergänzt.
Die Streckenführung der Etappen ist speziell auf die Belange der Fahrrad-Touristen abgestimmt: weitestgehend werden Nebenstraßen benutzt, landschaftlich und touristisch interessante Stätten ausgesucht.
Die Routenempfehlungen beeinhalten keine Vorschriften über die zu vollbringende „Tagesleistung" – Kürzungen und Ausweitungen sind leicht möglich, die Länge der Tagesstrecken bestimmen Sie ausschließlich selbst.
Die in den Beschreibungen enthaltenen Details über Ortschaften sollen sowohl der Vorauswahl der jeweils zu Aufenthalt und/oder Übernachtung angepeilten Dörfer und Städte dienen als auch touristische Tips „vor Ort" geben. Sie nehmen Ihnen jedoch nicht das Selbstentdecken der Orte ab; Näheres dazu in den Kapiteln über Übernachtung und Kulinarisches.
Die Auswahl der Informationen ist darauf gerichtet, daß sie einen guten Mittelweg zwischen den strikten Vorschriften einfacher Radwanderführer und den für die spezifischen Bedürfnisse der Radtouristen wenig brauchbaren Angaben gewöhnlicher Reiseführer bieten.
Anhand dieses Fahrradreiseführers allein werden Sie aber keine eigenverantwortliche Toskana- und Umbrienreise unternehmen können: als Ergänzung sind gute Straßenkarten (s. Karten-Kapitel) unbedingt erforderlich.

Land und Leute

Castelnuovo di Garfagnana, Stadttor

Fläche und Topografie; Vegetation

Die in diesem Buch beschriebenen Etappen führen durch den Nordwesten Mittel-Italiens, d.h. durch Toskana und Umbrien. Nicht einbezogen sind dagegen der Nordosten (Marken, Emilia Romagna) und der Süden (Latium) dieser Großregion im Zentrum des „Stiefels". Dies hätte den Umfang unseres Buchs gesprengt.

Toskana

Die Toskana mißt 22.992 km² (7,6 % der Gesamtfläche Italiens), damit ist sie etwas größer als Slowenien bzw. ein wenig mehr als halb so groß wie die Schweiz.

Die Toskana besteht überwiegend aus Hügel- und Mittelgebirgslandschaft (70 % Hügel, 20 % Berge, 10 % Ebene). Vom Nordwest- bis Südoststrand hat sie Anteil am Hochgebirge des Apennin – ein recht breiter Streifen, dessen höchste Gipfel in diesem Raum bis knapp über 2000 m (M. Prato 2053 m) hinaufreichen. Eine beachtliche Höhe besitzt auch das Massiv des Monte Amiata ganz im Süden der Toskana – 1738 m hoch. Das Gebirge zeichnet sich aus durch große Formenvielfalt: steil aufragende gewaltige Felsberge (Alpi Apuane), sanfte Hügel (Chianti), gewaltige Massive (Monte Amiata), von der Erosion zerfurchte und geschliffene Hügelwelt (Crete).

Täler, Schluchten und Becken sind in dieser Landschaft mehr als zahlreich. Das längste und breiteste Tal umgibt den Arno (241 km lang). Erwähnenswert sind auch die Täler der Flüsse Tiber, Ombrone (161 km lang), Sieve, Sérchio (107 km lang), Cécina und Chiana. Im Westen grenzt die Toskana ans Meer – die 328 km lange Küste (inkl. Inseln 580 km) ist überwiegend flach. Ausgedehnte Ebenen existieren im Bereich des Arno-Deltas und in der Maremma. Im Südwesten der Toskana liegen nicht weit von der Küste entfernt einige Inseln (Toskanisches Archipel), von denen Elba die größte und bekannteste ist.

Die Toskana gehört zu den am dichtesten besiedelten und intensivsten kultivierten Landschaften Italiens. 37 % der Fläche ist dank umfangreicher Aufforstung seit den 1950er Jahren von Wald bedeckt, das ist weit mehr als der italienische Durchschnitt. In der Küstenebene wurden ausgedehnte Streifen Kiefern, Pinien, Schwarz- und Weißpappeln sowie Eukalyptus angepflanzt. In Teilgebieten der toskanischen Südküste sind Korkeichen erhalten geblieben. Im Hinterland zur Küste (vor allem in der Südwesttoskana) besteht eine breite Zone Macchia, d.h. immergrüner mediterraner Buschwald, oft undurchdringlich dicht. Hauptpflanzen dieser Formation sind: Lorbeer, Salbei, Oregano, Kamille, Ginster, Erdbeerbaum, Wachholder, Zistrose, Myrte, Mastixsträucher, Pistazie, Brombeere, mehrere Erikaarten etc. Ihre aromatischen Harze und ätherischen Öle verbreiten einen intensiven Duft. Im Frühjahr bildet die Macchia ein farbenprächtiges Blütenmeer.

In den Alpi Apuane und im Apennin sind große Flächen mit Kastanien-, Ahorn-, Eschen-, Buchen-, Tannen-, Fichten- und Lärchenwäldern bedeckt.

Bäume, die in den offenen Landschaften und in Ortschaften besondere Akzente setzen, sind die spitz aufragende Zypresse und die pilzköpfige Pinie. 25 % der Fläche werden zum Ackerbau genutzt. Angebaut wird alles, was in der mediterranen Agrarwelt beheimatet ist: Weizen, Gerste, Mais, Zuckerrüben, Sonnenblumen, Tabak, Spargel, Zucchini, Tomaten, Auberginen, Artischocken etc. Weitere große Flächen werden von Rebenfeldern und Olivenhainen eingenommen. Auch Mandel- und Feigenbäume sind recht verbreitet. Lediglich 7,3 % der Fläche sind unfruchtbar.

Umbrien

umfaßt dagegen lediglich 8500 km², es gehört zu den kleinen Regionen Italiens. Wie die Toskana besteht Umbrien überwiegend aus Hügel- und Mittelgebirgslandschaft (niedrigster Punkt 48 m, 40 % 200 bis 400 m, 25 % zwischen 600 und 800 m). Für den größten Teil des Landes sind sanfte Erhebungen, bewaldet oder landwirtschaftlich genutzt, charakteristisch. Auch Umbrien hat vom Nordosten nach Südosten mit einem breiten Randstreifen Anteil am Apennin, der aber innerhalb der Regionsgrenzen nur bis 1884 m hinaufreicht, jedoch dicht dahinter bis zu 2346 m hoch ist (Monte Vettore). Umbrien ist eine niederschlagsreiche Region. Vom Apennin kommen zahlreiche Bäche, Flüßchen und Flüsse herunter. Hauptflüsse sind Tiber und Nera. Zwischen Spoleto und Perúgia erstreckt sich Umbriens ausgedehnteste Talaue, die Valle Umbra.

Umbrien ist Binnenland. Es existiert aber ein großer See, der Lago Trasimeno, in dem zur Sommerzeit gebadet werden kann.

Umbrien war noch in der Antike von dichten Laubwäldern bedeckt. Durch Raubbau und Kultivierung ist dieser Bestand über die Jahrhunderte erheblich geschrumpft. Ferner hat sich im Lauf der Zeit auf einem Teil des ehemaligen Hochwaldareals die degenerierte Strauch-Wald-Formation der Macchia etabliert. In jüngster Zeit ist durch aktive Forstpolitik eine gegenläufige Tendenz eingeleitet worden.

Umbrien zählt heute neben der Toskana zu den waldreichsten Gebieten Italiens. In den Lagen bis 1000 m ist die Eiche nach wie vor der dominierende Baum. Man trifft sie häufig im Verband mit Ahorn, Esche, Linde und Hainbuche. In dieser Zone ist aber auch alles vertreten, was Mittelmeerflora repräsentiert, so die Pinie, der Buchsbaum und der Judasbaum etwa.

In den Wäldern der höheren Gebirgsregionen trifft man vor allem auf Buche, Eibe, Birke, Kiefer und Tanne. In diesem Bereich können Sie auch viele Vertreter alpiner Flora entdecken, z.B. Narzissen, Enziane, Bergminzen, Rhododendren. Umbriens Agrarlandschaft ist mediterran, d.h. die wichtigsten Kulturpflanzen heißen: Mais, Winterweizen, Gerste, Wein, Ölbaum/Olive.

Während in der Toskana in weiten Gebieten Zypressen und Schirmpinien in der

Landschaft die Akzente setzen, sind es in den Beckenlandschaften, Tälern und Hügelgebieten Umbriens hohe Pappeln, mächtige einzeln stehende Eichen und exotisch zurecht gestutzte alte Weiden, die der Landschaft besonderen Reiz verleihen.

Klima

Mittelitalien besitzt typisches Mittelmeerklima. In den Gebirgsregionen wird letzteres jedoch durch die Höhenlage modifiziert.

Die Hochsommermonate (Juli, August) können bis zu 40 °C heiß werden und sind extrem trocken. Lediglich in den höheren Gebirgsregionen ist es dann erträglich kühl. Der Herbst (September, Oktober) ist warm und am Anfang noch trocken. Ab Oktober kommt es häufiger zu Regenfällen. Der November ist bereits recht kühl und ziemlich niederschlagsreich. Von Dezember bis Ende Februar herrscht ein vergleichsweise milder Winter. Nur in den mittleren und höheren Lagen des Gebirges ist mit Schnee und Frost zu rechnen. Im März beginnt der Frühling, der bis etwa Mitte Mai reicht. Danach setzt allmählich Sommerwetter ein.

Bevölkerung

Italien hat 57,4 Mio. Einwohner. Die Bevölkerungszahl stagniert seit Jahren. Die Geburtenrate gehört zu den niedrigsten in Europa.

Die Haushalte und Familien sind mittlerweile ähnlich klein wie in Deutschland. Die Kinder lösen sich allerdings erheblich später aus der Elternfamilie, was wohl hauptsächlich ökonomische Gründe hat. Auch sind die Beziehungen zur Verwandtschaft und Herkunftsfamilie stärker, was vor allem kulturell bedingt zu sein scheint.

Bei einer Staatsfläche von 301.323 km² ergibt sich ein Bevölkerungsdichte von 188 Einw./km². Größte Städte sind: Roma 2.650.000 Einw., Milano (Mailand) 1.306.000 Einw., Napoli (Neapel) 1.065.000 Einw., Torino (Turin) 921.000 Einw., Palermo 684.000 Einw., Genova (Genua) 656.000 Einw., Bologna 386.000 Einw. und Firenze (Florenz) 382.000 Einw.

Formal gesehen sind 94 % der Italiener römisch-katholisch. Die Kirche war nie ein monolithischer Block. Es gab immer eine breite Strömung „Kirche von unten", die anderen Idealen folgte als die machtbewußte Kirche der Würdenträger, die „Kirche von oben". Bekannte Leitfiguren der alternativen Kirche waren im

Raum von Toskana/Umbrien z.B. Franz von Assisi und die christlichen Kommunisten des Monte Amiata, deren Ideale bescheidene Lebensführung und soziale Gleichheit hießen.

Die sozialen Normen der Kirche haben in jüngerer Zeit im zivilen Leben reichlich Federn lassen müssen. Auf dem Weg von Volksabstimmungen haben sich deutliche Mehrheiten für die Einführung der Zivilehe (inkl. Möglichkeit der Scheidung) und der Abtreibung (in den ersten drei Monaten der Schwangerschaft – ohne Vorbedingung) entschieden. Immer mehr Menschen lassen sich zivil trauen und, wenn die Beziehung nicht so recht funktioniert, auch wieder scheiden, allerdings sind die Zahlen weitaus niedriger als z.B. in Deutschland oder Holland. Auch viele eingefleischte Katholikinnen praktizieren Abtreibung und lassen den „Kindersegen" und „natürliche Fruchtbarkeit" propagierenden Papst im Regen stehen.

Toskana
zählt gegenwärtig ca. 3,5 Mio. Einwohner, das sind gut 6 % der Gesamtbevölkerung Italiens. Die Bevölkerungsdichte liegt bei 156/km², das ist ein wenig unter dem italienischen Durchschnitt. Die Bevölkerung der Region Toskana ist räumlich sehr ungleichmäßig verteilt. Während die Gebirgsregionen als Abwanderungsgebiete sehr dünn besiedelt sind, bestehen andererseits im Arno-Tal von Florenz bis Pisa und an mehreren Küstenstreifen größere Ballungsgebiete – mitten drin die großen Städte: Florenz, Prato, Lucca, Livorno, Viaréggio.
Mit Abstand größte Stadt der Toskana ist Firenze (Florenz) mit 403.000 Einw. Über 100.000 Einw. haben ansonsten nur noch Prato und Livorno.

Umbrien
hat lediglich 825.000 Einwohner. Mit gerade mal ca. 100 Einw./km² gehört die südöstliche Nachbarregion der Toskana zu den am dünnsten besiedelten Gebieten Italiens. Es bestehen die zwei nicht übermäßig großen Ballungsräume Perúgia und Terni, recht bevölkerungsreich ist ferner der Raum Foligno-Spoleto, der Rest des Landes ist fast menschenleer (insbesondere die Gebirgsregionen im Osten).

Die größten Städte des Landes heißen: Perúgia, 151.000 Einw., und Terni, 110.000 Einw. Sonst erreicht keine Stadt mehr als 100.000 Einw.

Zeugen der Geschichte

Toskana

Etrusker und Römer
Ein großer Teil der heutigen Region Toskana war ca. ab dem 8. Jh. v. Chr. von den Etruskern bewohnt, über deren Herkunft bislang sehr unterschiedliche Vermutungen bestehen. Die Kultur dieses Volkes kann als Mischkultur angesehen werden, die stark von den Griechen beeinflußt war. Wie bei letzteren war das Gemeinwesen im wesentlich auf das einzelnen Stadtstaat (Polis) beschränkt. Auf territorialer Ebene brachten sie es lediglich zu dem sehr lockeren Zwölf-Städte-Bund (Arezzo, Cerveteri, Chiusi, Cortona, Orvieto, Perúgia, Populónia, Rusellae, Tarquinia, Volterra, Vulci, Volsini).

Einige Städte erreichten eine beachtliche Größe, Volterra und Perúgia/Umbrien hatten in ihrer besten Zeit mehr als 50.000 Einw. Das Land der Etrusker umfaßte in der Blütezeit neben der Toskana auch größere Gebiete in Umbrien und Latium sowie Sardinien. An der Spitze ihrer Stadtstaaten standen Könige oder Aristokraten (später). Die Masse des Volkes bestand aus leibeigenen Pächtern und Sklaven.
Ackerbau, Viehzucht, Metallbearbeitung (Bronze, Gold) und Kleinhandwerk befanden sich auf einem hohen Stand.

Ab dem 4. Jh. v. Chr. kamen zunehmend etruskische Gebiete unter römische Herrschaft, ab dem 2. Jh. befand sich gesamt Etrurien in römischer Hand.
Von den etruskischen Siedlungen ist nicht viel geblieben: ein paar Teilstücke von Stadtmauern (Volterra, Perúgia), einige Grabtumuli (Populónia, Cortona, Chiusi), Podiumstempel. Es existiert aber ein beachtlicher Schatz von Kleinfunden (Haushaltsgeräte, Kleinplastiken, Waffen, Grabbeigaben), die in mehreren Museen (Volterra, Chiusi, Florenz, Arezzo) präsentiert sind.

In den vielen Jahrhunderten römischer Herrschaft wurden die Etrusker schließlich von den Römern assimiliert, das war das Ende als eigenständige Kultur und Nation. Die Region bekam den Namen Tuscia (der Name Toscana ist erst im 13. Jh. entstanden).

Die Römer richteten sich in den bestehenden Städten ein, die sie im Lauf der Zeit mit den sich herausbildenden Elementen römischer Stadtarchitektur und -kultur versahen (Forum im Zentrum, Theater, Bäder/Thermen, breite Straßen, Aquädukt etc.). Teilweise wurden aber auch aus strategischen Gründen neue Städte angelegt (Pisa, Lucca, Pistóia, Florenz).

Die römische Epoche ging in Toscana-Umbria wie andernorts auf der Apennin-Halbinsel im 5. Jh. zu Ende, als der westliche Teil des „Imperium Romanum" unter den Attacken germanischer Invasoren zusammenbrach.
Auch von den römisch-antiken Stadtkomplexen ist wenig erhalten geblieben

(Fiésole, Volterra). Die Menschen richteten sich in dem ein, was nach dem Germanensturm und den Kriegen des 6. Jh. (Ostgoten gegen Byzantiner) noch stand, und transformierten die antiken Städte ab dem 8. Jh. allmählich in die mittelalterliche Architektur, wobei das Vorhandene als Material (Säulen u.a. als Bauelemente; Beibehaltung von Plätzen und Straßen etc.) genutzt wurde.

Goten, Langobarden, Franken
Nach dem Untergang des römischen Reiches befand sich die Toskana 493-552 unter der Herrschaft der Ostgoten, die die vorgefundenen Siedlungsstrukturen unverändert bestehen ließen. Letztere wurden schließlich von den Byzantinern vertrieben. Bei den Kämpfen wurden die antiken Städte im Bereich der großen Straßen zerstört oder erheblich beschädigt. In der kurzen Phase byzantinischer Herrschaft (553-69) wurde nur wenig wieder instand gesetzt. Byzanz mußte den Langobarden weichen, die sich jenseits der Ruinenstädte an einigen wenigen strategisch wichtigen Positionen niederließen. Nur Lucca erlebte einen Aufschwung, denn es wurde Hauptstadt der Region und Sitz eines langobardischen Herzogs. Pisa konnte sich zumindest wegen des Handelshafens behaupten, ansonsten hielt der Verfall der antiken Städte an.

Die Langobardenherrschaft dauerte immerhin 200 Jahre, sie wurde schließlich 774 durch den aufstrebenden fränkischen Potentaten Karl beendet, der das durch interne Auseinandersetzungen geschwächte Langobarden-Herzogtum Tuszien als Markgrafschaft in sein riesiges Reich (ab 800 Kaiserreich) einverleibte.

Das Land wurde mit einer Feudalaristokratie überzogen, die vom fränkischen Herrscher mit Ländereien belehnt wurde. Auf diesen arbeiteten unfrei gehaltene Bauern, die vom Adel durch hohe Abgaben ausgebeutet wurden. An diesen feudalen Verhältnissen sollte sich in den ländlichen Regionen der Toskana bis in unser Jahrhundert nur wenig ändern (Landreform von 1962, Abschaffung der Halbpacht/Mezzadria).

Ab Ende des 9. Jh. und fast durch das gesamte 10. Jh. wurde die Region auf Grund der schwachen Position der deutschen Kaiser in Norditalien von diversen lokalen Potentaten dominiert. Danach war der Einfluß des Kaisers wieder ein wenig stärker, wobei er sich aber auf die Markgrafen von Canossa „stützte", die in der Nachbarregion Emilia ihren Sitz hatten und sich die Toskana einverleiben durften.

Stadtrepubliken
Im 8. und 9. Jh. begannen sich die toskanischen Städte allmählich wieder aufzurappeln. Handwerk und Handel nahmen einen Aufschwung. Im 10. Jh. gewannen die Städte erstmals einen gewissen Freiraum gegen Kaiser und Markgraf. Dieser konnte im 11. Jh. unter der Markgräfin Mathilde von Canossa weiter vergrößert werden. Nach deren Tod (1115) wußten die reichen Städte und einige regionale Feudalherren die Situation für eine weitgehende Selbständigkeit zu nutzen.

Im 11. und 12. Jahrhundert setzte sich der wirtschaftliche Aufstieg der toskanischen Städte beschleunigt fort. Dies gilt insbesondere für die Hafenstadt Pisa, die ab Ende des 11. Jh. durch die Kreuzzüge (Transportmittel und Proviant gegen Besitz- und Handelsrechte in der Ägäis und in Palästina) und den rasch expandierenden europäischen Mittelmeer- und Orienthandel, der über die Toskana lief, zu großem Reichtum und sogar politischer Macht kam. Auch Siena, die Stadt der Banken, und die Textilien produzierenden Städte Florenz und Prato profitierten von dieser Entwicklung. Letztere verdienten viel Geld durch den Export ihrer Waren nach Flandern und Frankreich.

In dieser Zeit lag aber die politische Macht noch beim Adel, der großenteils in den Städten ansässig war und hier durch seine hohen, festungsartigen Wohntürme auffiel.

Der wirtschaftliche Aufstieg der Händler und Handwerker stärkte andererseits aber auch die Position des Stadtbürgertums, das schließlich in den meisten toskanischen Städten Ende des 12. und Anfang des 13. Jh. die Macht übernahm und die demokratische Stadtrepublik durchsetzte, von der freilich die städtische Unterschicht – von kurzen Abschnitten abgesehen (Aufstand der Ciompi, 1378) – ausgeschlossen blieb.

Der wirtschaftliche Aufstieg der Städte war von einer regen Bautätigkeit begleitet (11.-14. Jh.), in der gewaltige Städte mit mächtigen Stadtmauern und eindrucksvollen Sakralbauten entstanden. Richtungsweisend war zunächst der Mitte des 11. Jh. begonnene Dom von Pisa mit seiner eigenwilligen Konzeption von Romanik, dem man alsbald in den Nachbarstädten mit großem Engagement nacheiferte.

Von diesen mittelalterlichen Städten ist sehr viel erhalten geblieben; die Kerne machen heute fraglos den Reiz von Lucca, Pisa, Siena, San Gimignano und vielen anderen Orten aus.

Zwischen den toskanischen Städten bestanden seit dem 11. Jh. verbissene Machtkämpfe, inkl. zahlreicher Kriege, um Territorien und Vorherrschaft. Diese Auseinandersetzungen setzten sich unter den Stadtrepubliken fort.

Der Kampf zwischen den Städten war in der ersten Phase lange Zeit überlagert vom mittelalterlichen Machtkampf zwischen Kaiser und Papst.

Am Anfang war Pisa die mächtigste Stadt. Nach der schweren Niederlage gegen die Flotte des konkurrierenden Genua in der Seeschlacht von 1284 setzte aber ein unaufhaltsamer Niedergang ein, der in der Toskana das Kräfteverhältnis zugunsten von Florenz und Siena verschob. Im 13. und 14. Jh. bestimmen die Auseinandersetzungen zwischen diesen beiden mächtigen Städten die toskanische Geschichte. Schließlich gewinnt Florenz (1555) und begründet ein toskanisches Herzogtum unter seiner Hegemonie.

Die Demokratie der toskanischen Stadtrepubliken war stets durch das Machstreben der Reichen (Großbürgertum) und andere Möchte-gern-Potentaten gefährdet.

Verschiedene Putsche aus diesem Lager unterbrachen zeitweise das demokratische Leben durch Diktaturen: Uguccione della Faggiola in Pisa, 1314-1341, Castruccio Castracani in Lucca, 1316-1328, Paolo Guingi in Lucca, 1400-1430, Galeazzo Visconti in Siena, 1487-1516.

Andere Wege der Unterminierung der Demokratie bestanden ferner darin, Strohmänner vorzuschieben oder die politische Führung der Stadt zu bestechen. Von dieser Art war z.B. die Herrschaft der reichen und skrupellosen Bankiers-Familie Medici von 1434 bis 1494 in Florenz.

Absolutistisches Großherzogtum Toscana: Unter den Medici
Im Lauf des 15. Jh. erobert Florenz – meist unter Führung der Medici – große Gebiete im Westen und Osten der Toskana, besitzt damit nun über die Hälfte der heutigen Region Toskana. Das Land im Nordwesten Mittel-Italiens kommt allmählich unter die Hegemonie der Arno-Metropole.

Die Stadt ist nicht nur politisch mächtig und ihre herrschende bürgerliche Schicht überaus reich, von ihr gehen in jener Zeit (ab 1400 bis etwa 1600) auch enorme Impulse zur Entwicklung moderner Malerei und Bildhauerei sowie von Naturwissenschaft und Technik aus. In der illustren Liste Florentiner Künstler, Architekten und Naturwissenschaftler/Techniker jener Zeit findet man solche unsterblichen Namen wie: Giotto (Vorläufer der Renaissance, 1267-1334), Brunelleschi (1377-1446), Boticelli (1444 oder 1445-1510), Michelangelo (1475-1564), Leonardo da Vinci (1452-1519). Angesichts einer solchen Zusammenballung von Innovation wird Florenz von der Historikerzunft als eine der Pionierstätten des neuen Zeitalters der Renaissance angesehen.

Nirgendwo in der Welt ist solch ein riesiger Schatz an Renaissancekunst angehäuft wie in der Stadt am Arno – ganz zur Freude von alljährlich etwa 3 Millionen Touristen.

1494 werden die Medici von den Kräften der Demokratie verjagt. 1512 kommen sie mit Unterstützung mächtiger europäischer Monarchen und des Papstes zurück und üben grausam Rache. Sie erheben sich nun selbstherrlich in den Fürstenstand und errichten einen absolutistischen Polizeistaat. 1513 und 1526 werden Aufstände niedergeschlagen. 1527 gelingt es noch einmal, die Medici aus Florenz zu vertreiben. Drei Jahre kann man die Stadt verteidigen, der legendäre Michelangelo leitet den Bau von Befestigungsanlagen. Alles vergebens: Nach zehnmonatiger Belagerung gelingt es 1530 den Truppen Karls V. und der Medici-Clique dank Hunger und Verrat, die Stadt zu stürmen.

Florenz ist wieder in der Hand der Medici. 1555 holt der Clan zum entscheidenden Schlag gegen das demokratisch gebliebene Siena aus, das – wieder dank Unterstützung durch Karl V. – erobert wird. Als 1559 auch das Sienenser Refugium Montalcino ihnen in die Hände fällt, gehen drei Jahrhunderte Demokratie in der Toskana zu Ende.

Das absolutistische Medici-Regime errichtet nicht nur ein rigides Polizei- und Spitzelsystem, sondern restauriert auch mittelalterliche Zustände: Der von der

Demokratie entmachtete Klerus wird wieder als Instrument für psychologische Herrschaftssicherung eingesetzt und für die Alltagsmoral zuständig erklärt. Die Grundbesitzer können wieder ungebremst und mit Flankenschutz von oben die ökonomische Ausbeutung und patriarchalische Bevormundung der bäuerlichen Unterschichten betreiben.

Der Medici Cosmo I. erhält schließlich 1570 vom verbündeten Papst den Titel des Großherzogs verliehen. Zahlreiche Hofschranzen haben dem Regime Glanz zu verleihen und es durch Fälschungen und Lobhudelei zu glorifizieren.

Spätestens seit Ende des 16. Jh. geht es mit Florenz und der Toskana wirtschaftlich steil bergab. Durch die Entdeckung Amerikas und Verschiebungen in der Weltwirtschaft werden die Handelswege durch Mittel-Italien unbedeutend. Die wirtschaftliche, künstlerische und wissenschaftliche Dynamik liegt nun in anderen Regionen der Welt: die Toskana verliert den Anschluß, verarmt.

Herzogtum Toscana: Unter den Habsburgern
1737 stirbt der letzte Medici-Großherzog der Toskana, es existiert kein Erbe; das Fürstentum Toskana fällt an Franz von Lothringen, seinerseits später Ehemann von Maria Theresia, der Herrscherin über Österreich-Ungarn. Auf diesem Weg gelangt die Toskana in die Hand der Habsburger. Das brachte sogar gewisse Erleichterungen gegenüber dem bis dato herrschenden Absolutismus pur: Abschaffung von Folter und Todesstrafe, Verwaltungsreformen, Abschaffung kirchlicher Privilegien. Für die sehr armen unteren Schichten bedeutete das freilich nicht viel.

1799 werden die Habsburger vorübergehend von den Soldaten der französischen Revolution vom Platz gefegt. Nach 1815 kommen sie mit dem Segen der vereinigten monarchischen Reaktion Europas zurück. Dies war freilich ein Zeitpunkt, an dem in der Toskana bereits die Zeitbombe des Nationalismus zu ticken begann.

Risorgimento: Entstehung des Nationalstaates Italien
Italien bestand zu Beginn des 19. Jh. zum einen aus Gebieten, in denen einheimische Monarchen herrschten (Sardinien-Piemont, Kirchenstaat, Neapel, Sizilien), andererseits befanden sich aber auch große Gebiete in der Hand der österreichischen Habsburger (Lombardei, Toskana, Trentino, Veneto, Friaul). Ab den 1840er Jahren entwickelte sich eine alle Regionen der Apennin-Halbinsel erfassende Nationalbewegung, die einen großen Nationalstaat Italien anstrebte. Als stärkste Kraft erwies sich schließlich die Monarchie Piemont-Sardinien, der es – unter reichlicher Mithilfe von Gewalt – allmählich gelang, die italienischen Fürstentümer auf Einheitskurs zu bringen und die Habsburger zur Aufgabe eines großen Teils ihrer italienischen Kolonien zu zwingen. Gleichzeitig brachte sie auch die sehr aktiven republikanischen Freischärler Garibaldis unter Kontrolle. Entsprechend wurde der 1861 begründete italienische Nationalstaat eine konstitutionelle Monarchie, erster König Italiens der Herrscher von Sardinien-Piemont. Zu diesem Staat gehörte von Anfang an auch die Toskana, wo das Volk sehr engagiert gegen den österreichischen Großherzog gekämpft und schließlich das

Ende seiner Herrschaft erzwungen hatte. Florenz wurde sogar für kurze Zeit Hauptstadt des neuen Italiens (1865-71).

Am Anfang fehlte außer dem Trentino und Friaul (noch im Besitz der Habsburger) noch der Kirchenstaat mit Rom, da der Papst sich weigerte, sein Fürstentum aufzugeben und sich ins Religiös-Kirchliche zurückzuziehen. Schließlich wurde er aber 1871 dazu gezwungen. Er nahm in der Folgezeit gegenüber dem italienischen Staat eine feindliche Position ein, u.a. verbot er bis 1905 den Katholiken, sich an Parlamentswahlen zu beteiligen.

Die Monarchie Italien nahm auf der Seite Englands und Frankreichs am ersten Weltkrieg teil, war also am Ende auf der Seite der Sieger. Dies ermöglichte ihr, die letzten Habsburger Kolonien auf italienischem Boden zu befreien und die Nordgrenze bis an den Brenner zu verschieben, d.h. nun ihrerseits mit Südtirol genuin österreichisches Gebiet zu okkupieren.

Mussolini-Faschismus
1922 übernahm der Faschist Mussolini durch seinen „Marsch auf Rom" putschartig die Macht. Der ängstliche, auf den Erhalt der Krone bedachte Monarch arrangierte sich mit dem neuen Potentaten. Auch der Papst unternahm nichts, um die faschistischen Horden aufzuhalten. In der Folgezeit wurde ein totalitäres Regime errichtet. Der Mussolini-Faschismus fand in Toscana und Umbria nur geringen Anhang, später waren diese Regionen Zentren des Widerstandes.

Mussolini verbündete sich 1939 mit Hitler und zog an seiner Seite im Juni 1940 in den 2. Weltkrieg. Als 1943 die Alliierten in Sizilien landeten, gab dies dem inneritalienischen Widerstand enormen Auftrieb.

Mussolini kam nun aber auch im rechten Lager (Faschisten, Konservative, Monarchisten) unter Druck, denn es war klar, daß die Tage des Regimes gezählt waren – und es galt, sich nun mit der neuen Weltmacht Amerika vorteilhaft zu arrangieren. Der Duce wurde am 25.6.1943 vom eigenen „faschistischen Großrat" abgesetzt und gefangen genommen. Allerdings gelang es seinen deutschen Verbündeten, ihn durch Fallschirmjäger zu befreien. Danach wurde er von Hitler als Führer eines Satellitenregimes eingesetzt (sog. Republik von Salò), während deutsche Truppen die gesamte Region zwischen Neapel und Brenner besetzten.

Zunächst führten vor allem italienische Partisanen einen sehr opferreichen Kampf, bevor Hitlers Armee von den relativ langsam aus dem tiefen Süden vorrückenden Alliierten aus Italien vertrieben wurde. Als deren Truppen in den Norden einrückten, hatten die Partisanen, unter denen die Kommunisten eindeutig die Mehrheit bildeten, sich aber auch Sozialisten, Christen, bürgerliche Republikaner und Nationalisten befanden, bereits viele Orte aus eigener Kraft befreit.

Hauptgebiet des italienischen bewaffneten Widerstandes gegen die Truppen Hitlers war die Toskana. Dagegen gingen deutsche Wehrmacht und SS mit äußerster Brutalität vor. Zahlreiche Partisanen und Geißeln wurden erschossen, ganze Dörfer aus Rache dem Erdboden gleich gemacht.

Am 27. April 1945 unterzeichnet der deutsche Befehlshaber Generaloberst von Vietinghoff in Caserta einen Waffenstillstand, d.h. die Kapitulation der deutschen Wehrmacht in Italien. Am 28. April 1945 wird Mussolini am Comer See auf der Flucht von Partisanen erschossen.

Ära der Democrazia Christiana
Nach 1945 übernahm zunächst die Einheitsfront des Widerstandes – Christdemokraten, Sozialisten und Kommunisten – die Regierung. Die durch ihre Kollaboration mit Mussolini kompromittierte Monarchie wurde 1946 per Volksabstimmung abgeschafft, allerdings fiel die Mehrheit sehr knapp aus. Italien war nun Republik. 1948 erhielt es eine den neuen Gegebenheiten entsprechende Verfassung.

Die Einheitsfront war nur von kurzer Dauer, 1947 drückte die Democrazia Christiana (DC), Italiens frisch begründete Synthese aus Katholizismus, Klientelismus, Kapitalismus und Antikommunismus die Sozialisten und Kommunisten aus der Koalition. Im darauffolgenden Jahr wurde diese Position nach einem demagogischen Wahlkampf gegen die „Handlanger des Kremls" dank großzügiger finanzieller Unterstützung aus den USA und rhetorischer Schützenhilfe aus dem Vatikan durch die Errringung der absoluten Mehrheit im Parlament (bei 48,5 % der Stimmen) gefestigt.

Diese absolute Mehrheit konnte zwar später nie wieder errungen werden, aber die DC blieb in den folgenden 4½ Jahrzehnten weitaus stärkste Partei in Italien und die bestimmende Kraft in zahlreichen Koalitionsregierungen (gelegentlich auch als geduldete Minderheitsregierung). Ab Mitte der 60er Jahre bildeten die aus dem linken Block ausgescherten Sozialisten den Hauptpartner (apertura a sinistra). Im Lauf der Zeit entstand ein dichter Filz, in dem Korruption und Selbstbedienung prächtig gediehen.
Den Dauerregierern stand stets als Hauptopposition der Block der Kommunisten gegenüber, der trotz seiner rund 30 % nie ernsthaft in die Nähe der Macht kam, da niemand bereit war, mit ihm zu koalieren. Dabei nützte es der KPI (ital. PCI) wenig, daß sie 1976 im sog. Historischen Kompromiß die revolutionären Zielsetzungen aufgab. Die italienischen Kommunisten schwenkten sehr früh auf eurokommunistischen Kurs ein. Im Zusammenhang mit dem Zusammenbruch des Sowjetkommunismus ging später die Mehrheitsfraktion Richtung Sozialdemokratie. Die Partei wurde Anfang der 90er Jahre in PDS, Partei des demokratischen Sozialismus, umbenannt. Eine kleine Restgruppe auf altem Kurs verließ die Partei und organisierte sich als Rifondazione Communista.

Ende der Ersten Republik
Die DC-Ära ging ab 1991 jäh zu Ende, als eine kleine Gruppe entschlossener Juristen, allen voran der Mailänder Richter di Pietro, sich daran machte, die profitable Verquickung zwischen den Dauer-Regierenden und der Wirtschaft (plus Mafia) zu durchleuchten und abzuurteilen. Die DC spaltete sich in der Folgezeit in drei neue Parteien, die bei den Parlamentswahlen von 1994 wie die Sozialisten in die Bedeutungslosigkeit befördert wurden.

Erbe des alten konservativen Blocks wurde aber nicht die relativ wenig durch Korruption belastete sozialdemokratisierte, ehemalige kommunistische Langzeitopposition PDS, sondern die Forza Italia, die frisch gegründete konservative Partei des Medienzars Berlusconi, die mit der separatistischen Lega Nord von Bossi und den Neofaschisten Finis ein Wahlbündnis einging. Der smarte Berlusconi, der seine Wahlkampagne als große Werbeveranstaltung aufzog, versprach ungeniert 1 Million Arbeitsplätze, Steuersenkungen und Entbürokratisierung. Seine jahrelange enge Verbindung mit Craxi (langjähriger Vorsitzender der Sozialisten, zweimal Ministerpräsident, tief in Korruption verstrickt) und Subventionierung durch Staatsgelder sowie seine Zugehörigkeit zur berüchtigten Geheimloge P2 wurde geschickt überspielt.

Berlusconis Regierung, die mit großen Versprechungen angetreten war, zerbrach jedoch bereits nach knapp 1½ Jahren an ihren erheblichen inneren Gegensätzen und Rivalitäten. Bei den erforderlich gewordenen Neuwahlen von 1996 setzte sich anschließend das Mitte-Links-Bündnis Ulivo (Ölbaum) unter Prodi (PPI, „linke" Variante der drei DC-Nachfolgeorganisationen) durch, in dem die PDS die weitaus stärkste Kraft ist, das insgesamt sehr heterogen ist, gehören ihm doch zugleich Technokraten, Grüne, Liberale und zu Linksdemokraten gewendete Kommunisten an. Ulivo wurde zwar zur stärksten Kraft (284 von 630 Sitzen) und bildete auch unter Prodi die Regierung, war aber, um mehrheitsfähig zu sein, auf die nicht in der Regierung vertretene Rifondazione Communista, PRC (35 Sitze) angewiesen. Dies erwies sich von Anfang an als ein schwieriges Verhältnis, nicht zuletzt, weil die Regierung Prodi, um die Bedingungen für den Euro zu erfüllen, zum Mißfallen der PRC eine ziemlich restriktive Wirtschafts- und Sozialpolitik betrieb. Das „Bündnis" hielt immerhin zwei Jahre. Prodi stürzte schließlich aber am 9.10.1998, weil ein Teil der Altkommunisten nicht mit seinem Haushalt für 1999 einverstanden war.

Nun unternimmt das nach rechts um den konservativen Ex-Christdemokraten Cossiga und seine Mannen (Zentrumspartei) „verstärkte" Ulivo-Bündnis unter dem pragmatischen PDS-Führer und Ex-Kommunisten D'Alema mit einer noch heterogeneren Koalition einen erneuten Regierungsversuch.

Die Toskana stand politisch über die 4½ Jahrzehnte konservativer Hegemonie in Rom stets im Gegensatz zu den nationalen Verhältnissen, da hier von kleineren Teilregionen und wenigen Städten (Lucca) abgesehen die Kommunisten Mehrheiten erhielten und die Provinzparlamente und Rathäuser dominierten. Daran hat sich auch nach der Spaltung der Kommunisten und der Gründung der PDS nichts geändert. Die Linksdemokaten sind heute die stärkste Kraft in der Region, wenngleich ihr Anteil um jene etwa 10 % geringer ist, die der Ex-KPI, die jetzt Rifondazione Communista heißt, die Stange halten. Bei den Parlamentswahlen 1994 und 1996 gewann die PDS jeweils alle Direktmandate (Mitte-Links-Bündnis Ölbaum 1996 59,2 % der gültigen Stimmen in der Gesamt-Toskana). Ähnlich dominierend ist die Linke seit langer Zeit auch in den Nachbarregionen Umbrien, Marken und Emilia Romagna, die in Italiens politischer Geografie als der „Rote Gürtel Mittel-Italien" gelten.

Sprache

Hochitalienisch ist im wesentlichen aus dem Toskanischen der Stadt Florenz hervorgegangen. Neben der Nationalsprache spielen nach wie vor – von der Toskana abgesehen – in den Regionen Dialekte eine große Rolle, daran hat auch die Dominanz der Hochsprache in den Medien und im Bildungssystem nichts zu ändern vermocht. Die Dialektsprachen der Regionen unterscheiden sich z.T. nicht nur ganz erheblich von der Nationalsprache, sondern auch untereinander.

Alphabet

Das italienische Alphabet hat 21 Buchstaben. Dazu zählen nicht k, w, x, y und w. Letztere kommen jedoch in einigen ausländischen Namen vor, die nicht italienisiert sind. Zumeist sind aber k durch c bzw. ch, w durch v, x durch ss und y durch i ersetzt.

Buchstabe	*Aussprache*
a	a
b	b
c	vor a, o und u hartes k, aber vor e und i „tsch"
cc	wie c, jedoch stärker betont
ch	k (auch vor e und i)
cch	hartes k
d	d weich
e	e teils geschlossene, teils offene Aussprache
f	f
g	vor a, o und u als hartes g; sofern ein i eingeschoben ist aber „dsch"; auch vor e und i „dsch"
gh	g
gi	dsch
gl	lj
gn	nj
h	immer stumm
i	i
l	l
m	m
n	n
o	o teils offen, teils geschlossen
p	p
qu	ku/kw (quatro = kuatro/kwatro)
r	immer rollen
rr	noch stärker rollen

s	vor stimmlosen Konsonanten scharf, vor stimmhaften Konsonanten weich
sc	sk, vor e und i aber sch
sch	immer sk
sp	beide Konsonanten sprechen
st	beide Konsonanten sprechen
t	t
u	u
v	w
z	teils stimmlos, teils stimmhaft

Diphthonge, Betonung
Bei Diphthongen (Doppelvokalen) und Häufungen von Vokalen wird jeder einzelne Vokal gesprochen (Europa = ä-uropa, Aereo = a-äre-o).
Die Betonung befindet sich im Italienischen wie im Deutschen überwiegend auf der vorletzten Silbe.

Rechtschreibung
In der italienischen Rechtschreibung tragen alle vokalisch auslautenden, betonten Endsilben sowie einige Einsilber einen Akzent, und zwar den Gravis ` (so: città, caffè, però, giù). Von dieser Regel ist jedoch das geschlossene e ausgenommen, das mit einem Akut ´ versehen wird (so: perché).

Geschlecht
Im Italienischen können Substantive weiblichen oder männlichen Geschlechts sein, das deutsche Neutrum existiert nicht. Die im Singular auf a endenden Hauptwörter sind weiblich (diverse Ausnahmen, z.B. il problema), Hauptwörter mit der Endung o sind dagegen männlich (diverse Ausnahmen, z.B. la mano), während andererseits Hauptwörter mit der Singularendung e weiblich oder männlich sein können. Im Plural werden die Endungen a durch e, o durch i und e durch i ersetzt.

Verständigung
Als Radler kommen Sie in Dorfgasthäusern und -läden des öfteren auch in Situationen, wo Sie mit Gesprächspartnern zu tun haben, die keine Fremdsprachen verstehen. Dann ist es zweifellos gut, wenn Sie auf ein paar Grundbegriffe in Italienisch und einen reisepraktischen Sprachführer plus Wörterbuch zurückgreifen können.

Übrigens: Toskaner aller Schichten reagieren überaus freundlich auf ein paar Worte in der Landessprache, selbst wenn sich das auf Grußformeln beschränkt.

Plan: Provinzen der Toskana und Umbriens

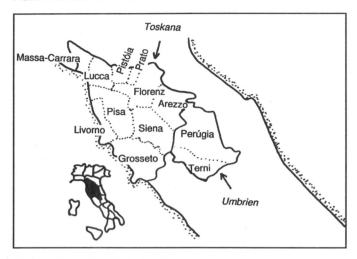

Florenz, Kirche Sta. Maria Novelle

Staat, Verwaltung, Wirtschaft

Staat, Verwaltung

Italien ist parlamentarische Republik (seit 1948). An der Spitze steht ein Präsident, der für 7 Jahre durch eine Bundesversammlung gewählt wird, die sich aus den Parlamentsabgeordneten und den Vertretern der Regionen (je drei pro Region) zusammensetzt. Die politische Macht liegt freilich beim Ministerpräsidenten und dem Abgeordnetenhaus (Camera dei Deputati), der 630 Deputierte angehören. Nur relativ geringe Bedeutung kommt dagegen, der zweiten Kammer, dem Senat (Senato della Repubblica), zu.

Wahlen zum Abgeordnetenhaus werden normalerweise alle fünf Jahre abgehalten. In Italien hat das Volk auch zwischen den Wahlterminen etwas zu sagen, denn Referenden sind leicht durchzusetzen – und finden auch recht häufig statt. Dies hat zur Folge, daß mitunter gewichtige Gesetze von den Betroffenen rückgängig gemacht oder verändert werden. Solche Beispiele sind die Einführung der zivilen Ehescheidung oder die Legalisierung einer großzügigen Abtreibungsregelung.

Die Republik Italien besteht aus 20 ziemlich eigenständigen Regionen – zwei davon: Toskana, Umbrien. Die Regionen sind in 95 Provinzen untergliedert, in Toskana 7 (Florenz, Prato, Pistóia, Lucca, Siena, Massa-Carrara, Pisa, Livorno, Grosseto), in Umbrien 2 (Perúgia, Terni).

Wirtschaft

Italiens Sozialprodukt ist das sechsthöchste der Erde, gleich nach Großbritannien und vor China. Das Land besitzt eine wirtschaftliche Struktur, in der Dienstleistungen und Industrie eindeutig dominieren und die Landwirtschaft fast marginal geworden ist.

Jahr 1996	Anteil am BIP in v.H.	Anteil an Erwerbspersonen in v.H.
Landwirtschaft	2,9	6,8
Industrie	31,5	32,0
Dienstleistungen	65,6	61,2

Angesichts des gegenwärtigen Standards kann man kaum glauben, daß Italien erst sehr spät in das Industriezeitalter aufbrach. Zwar gab es seit Mitte des 19. Jh. eine ganze Reihe von Industrieunternehmen, aber Industrialisierung in breiter Dimension setzte erst in den 50er Jahren ein, verlief dann aber äußerst dynamisch. Ein entscheidender Anschub kam übrigens von Marshall-Plan-Geld. Von Anfang an spielten große Staatskonzerne eine zentrale Rolle als Motoren der Entwicklung.

Die Industrialisierung verlief räumlich sehr ungleichgewichtig; heute ist einerseits der Nordwesten hochindustrialisiert, während andererseits der Süden nicht über die Standards der Schwellenländer gekommen ist.

Es existiert lediglich eine relativ kleine Gruppe von Großunternehmen (staatlich und privat), die fast alle im Dreieck Turin-Mailand-Genua angesiedelt sind. Die Masse der Industriebetriebe ist jedoch klein bis mittelgroß. Sie sind in großer Zahl in der Emilia Romagna und der Toskana anzutreffen, wo sie strukturbestimmend sind.

Wirtschaftsstenogramm Italien:

Wachstum (real): 1990-95 jährlich ca. 1 %, 1996 und 1997 geringfügig mehr;
Preisanstieg: 1990-96 durchschnittlich 4,7 %, 1997 2,7 %, 1998 2,4 %;
Beschäftigung: 1996 und 1997 Arbeitslosenquote jeweils ca. 12 % , im Norden (auch in Toskana) deutlich niedriger und im Süden deutlich höher.
Staatsverschuldung: sehr hoch (1997 121,6 % des BIP), dagegen Neuverschuldung 1996 und 1997 gering (4,0 bzw. 1,9 % des BIP);
Außenhandel: Handelsbilanz positiv, wichtigste Handelspartner: Deutschland (18 % der Importe, 17 % der Exporte) und Frankreich (14 % der Importe, 13 % der Exporte);
Tourismus: 1995 55,7 Mio. Besucher aus dem Ausland, Einnahmen 44,7 Bill. Lit.

Toskana
Die Toskana gehört mit geringen Abstrichen noch zum norditalienischen Wohlstandsgürtel. Ökonomisch gewichtigste Sektoren sind Industrie, Handwerk und Dienstleistungen/Tourismus. In der Industrie geben anders als in Turin und Mailand Unternehmen von kleiner oder mittlerer Größenordnung den Ton an.

Der Anteil der „full time" in der Landwirtschaft beschäftigten Personen liegt nur noch bei ca. 6 % der Erwerbspersonen. De facto ist das Gewicht des Agrarsektors jedoch erheblich größer, denn viele Landbewohner betreiben die Bewirtschaftung ihrer Äcker als Nebentätigkeit nach Feierabend. Hauptprodukte der toskanischen Landwirtschaft sind: Getreide und Futtermittel, Wein und Olivenöl. Eine gewisse Rolle spielen ferner: Fleisch, Schafskäse, Obst und Gemüse sowie Tabak.

Umbrien
Das Durchschnittseinkommen ist zwar geringer als in der Toskana, aber andererseits guter italienischer Durchschnitt. Umbrien ist also kein Armenhaus der Nation, wenn es auch deutlich hinter Piemont oder der Lombardei zurückliegt.

Der Anteil der Industrie ist geringer, der Anteil der Landwirtschaft ein wenig größer als in der Toskana.

Das Reisen

Marmorsteinbrüche oberhalb von Carrara

Informationsmaterial

Allgemeine Informationen über Toskana und Umbrien und touristisches Werbematerial einschließlich Unterkunftsverzeichnis können Sie zu Hause bei folgenden Stellen der Staatlichen Italienischen Fremdenverkehrswerbung Ente Nazionale Italiano Per Il Turismo, ENIT, erhalten:

Für Deutschland
Italienische Fremdenverkehrsämter (ENIT) in:
Karl-Liebknecht-Str. 34, 10178 Berlin, ✆ (030) 2478397, 🖷 2478399
Kaiserstr. 65, 60329 Frankfurt, ✆ (069) 237430, 🖷 232894
Goethestr. 20, 80336 München, ✆ (089) 530360-9, 🖷 534527.

Für die Schweiz
Italienisches Fremdenverkehrsamt (ENIT), Uraniastr. 32, 8001 Zürich, ✆ (01) 2113633, 🖷 2113885

Für Österreich
Italienisches Fremdenverkehrsamt (ENIT), Kärntnerring 4, 1010 Wien, ✆ (01) 5051639, 🖷 5050248

Für die Niederlande
Nationaal Italiaans Verkeersbureau (ENIT), Stadhouderskade 6, 1054 ES Amsterdam, ✆ (020) 6168244-5, 🖷 6188515

Sie können aber auch die Haupttouristeninformationen der toskanischen und umbrischen Provinzen, Azienda di Promozione Turistica (APT) genannt, in Florenz bzw. Perúgia anschreiben. Von letzteren gibt es detailliertere Informationen, so u.a. jährlich aktualisierte Verzeichnisse der Übernachtungsmöglichkeiten für die betreffende Provinz (Hotel, Pension, Hütte, Bauernhöfe, Privatzimmer, Jugendherberge, Camping) und Stadtpläne der Hauptorte.

Vor Ort
Während der Reise steht Ihnen neben den in der Regel gut ausgestatteten APT-Hauptbüros der Provinzen, die auf Material für die gesamte Provinz spezialisiert sind, auch das dicht geknüpfte Netz zahlreicher örtlicher Büros zur Verfügung, die teils Information (i), teils aber auch Pro Loco heißen. In letzteren bekommen Sie die detailliertesten Informationen für alles vor Ort (Ortspläne, Broschüren zu lokalen Sehenswürdigkeiten, Hinweise auf Veranstaltungen). Das eine oder andere Büro bietet auch Radlern Tips für Rundtouren und Mountainbiking.

Anreise

Mit dem Fahrrad
Für Radler aus Süddeutschland, der Schweiz und Österreich mit etwas Zeit ist die Anreise per Rad durchaus erwägenswert. Für Radler aus Norddeutschland und den Niederlanden wird diese Anreiseform wegen der viel längeren Wege wohl nur in Ausnahmefällen in Frage kommen.

Anreiserouten aus Deutschland
Radler aus Bayern/Süddeutschland nehmen am besten die Route über München/Brenner/Verona (R1). Für Radler aus Baden-Württemberg/Südwestdeutschland empfehlen sich dagegen die Routen über Konstanz/Chur/Varese (R2a) oder Freiburg/Basel/Varese (R2b).
Allen diesen Routen ist gemeinsam, daß sie nach der Alpenüberquerung ein längeres Stück durch die weite Poebene führen, bevor zum Schluß die Pässe des Apennin erklommen werden müssen, um in die begehrte Toskana zu gelangen. Alle Routen sind landschaftlich ausgesprochen reizvoll, aber auf Grund der Anstiege in den Alpen und im Apennin halt auch abschnittsweise anstrengend.

R1: München – Garmisch-Partenkirchen – Innsbruck/Österreich – Brenner – Bozen/Italien – Verona – Bologna – Florenz
R2a: Konstanz/Bodensee – Chur/Schweiz – Andermatt – Bellizona – Varese/Italien – Pavia – La Spezia – Carrara oder Aulla/Garfagnana
R2b: Freiburg/Lörrach – Basel/Schweiz – Luzern – Andermatt – Bellizona – Varese/Italien – Pavia – La Spezia – Carrara oder Aulla/Garfagnana

Lesetip
Jürgen Rieck, Uwe Schäfer, Schweiz per Rad, Neuenhagen 1995, 256 S., Verlag Wolfgang Kettler, 24,80 DM;
dieselben, Ober-Italien per Rad, Berlin 1990, 240 S., Verlag Wolfgang Kettler, vergriffen, nur noch in Bibliotheken;
dieselben, Österreich per Rad, 3. Aufl. Neuenhagen 1994, 256 S., Verlag Wolfgang Kettler, 24,80 DM;
Tim Hafner, Christopher Wagner, Südtirol per Rad, Neuenhagen 1995, 224 S., Verlag Wolfgang Kettler, 24,80 DM.

Anreiserouten aus Österreich
Radler aus Tirol fahren dieselbe Route wie die Radler aus Süddeutschland (R1), die über Brenner/Südtirol läuft. Dagegen reisen die Radler aus Wien, Kärnten und der Steiermark über den Nordosten Italiens (R3 oder R4) ein: aus Villach kommend via Tarvisio/Friaul (R3), aus Graz kommend via Maribor/Ljubljana (Slowenien)/Gorízia (R4).

R3: Villach – Tarvisio/Italien – Pordenone – Padua – Ferrara – Bologna – Florenz oder Prato

R4: Graz – Maribor/Slowenien – Ljubljana – Gorízia/Italien – Venedig – Ferrara – Bologna – Florenz oder Prato

Lesetip
Eberhard Schmitt-Burk, Slowenien per Rad, Neuenhagen 1996, 256 S., Verlag Wolfgang Kettler, 24,80 DM.

Anreiserouten aus der Schweiz
Radler aus der Schweiz nutzen dieselben Anreiserouten wie die Radler aus Südwestdeutschland (R2a, R2b). Auf dieser Schiene kommen auch die Radler aus Liechtenstein und Vorarlberg/Österreich (R2b).

Mit der Eisenbahn
Die Mehrheit der Radler aus Deutschland reist per Bahn an. In den letzten Jahren hat sich die Situation erheblich verbessert, da die Deutsche Bahn AG nun auf den Strecken München-Verona-Florenz/Toskana und Stuttgart-Schaffhausen/Schweiz-La Spezia auch Fahrräder grenzüberschreitend durch Norditalien bis in die Toskana befördert.
Für die bayerischen und Tiroler Radwanderer war im Frühjahr 1998 der Nachtzug München-Florenz die beste und einzige durchgehende Verbindung. Wenn Sie da nicht hineinkommen, müssen Sie sich ansonsten zeitaufwendiger im Anschluß an den Fernzug München-Bozen (Mo-Fr, ganzjährig) per Regionalzug (wegen Radtransport!) durch Norditalien nach Florenz bewegen.
Den Nachtzug nutzen natürlich auch Radler aus den meisten anderen Regionen Deutschlands.
Für die Radler aus Südwestdeutschland war im Frühjahr 1998 die Zugverbindung Stuttgart-Singen-Schaffhausen/Schweiz-Chiasso/Schweiz-La Spezia/Italien der beste Anreiseweg. Auch hier haben wir gegenwärtig lediglich einen einzigen durchgehenden Zug. Diese Route wird natürlich auch von vielen Schweizer Lesern unseres Buches benutzt, die aber noch auf andere Verbindungen zurückgreifen können (z.B. Zürich-Florenz).

Wichtige aktuelle Informationsquelle ist die Radfahrer-Hotline der Deutsche Bahn AG, ✆ 0180 3194194 (Anfang März bis Ende November Mo-Fr 8-18, Sa 8-12).

Mit dem Bus
In der Saison können Sie auch mittels Radelbus, in dem die Fahrräder in einem speziellen Anhänger transportiert werden, von Deutschland in die Toskana gelangen. Das Programm „Bike & Bus" wird gegenwärtig für Italienreisende von zwei Veranstaltern (Natours, Reisezeit) angeboten. Beide haben Livorno bzw. Livorno/Piombino/Grosseto sowie Florenz als Zielorte. Abfahrtsorte sind: Osnabrück (Natours), München (Reisezeit; für 25.7.-9.9. bereits ab Frankfurt). Zugestiegen werden kann in: Dortmund, Heidelberg für Natours, und Mannheim, Heilbronn, Stuttgart, Ulm, Augsburg für Reisezeit (25.7.-9.9.). Die Veranstalter

beschaffen ferner günstige Bahntickets zu den Abfahrtsorten. Die Preise (H + R) liegen derzeit bei 275-380 DM, je nach Strecke und Veranstalter.

Für detaillierte Informationen und Buchungen wendet man sich am besten direkt an die Veranstalter:
Natours Reisen, Untere Eschstr. 15, 49179 Ostercappeln, ✆ (05473) 9229-0, 🖹 8219;
Reisezeit, Guldeinstr. 29, 80339 München, ✆ (089) 505050, 🖹 501005.

Die Deutsche Touring fährt ebenfalls zweimal pro Woche mit dem Linienbus in die Toskana und nach Umbrien (verschiedene Zielorte), allerdings ohne Möglichkeit zum Fahrradtransport. Preisbeispiel: Frankfurt – Florenz 227 DM (H+R). Auskunft in jedem Reisebüro mit DER-Agentur.

Mit dem Auto
Die Anreise mit dem Auto erscheint nur für Rundreisen sinnvoll, da man in diesem Fall die Tour am Startort, an dem das Auto zurückgelassen wurde, beendet. Dies ist natürlich auch der Fall, wenn Sie zum Schluß das Rad mit der Bahn zum Ausgangspunkt der Rundtour zurückbringen lassen.

Mit dem Flugzeug
Angesichts der erheblichen Umweltbelastung, die mit Flügen verbunden ist, und der reichlich vorhandenen alternativen umweltfreundlichen Anreisemöglichkeiten sollten Flüge als Anreiseform eigentlich ausscheiden – oder zumindest nur für Radler nördlich der Mainlinie in Betracht kommen.
Internationale Flughäfen existieren im Raum Toskana in Pisa und Florenz. Es bestehen häufige Verbindungen mit Frankfurt (Pisa, Florenz) und München (Pisa). Als Fluggesellschaft sind in diesem Feld hauptsächlich Alitalia, Lufthansa und Meridiana aktiv.
Im Raum Umbrien gibt es hingegen keinen internationalen Flughafen. Hier ist man auf die benachbarten internationalen Flughäfen Florenz und Rom (gute Verbindungen praktisch in alle Länder; gute Bahnverbindung mit Terni/Südumbrien) angewiesen.

Fahrradtransport
Alle Fluggesellschaften akzeptieren den Transport von Fahrrädern. Dafür wird größtenteils ein Aufschlag erhoben, der etwa 50 DM je Strecke beträgt. Es wird erwartet, daß Sie den Lenker in die Längsrichtung stellen und die Pedale abmontieren. Um Kratzer oder sonstige leichte „Verunstaltungen" auszuschließen, ist es ratsam, das Rad zu verpacken, Spezialtaschen und passende Kartons gibt es in Fahrradläden.

Einreise

Personen

Bei der Einreise brauchen Bürger aus Deutschland, Österreich, den Niederlanden und der Schweiz einen Personalausweis oder Reisepaß, Visum ist nicht erforderlich. Wer freilich länger als drei Monate bleiben möchte, muß eine Aufenthaltsgenehmigung beantragen.

Tiere

Für die Einreise von Hunden und Katzen wird ein amtstierärztliches Gesundheitszeugnis vorausgesetzt (höchstens 30 Tage alt). Für Hunde wird außerdem der Nachweis einer Tollwutimpfung verlangt. Sie soll mindestens 20 Tage, aber nicht länger als 11 Monate zurückliegen.

Zoll und Devisen

Für Reisen von Deutschen, Österreichern und Niederländern nach Italien gelten (wie bei allen EU-Bürgern) hinsichtlich der Einfuhr von Waren, die dem Eigenkonsum dienen, äußerst großzügige mengenmäßige Beschränkungen (800 Zigaretten, 200 Zigarren oder 1 kg Tabak, 90 l Wein, 110 l Bier). In der Praxis sind selbst diese „Beschränkungen" irrelevant.
Anders ist die Situation der Schweizer sowie für Einkäufe in Duty-Free-Shops, hier sind nur relativ geringfügige Mengen zollfrei: 200 Zigaretten oder 50 Zigarren oder 250 g Tabak, 2 l Wein oder Bier, Geschenke bis 200 sFr.

Reisezeit

Als beste Zeit für ausgedehnte Radtouren in der Toskana und in Umbrien können die angenehm warmen und trockenen Monate Mai/Juni und September/Oktober gelten. Auch März/April und November bieten viele schöne sonnige Tage, allerdings ist es dann noch recht kühl bzw. wieder recht kühl. Sie müssen in dieser Zeit damit rechnen, daß ab und an ein vollständiger Regentag dazwischen kommt. Am nächsten Tag herrscht meist genauso ausdauernd Sonnenschein.
Sie können durchaus auch in den heißen Sommermonaten Juli/August radeln, wenn Sie sich auf die frühen Morgenstunden und die frühen Abendstunden beschränken. Selbst in den relativ regenreichen, aber milden, Wintermonaten (Ende November bis Anfang März) kann geradelt werden, denn in dieser Zeit gibt es auch immer wieder Sonnentage. Diese günstigen Konditionen gelten freilich nicht für die mittleren und höheren Lagen des Gebirges, wo es reichlich kalt (auch Frost) werden kann und auch Schnee fällt.

In Toskana und Umbrien unterwegs

Straßen, Verkehr

Die Ausschilderung von Straßen und Ortschaften ist in Toskana und Umbrien überaus reichlich, aber auf Grund der Ausrichtung auf das Automobil für Radler unbefriedigend. D.h. vielfach führen die Hinweisschilder für das Ziel auf Schnellstraße/Autobahn, während man jedoch ganz anderen Ortsangaben folgen muß, um das gleiche Ziel über weniger verkehrsbelastete Nebenstraßen zu erreichen. Entsprechend ist detailliertes Kartenmaterial außerordentlich nützlich. Andererseits kann aber auch die Beschilderung durchaus korrigierend auf Mängel des Kartenmaterials hinweisen.

Die Straßen sind systematisch durchnummeriert. Die Autobahnen (Autostrade) haben das Kürzel A plus eine einstellige oder zweistellige Zahl, die alten Hauptstraßen sind mit SS (Strade statale) plus zwei- oder dreistellige Zahl gekennzeichnet, während alle anderen Straßen mit SP (Strade provinciale) plus zwei- oder dreistellige Zahl markiert sind. Diese Numerierung taucht auch durchgängig an den Straßen auf, man findet sie jedoch nur lückenhaft auf den Landkarten.

Der Zustand der Straßen ist meist von mittlerer Qualität (ab und an ein Schlagloch; da und dort ein Riß, häufig Unebenheiten nach Reparatur). Sehr gute Straßenverhältnisse sind eher selten, sehr schlechte auch.
Radwege sind absolute Mangelware. Gelegentlich bestehen im Umfeld von Städten kleinere Abschnitte. Das läuft darauf hinaus, daß Sie – Mountainbiking ausgenommen – sich fast immer auf „stinknormalen" Straßen bewegen.

Die Beschilderung entspricht europäischen Standards. Eine Besonderheit ist das Zeichen für Hupverbot (Zona di Silenzio) am Ortsbeginn.
Auf den Straßen, über die unsere Touren laufen, dürfen Autos nicht mehr als 90 km/h fahren (in Ortschaften sogar nur 50 km/h). Geschwindigkeitsüberschreitungen werden saftig bestraft. Vor Überholvorgängen und vor dem Eintritt in Kurven müssen Autofahrer hupen.
Die Statistiken weisen für Italien bei etwa gleichem Motorisierungsgrad weniger Verkehrsunfälle auf als für Deutschland (u.a. werden weniger Kinder im Straßenverkehr getötet), was nicht mit dem bei uns verbreiteten Klischee von den chaotischen und hektischen italienischen Autofahrern zusammenpaßt.

Meine Radler-Erfahrung mit toskanischen und umbrischen Autofahrern sieht im wesentlichen so aus:

Positiv
– es wird im Schnitt weniger aggressiv gefahren als in meiner Heimatregion Rhein-Main; z.B. halten die Autos mehr Abstand zum Radler – und fahren im

Schnitt langsamer;
– es wird weniger häufig gehupt (in den Orten ist Hupen sogar verboten);
– es wird in der Regel recht früh abgeblendet, die Zahl der Autofahrer, die rücksichtslos blenden, ist auf jeden Fall in Toskana/Umbrien deutlich geringer als im Rhein-Main-Gebiet;
– es scheint mehr Hilfsbereitschaft bei Autofahrern zu bestehen, Radfahrern bei Reparaturen mal zu helfen – bei Pannen hielten z.B. in der Regel jeweils mehrere Autofahrer und erkundigten sich nach meinen Problemen; bei einsetzendem Regen wurde ich, ohne ein Zeichen zu geben, sogar von einem Lieferwagen ein langes Stück mitgenommen; dies sind alles Freundlichkeiten, die ich bislang in größerem Maß nur in der sehr gastfreundlichen Türkei erfahren habe.

Negativ
– es sind relativ viele sehr lange Lkw (mitunter zusätzlich mit ebenfalls extrem langen Hängern) auf den Straßen, die viel Unsicherheit bringen;
– viele Lastwagen und Busse haben immer noch einen hohen Abgas-Output, Katalysatoren sind erst seit 1993 vorgeschrieben und nur für die Neuwagen verbindlich;
– ferner sorgen viele Mopeds und Roller für Lärm und Abgase, gerade für Radler überaus unangenehm, da sie sich im gleichen Straßen-Randbereich bewegen.

Öffentliche Verkehrsmittel

An öffentlichen Verkehrsmitteln stehen Ihnen Bus und Eisenbahn gleichermaßen zur Verfügung. Hinzu kommen ferner Fährschiffverbindungen zu den Inseln des toskanischen Archipels.

Bus
Das Busnetz ist sehr dicht, führt praktisch in das versteckteste Dörflein hinein. Die Preise liegen ein wenig über den Tarifen der Bahn (siehe unten), sind aber mit deutschen Augen gesehen erfreulich niedrig.
Im Prinzip ist es möglich, das Rad in den Gepäckräumen unter dem Bus mitzubefördern. Dies wird aber nur akzeptiert (selten!), wenn dieser Raum nicht durch das normale Gepäck belegt ist.

Eisenbahn
Auch das Netz der Eisenbahn (FS Ferrovie dello Stato, staatliche Eisenbahn) ist recht ausgedehnt. Für Radler bieten sich hier reichlich Möglichkeiten, da die meisten Regional- und Lokalzüge Fahrräder mitnehmen (im Fahrplan durch Fahrrad-Symbol markiert), wofür zumeist ein Gepäckwagen zur Verfügung steht. Letzterer, durch das Fahrrad-Piktogramm angezeigt, kann sich sowohl am Anfang als auch am Ende des Zuges befinden. Das macht leider das Zusteigen in Durchgangsbahnhöfen etwas schwer.

Übersichtskarte: Eisenbahnlinien in Toskana und Umbrien

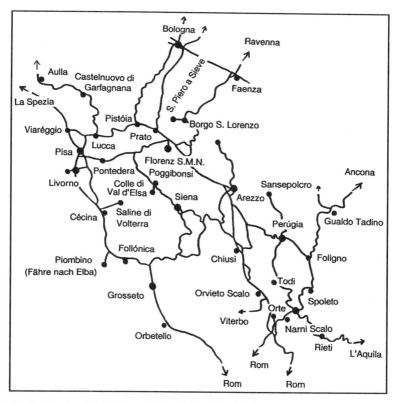

Die Tarife der italienischen Bahn sind sehr niedrig (ca. ein Drittel der deutschen). Für die Mitnahme des Fahrrades muß eine zusätzliche Fahrradkarte (5000 Lire = ca. 5 DM) gekauft werden, die für einen Zeitraum von 24 Stunden genutzt werden kann. Bei grenzüberschreitendem Transport ist eine internationale Fahrradkarte erforderlich, die 24.000 Lit. (ca. 24 DM) kostet.

Fahrkarten müssen vor Antritt der Fahrt entwertet werden (Entwerter: gelbes Kästchen). Wenn man dies nicht tut, muß man mit einer saftigen Strafe rechnen (40.000 Lit.), denn Schaffner betreiben regelmäßig Kontrolle.

Die Gepäckaufbewahrungen akzeptieren auch Fahrräder. Das kostet 3000 Lire pro angebrochene 12 Stunden. Zu zahlen ist erst bei der Abholung. Gepäckstücke auf dem Rad (also Satteltaschen z.B.) müssen jedoch zusätzlich bezahlt werden, was obendrein eine teure Angelegenheit ist, weil man pro Gepäckstück je angebrochene 12 Stunden 5000 Lire löhnen muß. Gepäck ist übrigens im voraus zu bezahlen.

Fähre/Schiff
Von der toskanischen Küste besteht regelmäßiger Fährverkehr nach Elba (Livorno, Piombino), den kleinen Inseln des toskanischen Archipels (s. Plan), Sardinien (Livorno), Sizilien (Livorno), Tunesien (Livorno) und Korsika (Livorno, Piombino). Für Fahrräder muß ein Zuschlag gezahlt werden, z.B. ca. 10 DM für Piombino-Elba.

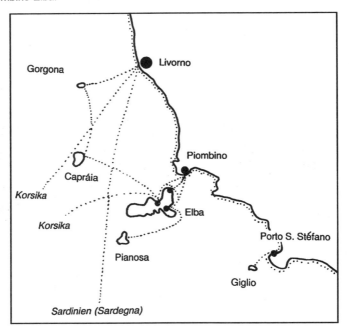

Fahrradverkehr
Wie in allen Regionen Europas wurde in Italien in den 60er und 70er Jahren das Fahrrad als Alltagsverkehrsmittel durch das Auto verdrängt. Nun erlebt es in

Nord- und Mittelitaliens Altstädten, von denen in jüngster Zeit viele für den Pkw gesperrt wurden, eine Renaissance. Zu den Benutzern des Velos zählen mittlerweile neben den einkommenschwachen Studenten, Arbeitern, Hausfrauen und Alten sogar bessergestellte Angestellte im Anzug, mit Krawatte und Aktenköfferchen sowie modisch gekleidete Sekretärinnen. „Das" Rad dieser neuen „Velokultur" ist das City Bike, das bedürfnisgerecht mit befestigtem Einkaufskorb geliefert wird. Freilich kann oder will sich das nicht jeder leisten, so daß sich auch zahllose fast oder total schrottreife Räder im Einsatz befinden.

Niemals verschwunden war dagegen das Rennrad, denn in Italien ist Radrennfahren ein Volkssport, der es selbst mit dem vergötterten Fußball (Calcio) aufnehmen kann. Wer den Frühjahrsklassiker Mailand-San Remo oder den Giro d'Italia gewinnt, ist ein absoluter Held.

Italien ist seit langem eines der führenden Radsportländer. Fast zu allen Zeiten haben seine besten Athleten international ganz oben mitgemischt: z.B. Fausto Coppi, Felice Gimondi, Francesco Moser, Gianni Bugno und Marco Pantani. In der Riege der Topradsportler des Landes sind Toskaner zumeist gut vertreten.

Für den Radwanderer ist italienische Radsportleidenschaft ständig gegenwärtig durch die zahlreichen Rennfahrer-Trainingsgruppen, denen man zu fast allen Tages- und Jahreszeiten begegnet. Meist sieht man sie nur für ein paar Augenblicke, dann sind sie durch ihren „Renneifer" getrieben, einem Spuk gleich, wieder verschwunden.

Italiens „Volkssport Rad" äußert sich natürlich – möchte man sagen – in zahllosen kleinen und großen Rundstreckenrennen, einer betriebsamen Fahrradindustrie (am gewichtigsten Bianchi und Pinarello) und zahlreichen Radläden, in denen die Rennräder das Angebot dominieren.

Dagegen hat man es nur ganz selten mit italienischen Radwanderern zu tun; diese Synthese aus Naturgenuß, gemütlicher gastronomischer Entdeckung, langsamer Annäherung an Architektur und sanfter umweltfreundlicher Bewegungsform ist in Italien noch nicht verbreitet, wird aber hoffentlich irgenwann Fuß fassen.

Neben den City Bikern und den Radrennfahrern haben andererseits aber die Mountainbiker einen stattlichen Anhang aufzuweisen. Dafür war sicherlich die Affinität zum Rennsport sehr behilflich. Mountainbiking wird sowohl als Sport als auch als Massenfreizeitaktivität betrieben. Die Fahrradläden bieten im Gegensatz zum vernachlässigten Trekkingrad (samt zusätzlicher Ausrüstung) bei den Mountain-Bikes eine recht große Auswahl. Für das Moutainbiking existiert auch im Gegensatz zum Radwandern reichlich Literatur.

Karten

Es gibt ein recht großes Angebot an Spezialkarten für Toskana und Umbrien (Maßstab 1:200.000). Vor Ort können Sie ferner zahlreiche Pläne für Teilgebiete (Maßstäbe 1:20.000 bis 1:70.000) erwerben, die viele Lücken hinsichtlich der Nebenstraßen schließen. Auch detaillierte Stadtpläne gibt es zur Genüge. Für die kleineren Städte sind die vereinfachten Pläne der Fremdenverkehrsämter durchaus ausreichend, aber bei den Großstädten ist es sehr hilfreich, diese durch die detaillierten Pläne (Pianti di Città) von Studio F.M.B. Bologna (Maßstab 1:9000) und I. Itografia Artistica Cartografica (Maßstab 1:5000) zu ergänzen.

Italien (gesamt), Norditalien
Für alle, die die An- und Rückreise mit Bahn, Bus, Auto oder Flugzeug machen, genügt die große Italienkarte der Touristeninformation (Ministero del Turismo e dello Spettacolo, ENIT, Italien 1:1.500.000, zugleich „ITALIA no problems"), die übrigens kostenlos ist. Wer dagegen teilweise oder ganz per Rad an- und/oder zurückreist, sollte letztere durch Spezialkarten mit günstigerem Maßstab ergänzen.

Toskana
Kümmerly + Frey, Toskana, Maßstab 1:200.000, 16,80 DM (vor Ort billiger) ein Produkt des Touring Club Italiano, in der Wiedergabe der Hauptverkehrsstraßen weitgehend korrekt, diverse Mängel hinsichtlich der Nebenstraßen – und auf Grund des vergleichsweise kleinen Maßstabes zwangsläufig sehr lückenhaft, was Schotterwege betrifft. Steigungen werden teilweise (Hauptverkehrsstraßen) durch Markierung angedeutet, daraus kann freilich nicht auf den Grad und die Länge der Steigungen geschlossen werden. Höhenlinien fehlen vollständig, Gebirge sind lediglich durch Schummerung angedeutet. Eine andere Schwäche der Karte ist, daß die innerstädtischen Verkehrsnetze sehr ungenau wiedergegeben werden, so daß man für Ein-, Aus- und Durchfahrten z.T. zusätzliche Informationen braucht.
ADAC Regionalkarte, Toskana, Maßstab 1:175.000, 12,80 DM, Ortsnetze besser markiert, ansonsten dieselben Stärken und Schwächen wie die Karte von Kümmerly + Frey.
Marco Polo, Die Generalkarte, Toskana, Maßstab 1:200.000, 12,80 DM, Blatt Italien 5, weist die Ortsflächen und Ortsnetze besser aus als die Karte von Kümmerly + Frey, ansonsten dieselben Stärken und Schwächen.
Ministero del Turismo e dello Spettacolo, ENIT, Toskana, Maßstab 1:275.000, kostenlos bei Touristeninformationen erhältlich. In etwa auf dem Standard wie die zuvor angeführten Pläne, aber ohne Markierung von Steigungen. Ein Plus: auf der Rückseite Stadtpläne für Florenz, Carrara, Massa, Pisa, Livorno, Lucca, Pistóia, Prato, Grosseto, Siena und Arezzo, die durch Kurzinformationen zu Sehenswürdigkeiten, Küche und anderes ergänzt sind.

Wer den Baedeker-Reiseführer Toskana benutzt, kann auf eine Zusatzkarte verzichten, die beiliegende Karte (1:200.000) ist fast auf dem Stand der oben angeführten Pläne – ein Plus: Markierung von Campingplätzen.

Umbrien
Kümmerly + Frey, Umbrien-Ital. Adria. Florenz-Perúgia-Ancona, Maßstab 1:200.000, 16,80 DM (vor Ort billiger), Einschätzung der Karte wie Toskana; wer größere Touren im Apennin vor hat und/oder auch die Adriaküste ansteuert, kann den Vorteil des zusätzlichen Kartenteils für die Marken nutzen.
Istituto Geografico De Agostini, Umbria, Maßstab 1:200.000, kostenlos bei den Touristeninformationen erhältlich. In etwa auf dem Standard von Kümmerly + Frey, aber ohne Markierung von Steigungen. Plus: drei zusätzliche Spezialkarten für Sehenswürdigkeiten, Handwerk/Landwirtschaft/Gastronomie und Flüsse/Seen/Freizeitaktivitäten.
Marco Polo, Die Generalkarte, Adria, Umbrien, Marken, Maßstab 1:200.000, 12,80 DM, Standard wie Toskanakarte. Wie Kümmerly + Frey zusätzlicher Kartenteil für die Marken.

Florenz, Domfassade

Reiseführer und -Literatur

Zum Thema Fahrradreise (allgemein)

Jürgen Rieck, Der Wind kommt immer von vorn. Mit dem Fahrrad auf Reisen. 5. bearb. und erw. Auflage, Verlag Wolfgang Kettler, Berlin 1993

Reiseführer (allgemein)

Über beide Regionen ist sehr viel geschrieben worden. Darunter befindet sich dennoch kein einziges deutschsprachiges Reisebuch, das eine realitätsnahe und fundierte Gesamtschau der Gegenwartskultur und aktueller wirtschaftlicher, politischer und sozialer Probleme und Diskussionen bietet.

Für reisepraktische und konventionell-kunsthistorische Aspekte ist dagegen ein reichhaltiges Angebot vorhanden.

Toskana, Umbrien

Reiseführer (allgemein)
Michael Kadereit; Toskana-Umbrien, Reinbek 1997, 378 S., 400 g, Rowohlt TB Verlag, 22,90 DM, salopp formulierte Einführung in Politik und Kultur der beiden Regionen sowie knappe allgemeine Stadtbeschreibungen ohne Skizzen und die kunsthistorischen Details der bekannten Bauwerke. Vieles wird nur sehr knapp (!) angerissen. Deshalb bietet das Buch auch im wesentlichen nicht mehr als einen sehr anfänglichen Einblick in Politik, Kultur, Wirtschaft und Umwelt von Toskana/Umbrien.

Das Kadereit-Buch sollte auf jeden Fall schon zu Hause gelesen werden, unterwegs ist es Ballast, da die reisepraktischen Tips wenig hilfreich sind. Es gibt keinen einzigen Stadtplan im ganzen Buch, so daß Sie noch nicht einmal ausmachen können, wo die Touristeninformation und anvisierte Übernachtungsmöglichkeiten überhaupt liegen.

Reiseführer (allgemein + praktisch)

Michael Müller, Toscana. Reisehandbuch, 8. Aufl. Erlangen 1998 (seit 1981), 660 S., 600 g, Michael Müller Verlag, 39,80 DM, große Fülle reisepraktischer Tips – einschließlich Umbrien (!). Ferner werden alle bekannten (und eine Reihe weniger bekannter) Sehenswürdigkeiten kenntnisreich, verständlich und übersichtlich beschrieben. Auch die Hintergrundinformationen zur politischen Geschichte und Kunsthistorik sind überaus informativ – und auch nicht unkritisch.
Ich persönlich würde mir wünschen, daß Michael Müller in Zukunft mehr auf

ökologische Belange eingeht (und Rücksicht nimmt!), den Sport (z.B. den Fußball, Radsport) nicht mehr ignoriert, in die Kunst auch die Gegenwartskunst (inkl. Mode, Design etc.) einfließen läßt, hinsichtlich der Kommunalpolitik mehr als gelegentliche, sehr allgemeine Andeutungen macht und schließlich ein paar gründliche Anmerkungen zur politischen Ökonomie (inkl. Arbeiterbewegung, Gewerkschaften) anfügt.

Sibylle Geier, Toskana. Reisehandbuch. Dormagen 1997, 460 S., Iwanowski's Reisebuchverlag, 39,80 DM, wie Michael Müller umfangreiche reisepraktische Tips – allerdings auf Toskana begrenzt. Auch über die bekannten Sehenswürdigkeiten, die politische Geschichte und die Kunsthistorik wird ausreichend informiert.

Kunstführer

Wer nicht ein ganz spezielles Interesse an Kunstgeschichte und Architektur hat, wird durch die Bücher von Michael Müller und Sibylle Geier ausreichend informiert.

Klaus Zimmermanns, Toscana. Das Hügelland und die historischen Stadtzentren (Reihe „Kunstreiseführer"), Köln 1996, Dumont, 464 S., 600 g, 48 DM, ein klassischer Dumont-Architektur- und Kunstführer für ausgewählte ältere Bauwerke mit einer Fülle von Details und exakten Grundrissen sowie erstklassigen Fotos, aber nur geringer Sensibilität für politische und soziale Zusammenhänge. Ein weiteres Manko ist ohne Frage, daß die moderne Malerei und Architektur fast vollständig fehlen.

derselbe, Umbrien (Reihe „Kunstreiseführer"), 6. Aufl. Köln 1996, Dumont, 416 S., 550 g, 48 DM, in der Konzeption wie das Toscanabuch, deshalb verzichte ich hier auf eine Kommentierung.

Eine gleichwertige Alternative sind die Baedeker-Bände Toskana und Umbrien.

Radführer

Regione Toscana/Giunta Regionale, Die Toskana mit dem Fahrrad entdecken, Florenz 1997, kostenlos bei Touristeninformationen erhältlich, 21 Rundtouren, über das ganze Land verstreut, zumeist mit einer starken Mountainbike-Komponente, eine interessante Ergänzung zu unserem Toskana-Netz.

Küche

Martina Meuth, Bernd Neuner-Duttenhofer. Toskana. Küche, Land und Leute, 2. Aufl. München 1993, Droemer Knaur.

Italien-gesamt

Reiseführer

Eberhard Fohrer, Italien, 2. Aufl. 1996, Erlangen, 740 S., Michael Müller Verlag, wie Lonely Planet große Fülle reisepraktischer Daten, aber überhaupt keine Hintergrund-Informationen.

Helen Gillman, Damien Simonis; Italy, 2. Aufl. 1996, Hawthorn/Australia, Lonely Planet, 780 eng bedruckte Seiten; neben der Fülle reisepraktischer Information auch brauchbarer Hintergrund-Teil (!), deshalb wohl der empfehlenswerteste Führer für Italien-gesamt.

Matthias Kross (Hg.), Italien, 2. Aufl. Leer 1992, Mundo Verlag, 576 S., Stärke: der breite fundierte Hintergrundteil zu Politik, Wirtschaft und Kultur (konkurrenzlos in der deutschen Reiseliteratur) sowie die übersichtliche Präsentation des Reiselandes Italien (Region für Region, Stadt für Stadt); Schwäche: fast keine reisepraktischen Tips (Gastronomie, Unterkünfte etc.) für die einzelnen Reiseziele.

Sprachführer

Italien. Sprachführer. Reiseknigge, Praxistips (Reihe „walk & talk"), München 1995, Verlag Thomas Schreiber, 14,80 DM.

Italienisch für die Reise: Reden & Verstehen unterwegs (Reihe „Abraxas"), Frankfurt/M. 1998, Verlag Peter Meyer Reiseführer, 16,80 DM.

Italienisch Wort für Wort (Reihe „Kauderwelsch" Bd. 22), 8. Aufl. Bielefeld 1997, Verlag Peter Rump/ReiseKnowhow, 14,80 DM.

Politik, Geschichte

Friederike Hausmann, Kleine Geschichte Italiens von 1943 bis heute, aktualisierte und erweiterte Neuausgabe Berlin 1997, Wagenbach, 224 S.

Michael Seidelmayer, Geschichte Italiens, Stuttgart 1989, 2. Aufl., 582 S., Kröner.

Toskana und Umbrien selbst entdecken

Bei der Auswahl von Übernachtungsmöglichkeiten und Restaurants stoßen Reiseführer an die Grenzen ihrer Möglichkeiten. Die intensive und systematische Überprüfung vieler hundert Quartiere und Lokale (regelmäßiger Besuch über einen gewissen Zeitraum, mehrmaliger Test der Hauptgerichte) würde lange Zeit in Anspruch nehmen und notwendigerweise am Schluß ein größtenteils veraltetes Ergebnis bieten – ein Punkt, an dem die entsprechenden Führer auch stets kranken. Das „Selbst-Entdecken" von Stätten toskanischer und umbrischer Gastlichkeit soll daher dem Reisenden nicht abgenommen werden. Dieses Buch bietet lediglich Hilfestellung.

Unterkünfte sind deshalb nur in enger Auswahl aufgeführt – und auf das Spektrum des „einfachsten Standards" und der „unteren Mittelkategorie" begrenzt (= preiswert). Die Nennungen sind nicht als Empfehlungen einzustufen, sondern haben eher den Charakter von Hinweisen/Adressen, die die Suche preiswerter Unterkünfte erleichtern sollen.

Restaurants sind nur in seltenen Fällen aufgeführt. Während des obligaten Orientierungsspaziergangs am Übernachtungsort ist das vergleichende Studium von Speisekarten und Erscheinungsbild der Restaurants ein selbstverständlicher Nebeneffekt, der zum Einleben gehört wie der Einkauf im Lebensmittelladen (Alimentari, Supermercato) oder ein Imbiß zwischen den großen Mahlzeiten.

Es liegt nicht in der Absicht dieses Buches, Restaurants und Gaststätten mit dem Prädikat „touristisch interessant" zu versehen – zum einen sind die Geschmäcker zu verschieden, zum anderen wechseln Personal, Publikum und Preise zu schnell und zu unüberschaubar, um halbwegs verläßliche Angaben gewährleisten zu können. Auch ist im Zeitalter der chemischen Keule in vielen Lokalen reichlich belastete Nahrung im Einsatz, so daß man keineswegs durch den bloßen „Genuß" auch einschätzen kann, ob man ein gesundes Essen absolviert hat – und schon gar nicht eine Empfehlung daraus ableiten.

Ein Dach überm Kopf

Das Angebot an Übernachtungsstätten ist breit, was Preise und Qualität betrifft. Außer Hotels gehören dazu Pensionen, Privatzimmer, Ferienwohnungen, Ferienbauernhöfe, Jugendherbergen, Wanderhütten, Naturfreundehäuser und Campingplätze.

Hotels und Pensionen

Das Angebot an Hotels – im Italienischen Alberghi (sing. Albergo) – ist qualitativ und preislich breit gefächert. Offiziell besteht eine Klassifizierung von 1 bis 5 Sternen. In den Haupttouristenorten wird dieses gesamte Spektrum auch angeboten. In den anderen Orten kann das Angebot bis 3 Sterne reichen. In der Regel befindet sich darunter ein preiswertes unteres Segment. Zwischen Hauptsaison und anderen Jahreszeiten bestehen erhebliche Preisdifferenzen (z.T. über 50 %). Hochsaison ist an der Küste Juli/August und in den Städten des Kulturtourismus März-Juni sowie September/Oktober. In dieser Zeit sind Hotelzimmer sehr knapp. Um stundenlanges Suchen zu vermeiden, sollte in der Hochsaison reserviert werden.
Es gibt nur relativ wenig Einzelzimmer, Einzelreisende müssen ziemlich häufig mit Doppelzimmern vorlieb nehmen, auf die sie ca. 30 % Rabatt erhalten.

Hotels (Standard, Preise für DZ)
* Stern: überwiegend ältere Häuser, sehr einfach eingerichtet, im allgemeinen aber sauber, DZ mit Du 40-70 DM, DZ mit Gemeinschaftsdusche 30-60 DM;
** Sterne: wie * meist Familienhotels, etwas besser, DZ meist mit Du, 60-90 DM, atmosphärisch und im Standard erhebliche Unterschiede in dieser Kategorie;
*** Sterne: Mittelklasse, passabel eingerichtet, Fernseher, mit Dusche-Bad, DZ 80-150 DM;
**** Sterne: gehobener Standard, Fernseher, Bar, manchmal Swimmingpool, Tennisplatz, DZ ab 200 DM;
***** Sterne: absoluter Luxus, DZ über 400 DM;

Pensionen
* Stern: wie Hotel mit * Stern;
** Sterne: wie Hotel mit ** Sternen;

Privatzimmer (Affitacamere)
Wohl werden Privatzimmer ziemlich überall angeboten, allerdings erreicht das Angebot nur in einigen wenigen Orten/Regionen einen größeren Umfang, so z.B. in Assisi und Umgebung. Für eine Reihe von Orten kann man in der Touristeninformation Listen von Vermietern erhalten oder auch über private (San Gimignano, Manciano) oder kommunale Büros (Siena) Privatzimmer vermittelt bekommen.

Bauernhöfe, Landhäuser, Ferienwohnungen – konventionell
Seit ein paar Jahren boomt der Agritourismus (Agriturismo). Darunter verbergen sich höchst unterschiedliche Übernachtungsmöglichkeiten. Es kann sich z.B. um luxuriös eingerichtete Landhäuser handeln – inkl. Swimmingpool und Reitplatz –, für die einiges zu berappen ist, aber auch um höchst bescheiden ausgestattete Bauernhäuser – inkl. bäuerlicher Arbeit –, für die nur ein geringer Tarif pro Übernachtung anfällt – pro Kopf 20-40 DM. Wobei letztere häufig einfaches Essen aus eigenen Produkten anbieten sowie auch die eigenen Produkte verkaufen.

Im allgemeinen gilt, daß viele „Landhäuser/Bauernhöfe" in der Saison nicht unter einer Woche vermieten. Außerhalb der Saison werden aber auch drei Tage – z.T. sogar eine einzige Übernachtung – akzeptiert. Da die Häuser meist etwas fernab der Hauptrouten liegen, sollten Sie auf jeden Fall vorher anrufen, um herauszufinden, ob noch etwas frei ist und wie die Anfahrt verläuft. Zumindest in der Saison ist es auch ratsam, frühzeitig zu reservieren.

In den Übernachtungsverzeichnissen der Provinzen sind die Landhäuser/Bauernhäuser angeführt. Ferner finden Sie häufig Werbeschilder an Straßen, durch die nahegelegene Ferienbauernhäuser (Agriturismo) auf sich aufmerksam machen.

Lesetip
Farm Holidays in Tuscany and Umbria, Florence 1997, Apice Libri, 96 S., 15.000 Lit., vor Ort erhältlich, Abbildung der Häuser, Adresse, Telefon, Lage, Preise, Einrichtung, Öffnungszeit, Unterhaltungsmöglichkeiten, also sehr nützlich.

Umbria in Campagna, Vacanze in agriturismo/Ferien auf dem Bauernhof (Deutsch), hg. von Umbria in Campagna, Strada S. Cristoforo 16, 05022 Amélia, ✆ 0744988249, 🖷 0744988459, kostenlos bei italienischen Fremdenverkehrsämtern in A, D, CH erhältlich; auch im Internet: http:/www.umbriaincampagna.com/indexe.html.

Biobauern
Ein Teil der Bauern wirtschaftet mittlerweile nach ökologischen Prinzipien. Auch aus diesem Kreis kommen bereits recht viele Übernachtungsmöglichkeiten.

Jugendherbergen
Jugendherbergen, im Italienischen Ostello per la Gioventù genannt, findet man eigentlich nur in den größeren Städten und den Hauptorten des Tourismus. In der Saison sind sie im allgemeinen überfüllt. Ohne rechtzeitige Reservierung oder frühzeitiges Erscheinen am Übernachtungstag geht dann gar nichts. Letzteres gilt für jene Herbergen, in denen Reservierung nicht üblich ist, wo man sich vielmehr morgens in eine Liste einträgt.

Die Qualität der Herbergen ist recht unterschiedlich. Einige haben lediglich riesige Schlafsäle und sind reichlich verwohnt, andere bieten gut eingerichtete 4-

Bett- und auch Doppelzimmer. Teilweise sind den Ostelli auch Küchen für Selbstversorger angeschlossen.

Man muß mit 15.000 (Provinzorte) bis 25.000 Lire (Florenz) pro Bett rechnen. In einigen kommt noch eine kleine Gebühr für Bettwäsche (ca. 2000 Lire) hinzu.

In der Regel muß man spätestens um 9.30 Uhr das Zimmer verlassen. Abends wird zumeist um 23.30 Uhr geschlossen, in einigen Herbergen auch früher. Die Herbergen werden teils privat, teils kommunal betrieben. In einigen privaten Ostelli sind die Internationalen Jugendherbergsausweise nicht erforderlich (z.B. in Perúgia). Im allgemeinen ist der Aufenthalt auf drei Übernachtungen begrenzt, außerhalb der Saison kann man freilich länger bleiben. Einige Herbergen sind allerdings im Winter geschlossen. Personen unter 30 Jahren haben grundsätzlich Vorrang.

Naturfreundehäuser
Naturfreundehäuser sind in Italien kaum verbreitet, in der Toskana existieren lediglich vier, in Umbrien überhaupt keines.

Hütten (Rifugio)
Hütten sind auf die populären Wandergebiete im Mittel- und Hochgebirge begrenzt, d.h. in Bereichen gelegen, durch die nur wenige Etappen führen.

Camping (Campeggio)
Im Bereich der Küste ist das Netz der Campingplätze sehr dicht. Im Binnenland sind in einigen Regionen die Plätze z.T. weit auseinander.

Der Standard ist sehr unterschiedlich. Offiziell wird von 1 bis 3 Sterne klassifiziert. Die Preise richten sich weniger nach der Qualität des Platzes, sondern mehr nach Andrang. So kann es passieren, daß man auf einem schlecht eingerichteten Platz eines Seebades viel mehr zahlt als auf einem Platz mit gutem Standard im Hinterland.

Tarife: Übernachtung Erwachsene (adulti) ab 7000-22.000 Lit., Kinder (ragazzi) ab 3000-18.000 Lit., Zeltplatz ab 10.000-30.000 Lit.

Im Internet gibt es aktuelle Informationen über italienische Campingplätze unter der Adresse: http://www.camping.it/germany/default.htm.

Kulinarisches

Die Küche der Toskana ist ländlichen Ursprungs, d.h. daß sie auf dem basiert, was die einheimische Landwirtschaft und das angrenzende Meer eben liefern. Diese Eßkultur ist zwar nicht ausgefallen, aber überaus bekömmlich. In jüngerer Zeit ist sie übrigens durch Gourmetlokale auch reichlich verfeinert worden.

Elemente anderer regionaler Küchen sind in der Toskana nicht sonderlich vertreten und finden meist wenig auffällig Platz in den Speiseplänen. Von den regionalen Zuwanderern hat es die Pizza (aus Napoli) am weitesten gebracht. Die Zahl der Pizzerien ist recht groß.

Die kulinarische Szene ist in der Toskana wie andernorts in Italien noch recht wenig internationalisiert. Eine größere Zahl von Lokalen mit ausländischer Eßkultur findet man eigentlich nur in Florenz.

Auch die „Leader" kulinarischer Geschmacksverirrung, die internationalen Fast-Foods-Champions, tun sich überaus schwer in Toskanien.

Gaststätten

Zentrum toskanischer/umbrischer Männerfreizeit ist die Bar. Frauen findet man hier trotz der rasanten Emanzipationsschritte in den letzten Jahren nur in sehr kleiner Zahl. Die Bar bietet die populären alkoholischen und nichtalkoholischen Getränke, aber auch Caffè und ausgewähltes Gebäck (Pasti). Man trifft sich bevorzugt an der Theke, um schnell einen Espresso oder Grappa hinunterzukippen oder ein mehr oder weniger ausgiebiges Schwätzchen zu halten. Es ist jedoch auch möglich, sich gemütlich an Tischen niederzulassen und ohne exzessiven Getränkezwang Stunden bei Spiel oder Zeitungslektüre zu verbringen – wenn Sie sich in toskanischem/umbrischem Alltag fernab frequentierter Touristenviertel befinden, was ja auf vielen Radtouren der Normalfall ist.

Oft ähnelt das Caffè sehr stark der Bar. Auch hier bekommt man neben dem Kaffee allerlei alkoholische und nichtalkoholische Getränke. Das besondere an diesem Typ von Lokal ist natürlich, daß man hier ein recht großes Angebot an Gebäck und Süßigkeiten erhalten kann, jedenfalls viel mehr als in der Bar. Das toskanische/umbrische Caffè unterscheidet sich übrigens vom deutschen Café ganz erheblich: es fehlt ihm atmosphärisch die Gemütlichkeit – und unsere Trinität „Kaffee-Kuchen/Torte-Schlagsahne".

Mancherorts ist in jüngerer Zeit als Produkt veränderter Trinkgewohnheiten zu Bar und Caffè die Birreria hinzugekommen, eine Kneipe, in der Bier (inkl. Bier vom Faß) in größerer Auswahl zu haben ist.

Bar, Caffè und Birreria ist gemeinsam, daß sich die Gäste bevorzugt an der Theke aufhalten. Zum einen ist das darin begründet, daß hier die Getränke billiger sind, es ist aber auch einem ausgeprägten Kommunikationsbedürfnis geschuldet.

Vieler Toskaner liebstes Speiselokal ist traditionellerweise die Osteria, ein sehr einfach eingerichtetes Restaurant, in dem die Wirtsfamilie nach Großmutterart (cucina casalinga) zu kochen pflegt. Man kommt mit der ganzen Familie und pflegt neben dem Essen auch ausgiebigst Kommunikation. In jüngerer Zeit ist mit dem Etikett Osteria viel Mißbrauch betrieben worden, denn nun nennen sich auch eine Reihe anderer Restaurants so, die überhaupt nicht diese Kommunikationsatmosphäre und kulinarische Tradition bieten, die damit aber im Tourismus ein gutes Geschäft machen.

Für die gehobene teuere Küche ist andererseits das Ristorante zuständig, das sich als Stätte für gepflegtes Speisen in gediegen bürgerlichem Ambiente versteht. Hier ist vorwiegend Mittel- und Oberschichtpublikum anzutreffen. Es fehlt die kommunikativ-spontane Atmosphäre. Freilich bestehen zwischen Ristorantes erhebliche Unterschiede, was Angebot, Preise, Einrichtung betrifft. Teils sind das total teure Schuppen, teils ähneln sie sogar der Osteria.

Zumeist kommt im Restaurant im Preis ein Zuschlag für Gedeck – coperto – hinzu, der sich sich zwischen 2000 und 4000 Lit. bewegt. Service – Servizio – ist verbreitet, aber nicht durchgängig.

Trinkgeld ist kein Muß; wenn Sie es denn geben, sollte es zumindest ein Schein sein. So ist es jedenfalls bei den Einheimischen üblich. Die Kellner halten es gewöhnlich so, daß sie für den gesamten Tisch die Rechnung ausstellen und kommen ins Schwimmen, wenn die versammelten Nordlichter für einzelne Personen abrechnen wollen.

Lokale

Bar: Kneipe, große Auswahl an Getränken inkl. Caffè, einige wenige Snacks zum Verzehr;

Birreria: wie Bar Kneipe, aber größere Auswahl an Bier, auch Ausschank;

Caffè: Getränke aller Art, aber Priorität beim Caffè und Gebäck;

Enoteca: Weinstube und Laden, meist recht große Auswahl an lokalen und regionalen Weinen, zu Essen: Snacks;

Gelateria: Eisdiele; Eis im allgemeinen morgens frisch, Auswahl oft hervorragend;

Osteria: einfaches Lokal, zumeist in Familienbesitz, Küche in lokaler und Familientradition; meist keine Speisekarte, Angebot wird mündlich mitgeteilt;

Pizzeria: Spezialität Pizza, mitunter auch wenige andere Gerichte;

Ristorante: Speiselokal der gehobenen Kategorie, gewählte Atmosphäre; Speisekarte; hier wird erwartet, daß Sie in mehreren Gängen speisen;

Rosticceria: einige wenige ausgewählte Fertiggerichte zum Verzehr im Stehen oder zur Mitnahme;

Trattoria: Lokal, auf regionale Küche spezialisiert; heute oft mit Osteria zum Verwechseln ähnlich.

Essen

Frühstück ist in der Toscana wie vielerorts in Italien eine sehr bescheidene Angelegenheit: eine Tasse Caffè oder Capuccino – bei manchem kommt noch ein Hörnchen (Corneto, Pasta) dazu. Als Tourist bekommen Sie als Gast eines durchschnittlichen Hotels etwas mehr, nämlich ein paar Brötchen, Butter und Marmelade sowie Eier. Wer sich für dieses nicht gerade reichhaltige gastronomische Frühstück nicht erwärmen kann, muß sich halt selber versorgen: Brot oder Brötchen, Schinken, Käse, Butter, Milch und Obst einkaufen.

Für die Einheimischen beginnt der Eßtag erst am Mittag, dann werden aber im großen Stil die morgendlichen Nahrungsdefizite ausgeglichen. Um 1 Uhr geht's zur Siesta, damit wird absolut pünktlich begonnen, das ist der einzige Termin, der genau eingehalten wird. Das Mittagessen ist lang, ausgedehnt, zieht sich über mehrere Gänge hin. Sie beginnen mit einer Vorspeise (Antipasti). Das können z.B. die beliebten Crostini, geröstete Weißbrotscheiben mit einem Aufstrich von Hühnerleber, Finocchiona, Salami mit Fenchelsamen, oder Bruschetta, geröstetes Brot mit Knoblauch und Olivenöl, sein. Danach beginnt ein erster Gang – Primo Piatto. Zu diesem Anlaß werden Teigwaren/Pasti, d.h. Nudeln, die es in vielen Varianten und Zubereitungen gibt, Suppen (diverse Varianten) oder Risotti, Reisgerichte, gegessen. Letztere sind jedoch vor allem in der Poebene zu Hause, man findet sie aber auch in dem einen oder anderen toskanischen Lokal.

Damit ist zunächst einmal der dringendste Hunger gestillt, nun kann man damit beginnen, Speisen zu genießen. Diese Funktion erfüllt vor allem der zweite Gang – Secondo Piatto. Serviert wird jetzt ein größeres Fleischgericht, in das die toskanische Küche ihr ganzes Know-how einfließen läßt. Dazu zählen z.B. Bistecca alla fiorentina (Beefsteak), das vom Chiana-Rind sein muß, Arista di maiale al forno, Schweinebraten, Ossobuco, Kalbshaxe, Trippa alla fiorentina, Kutteln in Tomatensauce, sowie eine Reihe von Geflügel- und Wildgerichten. An der Küste besteht der zweite Gang dagegen häufig aus einem Fischgericht. Sofern Sie im Restaurant speisen, müssen Sie die Beilagen zusätzlich bestellen und bezahlen.

Das Mahl klingt aus mit einem Dessert (Dolce oder Fruta) sowie einem abschließenden Digestiv oder Caffè. Letzterer ist jedoch auf keinen Fall ein Cappuccino, wie das ausländische Touristen mitunter zu tun pflegen – in den Augen der Einheimischen eine kulinarische Freveltat, die freilich großherzig verziehen wird.

Wie das Mittagessen ist auch das Abendessen um einiges später als nördlich der Alpen. Davor steht auf jeden Fall noch der vorabendliche Massentreff auf der Piazza oder der Hauptgeschäftsstraße, die Passeggiata, auf dem Programm (18-20 Uhr). Irgendwann zwischen 20 und 21 Uhr ist man aber dann doch soweit. An normalen Werktagen ist das Mahl am Abend vergleichsweise bescheiden. An Sonn-und Feiertagen kann es wie das Mittagessen sehr ausgiebig sein.

Getränke

Für den großen Durst ist Mineralwasser – mit und ohne Kohlensäure – zuständig. Davon gibt es ein recht brauchbares und preiswertes Angebot (Supermärkte). Darauf können Sie auf den schweißtreibenden Bergtouren zurückgreifen.

Traditionellerweise ist der Wein das populärste alkoholische Getränk, was nicht gerade überrascht, denn Italien ist der größte Weinproduzent und -exporteur der Welt. Zu den Hauptanbaugebieten gehört hier übrigens die Toskana. Die toskanischen Weine waren überwiegend rot und trocken, heute wird aber auch eine wachsende Zahl von Weißweinen erzeugt. Die Weinszene Toskana ist überaus reichhaltig, „Kenner" halten sie für die interessanteste ganz Italiens. Unter den nach DOC- und DOCG-Richtlinien erzeugten Weinen gelten die Rotweine Chianti Classico, Brunello di Montalcino, Carmignano, Vino Nobile di Montepulciano und die Weißweine Bianco di Pitigliano und Vernaccia di San Gimignano als herausragend. Das ist freilich nur eine kleine und subjektive Selektion aus der recht großen Zahl von Weinen bester und mittlerer Qualität. Seit einigen Jahren werden weitere erstklassige Vini ganz neu und jenseits der Tradition kreiert, für die sich die Kategorie Super-Toscani eingebürgert hat.

In jüngerer Zeit hat auch das Bier ziemlich viele Anhänger gewonnen. Recht hoch ist der Anteil bekannter ausländischer Sorten. Bier ist im Vergleich zum Wein relativ teuer (nur preiswert im Supermarkt).
Ansonsten hat der Grappa, ein Tresterschnaps, den es in vielen Varianten gibt, einen festen Platz im italienischen Alltag. Guter Grappa ist reichlich teuer.
Auch Aperitivi – wie der sattsam bekannte Campari – sind nach wie vor „in".

Italien steht auf Kaffee, der vor allem als Espresso (geringe Menge, sehr stark) und Cappuccino getrunken wird. Auch Säfte sind populär. Für Tee besteht dagegen keine Kultur, auch in eleganten Caffès oder Restaurants bekommen Sie nicht mehr als heißes Wasser und Teebeutel angeboten.

Selbstversorger

Die Einheimischen machen ihre großen Einkäufe in den riesigen Supermärkten in den Vororten oder an den Ausfallstraßen sowie in Markthallen/Märkten. In den Innenstädten sind nur noch ein paar Tante-Emma-Läden (Alimentari), Bäckereien (Panificio) und Metzgereien (Macelleria) verblieben, wo man die kleinen Einkäufe tätigt. In Dörfern sind recht häufig Bars mit Lebensmittelläden kombiniert.

Die Auswahl an Wurstwaren, Joghurt, Gebäck und Süßigkeiten (Schokolade) ist in Toskana/Umbrien erheblich geringer als in Deutschland. Von den teureren Süßigkeiten und Bier abgesehen, ist das Preisniveau für Lebensmittel etwa gleich hoch wie in Deutschland. An Obst und Gemüse erhält man alles, was mediterranes und Gebirgsklima gedeihen lassen; das ist in der Saison sehr viel – und preiswert. Dagegen wird im Gegensatz zu Deutschland nur wenig Obst aus den Tropen eingeführt.

Geld

Nationale Währung Italiens ist bis zur Euro-Bargeldeinführung (2002) die Lira (Plural Lire) oder Lit. (ISO-Norm für Angaben auf Schecks, bei Geldwechsel u.ä.). Im Umlauf befinden sich Münzen zu 1, 5, 10, 50, 100, 200 und 500 Lire (Lit.) sowie Banknoten zu 500, 1000, 2000, 5000, 10.000, 20.000, 50.000 und 100.000 Lire.

Der Wechselkurs bei Drucklegung für 1000 Lit. betrug etwa DM 1,01, sFr 0,83, öS 7,1 bzw. hfl 1,14. Tagesaktuelle Wechselkurse (auch für 163 andere Währungen) können übrigens jederzeit im Internet unter folgender Adresse erfragt werden:
http://www.oanda.com/cgi-bin/ncc?lang=de.

In den Touristenorten gibt es in recht großer Zahl Banken und private Wechselstuben, die ohne allzu viele Umstände Bargeld, Reise- und Euroschecks umtauschen. Vergleichen Sie beim Tausch von Bargeld und Traveller Cheques zuerst Wechselkurse und Kommissionen verschiedener Banken/Wechselstuben sehr genau, es können erhebliche Unterschiede bestehen. Lassen Sie große Vorsicht gegenüber privaten Wechselstuben walten, hier werden (insbesondere in Florenz) oft horrende Kommissionen verlangt – bis zu 9 % –, obwohl die Kurse oft nicht besser als auf den Banken sind, die im allgemeinen keine oder nur geringe Kommissionen einbehalten. Auch Bahnschalter und Postämer sind häufig ein schlechtes Pflaster.

Eurocheques: Müssen in Lire ausgestellt werden, Höchstbetrag 300.000 Lit., Abbuchung ein paar Tage später auf dem heimatlichen Konto zum Tageskurs + Gebühr (in Deutschland derzeit 1,75 % = ca. 5 DM).

Reiseschecks/Traveller Cheques: beim Kauf in der Heimat 1 % Gebühr, bei der Einlösung in Italien nochmals eine Gebühr fällig, Wechselkurs wenig vom Kurs für Bargeld verschieden; bekanntlich große Sicherheit: wenn Sie bei Diebstahl die Kaufbestätigung für die Schecks vorlegen können, bekommen Sie Ersatz oder Rückerstattung.

In den letzten Jahren sind zahlreiche Bankomaten aufgestellt worden, aus denen Sie mit allen bekannten Scheckkarten im allgemeinen bis zu 300.000 Lit. bekommen können (Gebühren erst zu Hause fällig, Verrechnung zum Tageskurs + Gebühr von z.B. 5 DM [EC-Karten]), gelegentlich trifft man auch auf Bankomaten, die 400.000 oder 500.000 Lire ausspucken.

Post

Es ist gut, die Urlaubskarten zumindest eine Woche vor der Rückreise abzuschicken. Die italienische Post hat zwar in den letzten Jahren in Sachen Effizienz kräftig zugelegt, aber mit Laufzeiten von 3-10 Tagen ist nun mal zu rechnen.

Die Portokosten in alle deutschsprachigen Länder betragen: Postkarten normal: 800 Lit, Postkarten Übergröße: 900 Lit, Brief bis 20 g: 800 Lit. Die Post nach A, CH, D und NL wird durchweg per Luftpost befördert, ein entsprechender Vermerk erübrigt sich also.

Briefmarken bekommen Sie außer an der Post auch in Tabakläden, beim Kauf von Postkarten oder auch an vielen Hotelrezeptionen.

In Italien gibt es ein Postleitzahlensystem, das dem deutschen sehr ähnlich ist. Einige ausgewählte Orte in Toscana und Umbria: Abbadia San Salvatore 053021, Arezzo 052100, Assisi 06081, Castellina in Chianti 053011, Cortona 052044, Florenz 050122, Foligno 06034, Gaiole in Chianti 053013, Giglio 058013, Greve in Chianti 050022, Grosseto 058100, Gúbbio 06024, Lucca 055100, Massa Marittima 058024, Montalcino 053042, Montefalco 06036, Montepulciano 053045, Narni 05036, Norcia 06046, Orvieto 05018, Panzano in Chianti 050020, Perúgia 06010, Pisa 056100, Pistóia 051100, Porto San Stefano 058019, Radda in Chianti 053017, San Gimignano 053037, Saturnia 058050, Siena 053100, Spello 06038, Spoleto 06049, Terni 050100, Todi 06059, Volterra 056048.

Zur Vermeidung von Verwechslungen und Fehlleitungen ist es notwendig, im Auslandsbriefverkehr das Nationalitäts-Kennzeichen des Bestimmungslandes plus Bindestrich der Postleitzahl voranzustellen, so:
– nach Italien „I-"
– aus Italien nach Deutschland „D-"
  nach Österreich „A-"
  in die Schweiz „CH"
  in die Niederlande „NL-"

Telefon

Das Telefonsystem Italiens läuft voll und ganz im Selbstwählverkehr und entspricht im wesentlichen europäischen Normen. Betreiber ist die Gesellschaft Telecom Italia, die von der Post getrennt ihre eigenen Ämter und Büros unterhält. Es sind zahlreiche Geräte aufgestellt (in den Ortszentren und vor allem an Bahnhöfen). Hier kann man mit Telefonkarten (carta telefono zu 5000 und 10.000 Lit, bei Telecom, in Tabak- und Zeitschriftenläden erhältlich).) anrufen. Ferner bieten zahlreiche Bars und Tabakläden (an dem Telefonsymbol erkenntlich) sowie einige wenige Telekombüros (hier auch ohne Telefonkarte möglich, abzurechnen am Schalter) diese Möglichkeit.

Bei der Direktwahl ins Ausland ist folgendermaßen zu verfahren:
– zuerst wird 00 gewählt, um in das Auslandsnetz hineinzukommen. Danach ist ein neuer Signalton abzuwarten, bevor mit der Länder-Vorwahl fortgesetzt wird:
aus Italien   nach Deutschland 49
              nach Österreich 43
              in die Schweiz 41
              in die Niederlande 31

Anschließend wird die gewünschte Rufnummer (**ohne Anfangs-Null** der Ortsvorwahl) hinzugefügt.

Bei Gesprächen von Deutschland, Österreich, der Schweiz oder den Niederlanden nach Italien wird als Vorwahl **0039** benutzt. Es folgt sodann die **vollständige** Rufnummer des Anschlusses, also mit der Anfangs-Null!

Denn: Seit Juni 1998 sind in Italien die ehemaligen Ortsvorwahlnummern mit der persönlichen Nummer des Anschlusses zu einer einzigen Nummer zusammengefaßt, die bei allen Gesprächen, auch den Ortsgesprächen, vollständig zu wählen ist: also **mit** der Anfangs-Null.

Die Zeit

Uhrzeit

Winters und sommers gilt die gleiche Zeit wie in allen Ländern Mitteleuropas. Uhren brauchen nicht umgestellt zu werden.

Öffnungszeiten

Geschäfte
Mo-Sa 9-13 und 17-20 Uhr; die lange Mittagspause, die Siesta, wird pünktlich begonnen und ausgiebig genossen.
Es gibt diverse Ausnahmen; so beginnen Bäckereien bereits um 7 h, auch mancher kleine Lebensmittelladen, der Alimentari, öffnet schon um 8 Uhr die Tore.
Viele Läden sind einen Nachmittag in der Woche geschlossen. Dieser Tag ist von Ort zu Ort verschieden.

Restaurants
Mittags 12-15, abends 19.30-22 Uhr (Sommer, Saison 17-24 Uhr), ein Ruhetag pro Woche.

Touristeninformationsbüros
In kleineren Orten in der Regel Mo-Fr 9-13 Uhr, in größeren Städten und Haupttouristenorten dagegen auch von 15-18 Uhr und am Samstag vormittag (zumindest in der Saison). In vielen kleineren Städten sind die Informationen nur in der Saison geöffnet.

Postämter
Mo-Fr 8 oder 8.30 – 14 oder 14.30 Uhr, Sa nur bis 13 Uhr. Die Hauptpostämter der größeren Städte sind jedoch erheblich länger geöffnet. Z.B. schließt die Hauptpost in Florenz ihre Tore erst um 19 Uhr (Mo-Fr).

Banken
Montag bis Freitag 8.30-13.15, z.T. auch 14.45-15.45 oder 16 Uhr. Dagegen sind die Wechselstuben in den Haupttouristenorten bis etwa 20 Uhr und auch am Samstag geöffnet.

Bahnhöfe
Die Schalter öffnen zumeist um 6 und schließen um 20 oder 21 Uhr; auch in der Touristenmetropole Florenz ist um 22 Uhr Feierabend. Danach können Sie aber in verschiedenen Bahnhöfen noch Fahrkarten aus dem Automaten bekommen. Nur wenige Wartesäle sind die ganze Nacht über offen (Arezzo, Livorno), viele schließen um Mitternacht (Lucca, Pistóia, Terni z.B.), einige aber auch schon früher.

Museen, Paläste, Grotten
Die meisten Museen und ähnlichen Stätten sind in Toskana/Umbrien an einem Tag der Woche geschlossen. Meist ist das der Montag, es kann aber auch der Sonntag sein. An den übrigen Tagen stehen die Stätten den Besuchern zumeist von 10 bis 17 Uhr offen. Es gibt allerdings viele Abweichungen von dieser „Regel".

Kirchen
Die Kirchen sind fast alle morgens von 7 bis 12 und nachmittags/abends von 16 oder 17 bis 19 oder 20 Uhr geöffnet. Während der Gottesdienste sind Besichtigungen unerwünscht.

Feiertage

Der Festkalender ist gut gefüllt. Neben den großen katholischen Feiertagen/ Festen und verschiedenen Staatsfeiertagen gibt es zahlreiche lokale Festtage, denen recht unterschiedliche Anlässe zugrundeliegen. Einige sind in den Stadtkapiteln angeführt.

Gesetzliche Feiertage in Toskana und Umbrien
1. Januar: Neujahr
6. Januar: Dreikönig
Ostern: Karwoche, als Feiertage: Gründonnerstag, Karfreitag, Ostersonntag
25.4.: Tag der Befreiung
1. Mai: Tag der Arbeit
Christi Himmelfahrt
2.6.: Proklamation der Republik
15. August: Mariä Himmelfahrt
1. November: Allerheiligen;
4.11.: Tag der Nationalen Einheit
8. Dezember: Unbefleckte Empfängnis
25. Dezember: Weihnachten

Normen

In Toskana, Umbrien gilt in allen Bereichen das metrische System, so daß alles seine gewohnten Bahnen geht.

Als elektrische Spannung wird 220 V Wechselstrom verwendet, die Steckdosen entsprechen unseren Konstruktionen. Bei Schukosteckern brauchen Sie jedoch einen Adapter. Bessere Hotels stellen so etwas zur Verfügung.

Service

Krankenversicherung

Dank der Sozialversicherungsabkommen zwischen Italien und den anderen EU-Staaten können Mitglieder der gesetzlichen Krankenversicherung aus D, A und NL in Toskana/Umbrien sich bei Ärzten und in Krankenhäusern der italienischen Sozialversicherung innerhalb des in Italien gegebenen Leistungsrahmens kostenlos behandeln lassen.

Mitglieder der Krankenkassen aus EU-Ländern müssen sich zu Hause den Anspruchsschein E111 besorgen und haben diesen in einem lokalen Büro der italienischen Sozialversicherung (Unità Sanitaria Locale) gegen Krankenscheine der einheimischen Sozialversicherung einzutauschen. Mit letzterem gehen Sie zum Arzt. Sofern dieser den Schein akzeptiert, werden Sie kostenlos behandelt. Ist das jedoch nicht der Fall, müssen Sie zunächst einmal zahlen, können dann aber zu Hause bei Vorlage einer detaillierten Quittung (Diagnose, Art und Kosten der Behandlung) die Kosten zurückerstattet bekommen (in dem Leistungsrahmen, der im Heimatland gilt, d.h. Leistungen, die dort von der Kasse nicht bezahlt werden, zahlt sie Ihnen auch nicht für Italien!). Auf jeden Fall wird aber die gesetzliche Krankenkasse nicht für einen medizinisch notwendigen Rücktransport aufkommen, was teuer kommen kann. Für diesen Fall (und einiges andere, das die gesetzliche Krankenversicherung nicht abdeckt) ist es ratsam, für die Dauer der Toskana-Tour zusätzlich eine private Auslandskrankenversicherung abzuschließen, die Sie übrigens auch in Kombination mit einer Gepäckversicherung zu günstigen Tarifen in jedem Reisebüro erhalten.

Preisermäßigungen

Für Auszubildende, Schüler und Studenten gibt es nur wenige Preisnachlässe, so z.B. für Museen. Eine Voraussetzung für die Gewährung bildet der standardisierte Ausweis der International Student Identity Card Association (ISIC), Postbus 15857, 1001 NJ Amsterdam, den es in Jugendreisebüros und bei den Allgemeinen Studentenausschüssen der Universitäten (AStA) gibt; nächstgelegene Ausweisausgabestelle ggf. bei der ISIC erfragen oder direkt dort bestellen (unter Vorlage einer Immatrikulationsbescheinigung).

Die europäische Jugendkarte EURO<26 wird in Italien weitgehend akzeptiert und bietet eine Fülle von Rabatten z.B. in Museen und Restaurants. In Deutschland ist für die Ausstellung die DJH Service GmbH in Detmold zuständig, Tel. 0180 212626. Eine Übersicht über die Leistungen in Italien gibt es auf der Internetseite:
– http://www.euro26.org/countries/italy.html.

Eintrittspreise

Museen, Galerien, Türme und Paläste verlangen häufig deftige Eintrittspreise. Z.B. müssen Sie bei Museen und Galerien mit 5-15 DM rechnen. Teilweise muß man für verschiedene Teile eines Palastes sogar getrennt Eintritt zahlen, z.B. beim Palazzo Pitti in Florenz. Wer am Tag drei bis vier der besagten Kulturtempel besucht, kann auf Zusatzausgaben von 30-50 DM kommen. Da erweist es sich als Segen, daß Kirchen bis auf eng eingegrenzte Teile (z.B. Dommuseen) kostenlos sind.

Sind schließlich noch die Eintrittspreise für Diskotheken, Musikclubs und -kneipen. Auch hier muß reichlich gezahlt werden, z.B. für Diskotheken ca. 30 DM.

Hilferufe
Wenn man sich finanziell verkalkuliert hat oder völlig ausgeraubt wurde, wird man in die Zwangslage kommen, um Hilfe bitten zu müssen.

Die einfachste und auch billigste Art ist immer noch, von Freunden oder Verwandten Geld nachschicken (überweisen) zu lassen. Wichtig: der Empfänger einer internationalen Postanweisung oder Banküberweisung muß sich bei Entgegennahme ausweisen können. Bei Verlust des Personalausweises oder Passes besteht somit auch die Notwendigkeit, einen Ersatzempfänger zu engagieren.

Der schnellste Weg ist die telegrafische Postanweisung, die auch postlagernd (fermo posta) empfangen werden kann. Es können bis zu 4,2 Mio. Lit. per Anweisung überwiesen werden (die Kosten sind allerdings beträchtlich!).

Telegrafische Anweisungen sind normalerweise innerhalb von 24 Stunden am Zielort (häufig sogar in wenigen Stunden), nur bei abgelegenen Dörfern muß mit längerer Laufzeit gerechnet werden.

Wenn alle Stricke reißen, ist die diplomatische Vertretung zur Hilfe verpflichtet. Da man hinterher aber alles mit Zinsen und Gebühren zurückzahlen muß, sollte man dort wirklich nur im äußersten Notfall anklopfen.
Die Anschriften:

Deutsche Botschaft, Via Po 25/c, Roma, ✆ 06492131, zuständig u.a. für Umbrien;
Deutsche Konsulate: Lungarno Vespucci 30, 050123 Firenze (Florenz), ✆ 055294722, geöffnet Mo-Fr 9.30-12 Uhr, zuständig für die Provinzen Arezzo, Florenz, Pistóia und Siena; Piazza della Vittoria 56, 057100 Livorno, ✆ 0586890008, zuständig für die Provinzen Grosseto, Livorno, Lucca und Pisa.

Österreichische Botschaft, Via Pergolesi 3, 00198 Roma, ✆ 068558241.
Schweizer Botschaft, Via Barnaba Oriani 61, 00197 Roma, ✆ 068083641.
Niederländische Botschaft, Via Mercati 8, Rom, ✆ 063221141.

Das Fahrrad

Die Streckenbeschreibungen in diesem Buch gehen davon aus, daß zum Erfahren von Toskana und Umbrien ein tourentaugliches Fahrrad benutzt wird.
Wer versucht, die langen Steigungen in den Bergtouren oder die mit häufigen Steigungen gespickten Routen in Chianti oder Crete mit einem behäbigen Hollandrad oder gar einem Rad ohne Gangschaltung anzugehen, wird zwangsläufig schnellstens frustriert und sehr bald des Schiebens überdrüssig den Rückweg antreten.

Auch einfache Sporträder mit Dreigangschaltung sind den verschiedenen Anforderungen nicht gewachsen und sollten allenfalls für leichte kurze Rundtouren im Umfeld von Lucca, Viaréggio und Grosseto eingesetzt werden. Wer die Absicht hat, für die Reise ein Fahrrad neu anzuschaffen oder ein vorhandenes umzurüsten, sollte den folgenden Empfehlungen folgen:

Fahrradtyp: Reise- oder Trekkingrad richtiger Rahmenhöhe; alternativ sind auch Rennräder und All-Terrain-Bikes (Mountain-Bikes) einsetzbar, letztere aber nicht erforderlich, sofern keine Pisten gefahren werden

Reifengröße: 25-/28-/32-630 oder 25-/28-/32-622 (früher 27 x 1/1¼ bzw. 28 x 1/1¼ Zoll) bzw. ATB-/MTB-Bereifung

Gangschaltung: mindestens 12-14 Gänge mit 2 Kettenblättern (vorn) 52/42 Zähne oder weniger, Freewheel (Mehrfachfreilaufzahnkranz hinten) mit 14-28 oder 15-28 Zähnen, bei geeigneter Gangschaltung bis 32/34 Zähne.
Diese Übersetzung ist unbedingt erforderlich, da sonst Steigungen nicht bewältigt werden können. Hingegen können die Schnellgänge ohnehin meist nicht genutzt werden, so daß kleinere Zahnkränze als 14 Zähne in jedem Fall überflüssig sind.

Ausstattung: Solide Gepäckträger sind erforderlich, soweit Gepäck mitgeführt werden soll. Bei Toskana- oder Umbrien-Radurlaub auf der Basis von Tagestouren mit festen Ausgangspunkten kann darauf verzichtet werden, nicht aber bei den mehrtägigen bis mehrwöchigen Rundtouren. Für Touren im Frühjahr oder Spätherbst sind wegen recht häufiger Regenfälle auf jeden Fall Schutzbleche ratsam.

Bremsen: Wegen des häufigen und teils sehr starken Gefälles sind zwei gut funktionierende Bremsen sehr wichtig; möglichst keine Trommel- und Rücktrittbremsen (neigen zum Blockieren).

Beleuchtung: Weil in Toskana/Umbrien die Straßentunnels oft nur schwach und mitunter überhaupt nicht beleuchtet sind, muß das Rad eine Beleuchtung besitzen – andernfalls versinkt man nach wenigen Metern Tunnelfahrt in tiefstes Dunkel und die totale Orientierungslosigkeit. Eine starke Taschenlampe bietet wertvolle Hilfe.

Reparaturausstattung

Wer sein Fahrrad mit nach Toskana/Umbrien nimmt, wird verschiedene Ersatzteile dort nicht oder nur mit viel Zeitaufwand beschaffen können, da in den Fahrradläden häufig nur italienische und französische Räder gehandelt werden. Die Probleme sind jedoch weitaus geringer, als man annehmen möchte, da wie bei deutschen Rädern viele Komponenten von dem japanischen Hersteller Shimano kommen.

Ein anderer Grund, sich mit wichtigen Ersatzteilen einzudecken, ist ferner, daß das Netz der Fahrradläden in einigen Regionen von Toskana/Umbrien (z.B. den Gebirgsregionen) sehr weitmaschig ist, d.h. daß Sie im Ernstfall unter Umständen weit weg vom nächsten Laden sind und sich selbst helfen müssen. Folgende Werkzeuge und Ersatzteile gehören deshalb auf jeden Fall ins Gepäck.

Luftpumpe
Flickzeug
Reifenheber
Ersatzschlauch (zu beachten: 27- und 28-Zoll-Schläuche gleicher Dicke sind austauschbar)
Ersatzreifen – bei abweichender Norm; auf jeden Fall vor der Reise neue Reifen aufziehen
Maul- und Ringschlüssel
Schraubendreher
Inbusschlüssel
Zahnkranzabzieher für Kettenschaltung
Ersatzspeichen, Nippel, Nippelspanner
Nähmaschinenöl oder Kettenfließfett
Taschenmesser
Brems- und Schaltzüge
Bremsschuhe mit Bremsgummis
Ersatzschrauben und Muttern für Schutzbleche etc.

Mitnehmen, mieten?

Das Mitnehmen des eigenen, tourentauglichen Fahrrades ist eigentlich stets die beste Lösung. Das bringt freilich auch die Unbequemlichkeit mit sich, daß das Rad zur Bahn, zum Bus oder Flugzeug geschafft werden muß. Ferner kassieren die Bahn (bei Deutschland-Toskana hin und zurück mindestens 40 DM) und die Fluggesellschaften (ca. 50 DM) Zuschläge.

Wer allerdings nur wenige Touren fahren möchte, sollte sich die Unbequemlichkeiten vom Halse halten und vor Ort ein Fahrrad mieten. Zumindest in den

Haupttouristenorten bestehen entsprechende Möglichkeiten (s. Ortskapitel). Allerdings werden Sie häufig auf Mieträder stoßen, die allerhand Macken aufweisen, weil es mit der Wartung nicht weit her ist.

Verhaltensregeln für Bergfahren
Die Steigungen sind z.T. schwer und lang (Apennin). Damit Sie nicht irgendwann total einbrechen, sollten Sie in einem festen Rhythmus fahren, der relativ langsam ist, Sie können ja später noch zulegen. Ferner ist es sehr wichtig, häufig kleinere Pausen einzulegen und immer reichlich zu essen und zu trinken, und zwar bevor entsprechende Bedürfnisse sich explosiv äußern.

Ausrüstung, Diebstahl
Das Rad ist auf jeden Fall zu versichern. Es ist ferner ratsam, daß Sie sich mit guten Schlössern ausrüsten.

An den Sicherungsmaßnahmen der einheimischen Stadtradler (Florenz, Lucca etc.) läßt sich ablesen, daß Räder nicht nur abgeschlossen werden sollten, sondern auch an Säulen und ähnlichen Gegenständen derart zu befestigen sind, daß sie nicht weggetragen werden können.

Carrara, Blick auf die Alpi Apuane

Fahrradteile-Vokabular

Im Falle eines Falles werden Sie in keinem Wörterbuch die Übersetzungen für die wichtigsten Fahrradteile finden. Damit Sie sich gegenüber Fahrradhändlern und Werkstätten verständlich machen können (besonders schwierig bei Telefonaten), ist hier eine Liste der entsprechenden Vokabeln zusammengestellt.

Rahmen — telaio

Oberrohr	tubo orizzontale
Unterrohr	tubo obliquo
Sattelrohr	tubo verticale
Steuerkopfrohr	tubo sterzo
Gabel	forcella
vorder. Ausfallende	punta forcella
hinter. Ausfallende	forcellino
Hinterrohre	tubo posteriore orizzontale
Hinterstreben	tubo posteriore verticale

Laufrad — ruota

Mantel	copertone
Schlauch	camera d'aria, gomma
Ventil	valvola
Reifen	pneumatico
Felge	cerchio
Speiche	raggio
Nabe	mozzo

Antrieb

Tretlager	serie movimento
Tretkurbel	pedivella
Kettenblatt	ruota dentata
Pedal	pedale
Kette	catena
Schaltwerk (hinten)	cambio delle marcie
Schaltzug	cavo per il cambio
Schalthebel	leva del cambio
Freilauf-Zahnkranz	ruota libera-corona dentata

Ausstattung

Lenker	manubrio
Bremse (vorne, hinten)	freno

Blick auf Marina Marciana

Bremsgriff	lava freni
Bremsgummi	gomma del freno
Bremszug	cavo del freno, guaína
Sattelstütze	reggisella
Sattel	sella
Schutzblech	copricatena
Gepäckträger	portabagagli
Luftpumpe	pompa d'aria

Werkzeuge

Schraubendreher	cacciavite
Schraubenschlüssel	chiave inglese
Zange	tenaglia
Hammer	martello

Sonstiges

Fahrrad	bici, bicicletta
Fahrradzubehör	accessori
Fahrtrichtung	direzione
Helm	casco
Radsport	ciclismo
Reparatur	riparazione
Schloß	luchetto
Tacho	tachimetro

Unterwegs

Bolsena

Unterwegs

Toskana und Umbrien sind flächendeckend – in 103 Etappen (Toskana 80, Umbrien 23) unterteilt – ausführlich behandelt. Die Etappenbeschreibungen nennen die benutzten Straßen, schildern die durchradelten Ortschaften und am Weg liegende Sehenswürdigkeiten, verweisen auf interessante Abstecher. Orte und Stätten, die in einer ausführlichen Darstellung gewürdigt werden, sind meist mit Rasterstreifen hervorgehoben. Dort finden Sie auch Details wie Adressen von Touristeninformationsbüros, Niedrigpreisunterkünften und Fahrradläden. Alle Angaben entsprechen dem Stand von 1998.

Den Etappenbeschreibungen sind Kartenskizzen im Maßstab von überwiegend ca. 1:400.000 zugeordnet, die den Streckenverlauf markieren. Die Skizzen enthalten alle befahrenen Straßen, alle Hauptstraßen der entsprechenden Region (d.h. alle auf Landkarten farblich gekennzeichneten Strecken) und – ansatzweise gezeichnet – alle Abzweigungen von der befahrenen Straße. Das ermöglicht Ihnen die Umsetzung der Kartenskizzen auf die während der Reise benutzten Landkarten; die Skizzen sind hingegen nicht dazu gedacht oder geeignet, als Landkartenersatz zu dienen.

In den Kartenskizzen wird die in Italien übliche Numerierung der Hauptstraßen wiedergegeben. Darüber hinaus sind Ortschaften, Niedrigpreisunterkünfte wie Jugendherbergen und Campingplätze in den Kartenskizzen vermerkt. Dabei werden folgende Zeichen und Symbole verwendet:

- ✸ Anfangs- oder Endpunkt einer Etappe
- ⓘ Preiswerte Unterkunft: einfaches Hotel, Gasthaus, Berghütte, Bauernhof
- ⓘ Jugendherberge
- ▲ Campingplatz
- ✈ Flughafen
- --- Autobahn, autobahnähnliche Straße

Die Symbole für Campingplätze etc. sind den jeweiligen Orten zugeordnet; bei unmittelbar nebeneinanderliegenden gleichartigen Punkten, z.B. zwei Campingplätzen, ist das betreffende Symbol nur einmal enthalten. Näheres ist dem Text zu entnehmen.

Die genaue Lage von Ortschaften, Übernachtungsstätten usw. kann nur präzisen Landkarten entnommen werden. Für die Umsetzung der Lageskizzen sind mindestens die empfohlenen Karten im Maßstab 1:200.000 erforderlich.

Etappenübersicht

Die Etappenübersichtskarte (ausklappbar) befindet sich am Schluß des Buches.

Toskana
Etappe 1: Florenz – Grássina (6 km)
Etappe 2: Grássina – Greve in Chianti – Castellina in Chianti (37,5 km)
Etappe 3: Castellina in Chianti – Siena (21,5 km)
Etappe 4: Castellina in Chianti – Poggibonsi – San Gimignano (30,5 km)
Etappe 5: San Gimignano – Certaldo – Montespértoli – Florenz (61 km)
Etappe 6: Florenz – Fiésole – Borgo S. Lorenzo (32,5 km)
Etappe 7: Borgo S. Lorenzo – Firenzuola – Marradi – Borgo S. Lorenzo (104 km)
Etappe 8: Florenz – Prato – Pistóia (47,5 km)
Etappe 9: Florenz – Empoli (37 km)
Etappe 10: Empoli – Vinci – Pistóia (34,5 km)
Etappe 11: Pistóia – Montecatini – Lucca (41,5 km)
Etappe 12: Lucca – Castelnuovo di Garfagnana (46 km)
Etappe 13: Castelnuovo di Garfagnana – Isola Santa – Massa (43 km)
Etappe 14: Castelnuovo di Garfagnana – Casola – Carrara (71,5 km)
Etappe 15: Lucca – Filettole (11 km)
Etappe 16: Filettole – Viaréggio – Carrara (54,5 km)
Etappe 17: Carrara – Massa (8,5 km)
Etappe 18: Massa – Camaiore – Lucca (45 km)
Etappe 19: Filettole – S. Giuliano T. – Pisa (16,5 km)
Etappe 20: Pisa – Marina di Pisa – Livorno (28 km)
Etappe 21: Livorno – Orciano – Abzweigung S. Luce (30 km)
Etappe 22: Livorno – Vada – Cécina (36 km)
Etappe 23: Cécina – Donoratico (16 km)
Etappe 24: Donoratico – Suvereto – Cura Nuova (41,5 km)
Etappe 25: Cura Nuova – Follónica (7 km)
Etappe 26: Follónica – Gabelung von Gagno (25 km)
Etappe 27: Donoratico – Gabelung von Gagno (26,5 km)
Etappe 28: Gabelung von Gagno – Hafen Piombino/Fähre Elba (5 km)

(Insel Elba: Etappen 29-34)
Etappe 29: Portoferráio – Prócchio (10,5 km)
Etappe 30: Prócchio – Póggio – Marina di Campo (42 km)
Etappe 31: Marina di Campo – Prócchio (5 km)
Etappe 32: Marina di Campo – Porto Azzuro – Abzweigung Rio nell'Elba (27,5 km)
Etappe 33: Abzweigung Rio nell'Elba – Cavo – Abzweigung Rio nell'Elba (20 km)
Etappe 34: Abzweigung Rio nell'Elba – Magazzini – Portoferráio (16,5 km)

Etappe 35: Cura Nuova – Massa Maríttima – Saline di Volterra (66 km)
Etappe 36: Saline di Volterra – Volterra – Castel S. Gimignano (25,5 km)
Etappe 37: Saline di Volterra – S. Martino (23 km)
Etappe 38: S. Martino – Cécina (7 km)
Etappe 39: S. Martino – S. Luce – Abzweigung S. Luce (28 km)
Etappe 40: Abzweigung S. Luce – Casciana Terme – Pontedera (31 km)
Etappe 41: Pontedera – Pisa (21,5 km)
Etappe 42: Pontedera – S. Miniato – Empoli (31,5 km)
Etappe 43: Pontedera – Castelfalfi – S. Gimignano (51,5 km)
Etappe 44: S. Gimignano – Castel S. Gimignano (12,5 km)
Etappe 45: Castel S. Gimignano – Colle di Valle d'Elsa – Siena (35 km)
Etappe 46: Siena – Pianella – Radda in Chianti – Castellina in Chianti (47 km)
Etappe 47: Siena – Asciano – Buonconvento (44 km)
Etappe 48: Buonconvento – Vescovado – Siena (47 km)
Etappe 49: Buonconvento – Montalcino (14 km)
Etappe 50: Montalcino – S. Quirico – Pienza – Chianciano T. (48 km)
Etappe 51: Chianciano T. – Chiusi (10,5 km)
Etappe 52: Chiusi – Vaiano – Gioella – Castiglione del Lago (21 km)
Etappe 53: Chiusi – Acquaviva – Sinalunga – Lucignano – Foiano (52 km)
Etappe 54: Foiano – Cortona – Borghetto/Lago Trasimeno (32,5 km)
Etappe 55: Foiano – Pieve al Toppo – Arezzo (29 km)
Etappe 56: Arezzo – Anghiari – Bibbiena – Borgo S. Lorenzo (142 km)
Etappe 57: Arezzo – Figline in Valdarno – S. Polo in Chianti – Grássina (73 km)
Etappe 58: Abbadia S. Salvatore – Abzweigung Seggiano (10 km)
Etappe 59: Abzweigung Seggiano – Seggiano – Montalcino (35 km)
Etappe 60: Abzweigung Seggiano – Castel del Piano – S. Fiora (22 km)
Etappe 61: S. Fiora – Piancastagnáio (12 km)
Etappe 62: Piancastagnáio – Abbadia S. Salvatore (4,5 km)
Etappe 63: Abbadia S. Salvatore – Sarteano – Chianciano T. (44,5 km)
Etappe 64: S. Fiora – Castell d'Azzaro – Pitigliano – Manciano (64,5 km)
Etappe 65: Manciano – Marsiliana – La Barca del Grazi (29,5 km)
Etappe 66: La Barca del Grazi – Albínia – Abzweigung Porto Ércole (13,5 km)
Etappe 67: Abzweigung Porto Ércole – Porto S. Stéfano – Porto Ércole – Abzweigung Porto Ércole (32 km)
Etappe 68: Manciano – Triana – Arcille (78 km)
Etappe 69: Arcille – Istia d'Ombrone – Grosseto (14 km)
Etappe 70: Grosseto – Montiano – Abzweigung Talamone (28,5 km)
Etappe 71: Abzweigung Talamone – Talamone – Abzweigung Talamone (15 km)
Etappe 72: Abzweigung Talamone – La Barca del Grazi (9 km)
Etappe 73: Grosseto – Fatt. il Lupo (20,5 km)
Etappe 74: Fatt. il Lupo – Follónica (25,5 km)
Etappe 75: Follónica – Castiglione della Pescáia – Grosseto (45 km)
Etappe 76: Fatt. il Lupo – Terzo (22 km)
Etappe 77: Terzo – Pagánico – Abzweigung Cinigiano (27 km)

Etappe 78: Abzweigung Cinigiano – S. Angelo – Montalcino (19 km)
Etappe 79: Abzweigung Cinigiano – Cinigiano – Arcille (31,5 km)
Etappe 80: Terzo – Roccastrada – Monticiano – Siena (60,5 km)

Umbrien
Etappe 81: Borghetto/Lago Trasimeno – Monte Buono (27,5 km)
Etappe 82: Monte Buono – Castiglione del Lago (17,5 km)
Etappe 83: Castiglione del Lago – Borghetto/Lago Trasimeno (13 km)
Etappe 84: Monte Buono – Pietráia (6,5 km)
Etappe 85: Pietráia – Abzweigung Città d. Pieve (25 km)
Etappe 86: Abzweigung Città d. Pieve – Città d. Pieve – Chiusi (12 km)
Etappe 87: Abzweigung Città d. Pieve – Orvieto Scalo (41 km)
Etappe 88: Orvieto Scalo – Bolsena (27 km)
Etappe 89: Bolsena – Acquapendente – Piancastagnáio (45 km)
Etappe 90: Orvieto Scalo – Baschi (7,5 km)
Etappe 91: Baschi – Todi (28 km)
Etappe 92: Todi – Collevalenza (11 km)
Etappe 93: Collevalenza – Bastardo – Bevagna – Foligno (43 km)
Etappe 94: Perúgia – Pietráia (17 km)
Etappe 95: Perúgia – Marsciano – Todi (54,5)
Etappe 96: Perúgia – Ponte Valleceppi (6 km)
Etappe 97: Ponte Valleceppi – Gúbbio – Piandassino – Perúgia (89 km)
Etappe 98: Ponte Valleceppi – Assisi – Spello – Foligno (43 km)
Etappe 99: Foligno – Montefalco – Spoleto (36 km)
Etappe 100: Spoleto – Crocemaróggia – Terni (34 km)
Etappe 101: Terni – Sant'Anatolia di Narco – Spoleto (53,5 km)
Etappe 102: Terni – Acquasparta – Collevalenza (36 km)
Etappe 103: Terni – Narni – Amélia – Baschi (59,5 km)

Nobody is perfect

Und Reiseführer sind „schnellverderbliche Ware".
Deshalb werden sich auch in diesen Reiseführer Fehler eingeschlichen haben. Bei aller Sorgfalt ist es unvermeidlich, daß dieses Buch dem Anspruch der Unfehlbarkeit nicht gerecht werden kann.
Wir bemühen uns, bei jeder Neuauflage eine komplette Aktualisierung aller Informationen durchzuführen, und sind deshalb dankbar für jeden Hinweis zu Korrekturen, Ergänzungen, für Tips zu der Streckenführung, für jede Art konstruktiver Kritik. Für verwertbare Tips revanchieren wir uns mit einem anderen Buch aus unserem Programm.
Schreiben Sie uns:

Verlag Wolfgang Kettler,
Redaktion „Toskana/Umbrien per Rad"
Bergstr. 28
D-15366 Neuenhagen b. Berlin

Etappenbeschreibungen

Toskana

Florenz (50 m, 403.000 Einw.).
Hauptstadt der Region Toskana und der Provinz Firenze, weitaus größte Siedlung der Region, geschäftige Industrie- und Handelsmetropole und zugleich einer der größten Touristentreffs der Welt (jährlich über 6 Mio. Touristen) dank kunsthistorisch hochkarätiger Kirchen und Paläste sowie einer unglaublichen Fülle von Kunstschätzen aus Mittelalter und Renaissance.

Stadtgeschichte
Die älteste Siedlung im Bereich Florenz lag in Fiésole, d.h. auf dem Hügel im Norden der heutigen Stadt. In der Römerzeit kam auch ein Ort (= Florenz) – im charakteristischen quadratischen Grundriß – am Fluß, d.h. auf dem Gebiet der heutigen Altstadt, hinzu. Fiésole blieb aber die bedeutendere Siedlung.
Während der Völkerwanderungszeit wurde Florenz mehrfach verheert, bestand aber weiter. In der Folgezeit unter Langobarden und Franken setzte eine gewisse Erholung ein.

Nach dem Tod der Markgräfin Mathilde von Canossa im Jahr 1115 gab sich die Stadt, die nun fast vollständig von Kaiser und Markgraf unabhängig war, eine eigene Verfassung, die die Grundlagen für die freie Stadtrepublik (libero comune) absteckte. Die Herrschaft lag aber noch beim in der Stadt ansässigen Adel, der von den Einkommen aus Ländereien in der Umgebung lebte. Aber ab etwa 1100 setzte ein starker Aufschwung von Handel und Industrie ein, der zugleich auch ein wohlhabendes Bürgertum hervorbrachte. Letzteres forderte im Lauf der Zeit die Aristokratie immer mehr heraus und übernahm schließlich 1250 per „Volkserhebung" die politische Herrschaft. Zu diesem Zeitpunkt war die Macht der Stadtrepublik Florenz bereits ein ganzes Stück über das eigentliche Stadtgebiet hinausgewachsen, umfaßte seit 1180 einen langen Streifen des Arno-Tals, den Contado.

Ab der Mitte des 13. Jh. und über das ganze 14. Jh. wurde Florenz wie die anderen „Freien Kommunen" der Toskana zumeist zunft-demokratisch, d.h. durch die Führungschicht der Hauptzünfte, regiert. In dieser Zeit setzte sich der wirtschaftliche Aufstieg der vergangenen Jahrhunderte, der vor allem auf der Tuchproduktion, dem internationalen Handel und dem Geldgeschäft beruhte, beschleunigt fort.

Die Stadt, die seit dem 11. Jh. von einer gewaltigen Stadtmauer umgeben war, erhielt im 13. und 14. Jh. eindrucksvolle Sakralbauten und wuchtige Paläste, die wir heute noch bewundern können: die Ordenskirchen Santa Maria

Novella und Santa Croce, den Dom, den Palazzo della Signoria und den Bargello, die Loggia dei Lanzi, die Kirche Orsanmichel. Es ist die Ära der Gotik, aber einer sehr eigenständigen Florentiner Variante. Ihr fehlt das gewaltige Streben in die Höhe wie etwa bei den Kathedralen Nordfrankreichs und die tendenzielle Auflösung der Wand durch Glasfenster. Anderseits weiß man aber den Spitzbogen, das Kreuzrippengewölbe und die feingliedrige Ornamentik der Maßwerkfenster zu nutzen.

Im 14. Jh. begann Florenz, sich allmählich in zahlreichen Kriegen gegen die anderen Stadtrepubliken durchzusetzen und das Herrschaftsgebiet immer weiter auszudehnen: 1330 wird Pistóia, 1337 Arezzo und bald darauf auch Prato, Cortona, San Gimignano unterworfen. Als letzte große Rivalen blieben schließlich Siena, Lucca und Pisa übrig.

Die Demokratie und der wachsende Wohlstand kamen aber nur einer kleinen Schicht zugute. Es wirkte wie eine riesige Explosion, als 1378 die bettelarmen und politisch rechtlosen Ciompi, die Tucharbeiter, die große Masse der Bevölkerung, in einem spontanen Aufstand die zerstrittene Oligarchie hinwegfegten. Der Erfolg war freilich nur von kurzer Dauer und die Rache der vorübergehend wiedervereinten Plutokratie blutig.

Die re-installierte Elite-Demokratie war sehr geschwächt. 1434 bis 1494 übernahmen hinter den Kulissen die reichen Bankiers Medici die Macht, während die Institutionen äußerlich fortbestanden.
Diese gerissenen und autoritären Herren waren andererseits aber auch große Liebhaber von Kunst, die viel Geld in deren Entwicklung steckten – ein Gebiet, auf dem sich seit etwa 1300 in Florenz schon viel getan hatte.
Während des 15. Jh. (genauer ab ca. 1420) wurde in Florenz dank des großzügigen Mäzenatentums die Renaissance geboren, ein gewaltiger Aufbruch in Malerei, Kunst und Wissenschaft, in dem die Antike wieder vorurteilsfrei rezipiert wurde und in der künstlerischen Darstellung Realitäts- und Naturnähe, Logik und Sinnlichkeit gegen den mittelalterliche Formalismus und Scholastizismus die Oberhand gewann. Die führenden Künstler der Stadt – Brunelleschi (Architekt), Boticelli (Maler), Lucca della Robbia (Maler, Bildhauer), Michelangelo Buonarotti (Bildhauer, Maler), Raffael (Maler), Giuliano da Sangallo (Architekt), Leonardo da Vinci (Maler, Architekt, Plastiker, Ingenieur) usw. – kamen zu Ruhm, der die Jahrhunderte überdauerte. Ihr gewaltiger Nachlaß füllt heute zahlreiche Museen, Kirchen und Paläste und ist jene Ressource, die unversiegbar große Touristenmassen aus aller Welt garantiert.

Die Medici mußten 1494 wegen Rebellion die Stadt fluchtartig verlassen, kamen 1512 mit Hilfe fremder Mächte zurück, mußten 1527 wieder gehen und kamen 1530 mit Hilfe fremder Mächte erneut zurück. Nach der zweiten Eroberung waren die Republikaner und Demokraten endgültig besiegt. Fortan herrschten die Medici nun als absolute Monarchen. 1555 gelang es ihnen ferner, durch den Sieg über Siena den gesamten Süden der Toskana an sich zu reißen und sich als Dynastie des Großherzogtums Toskana zu etablieren. Florenz diente jetzt als Residenzstadt: zunächst mehr als 200 Jahre unter dem Medici-Clan, dann nochmals über 100 Jahre unter Habsburg.

Die große Zeit von Florenz als Renaissance-Metropole ging im 16. Jh. zu Ende. Die lokale Wirtschaft konnte den gewaltigen Veränderungen nach der Entdeckung Amerikas und dem Aufstieg Westeuropas und später Englands nicht folgen und verfiel. Der Kunst und Architektur fehlte der ökonomische Nährboden, auch sie wurde steril. Florenz fristete das Dasein einer Residenz eines kleinen Herzogtums jenseits der Hauptströme der Weltgeschichte.

Nach 1861 ging die Stadt samt Toskana an die neue Nation Italien über – damit schien eine weitere Reduzierung der Bedeutung dieser Stadt verbunden, die noch fast genauso aussah wie in den Tagen des Mittelalters und der Renaissance. Diese Perspektive änderte sich jedoch abrupt, als die Stadt am Arno 1866 zur Hauptstadt Italiens erhoben wurde. Aber schon nach fünf Jahren war der Spuk vorüber und Florenz durch Rom abgelöst. Zwischenzeitlich war aber sehr viel geschehen: denn im Hauruckverfahren war ein zentraler Bereich abgerissen und durch monumentale Bauten und einen riesigen Zentralplatz ersetzt worden, was so gar nicht in das überlieferte Stadtbild paßte.

Stadtgeografie
Florenz liegt in einem breiten Kessel, der sich zu beiden Seiten des Arno erstreckt, wobei sich der größere Teil auf dem Nordufer befindet. Über den Fluß führen zahlreiche Brücken.

Die historische Stadt ist im Norden, Osten und Süden von den Hängen der Colli Fiorentini umgeben, wo die Villen der Wohlhabenden stehen. Nach Westen/Nordwesten ist das Arno-Tal zu einer recht breiten Ebene geöffnet. In diesen Bereich ist die Stadt in jüngerer Zeit expandiert. Hier beherrschen Industrie und ausgedehnte „moderne" Wohnviertel die Szene. Einen schönen Überblick über die Stadtanlage gewinnen/genießen Sie, wenn Sie auf Etappe 6 nach Fiésole hinaufkraxeln und ab und an mal Rückschau halten. Ein anderer Punkt, von dem eine vortreffliche Vogelperspektive möglich ist, ist Piazzale Michelangelo, ca. 1 km südöstlich von der Ponte Vecchio.

Die Bevölkerung lebt überwiegend von Dienstleistungen, denn 70 % der Beschäftigten sind in diesem Sektor tätig. Der Anteil der Industrie liegt entsprechend bei 30 %, durchweg lediglich Klein- und Mittelbetriebe. Teils knüpfen letztere an traditionelles Florentiner Handwerk (Gold- und Silberschmuck, Bekleidung, Schuhe, Stoffe) an, teils sind es aber auch ganz moderne Sektoren (Maschinenbau, Chemie, medizinische Geräte etc.). Florenz ist keine Idylle, trotz des autofreien Bereichs im Zentrum ist die Verkehrsbelastung bei 260.000 ortseigenen Automobilen und zahlreichen Pendlerautos sehr groß. Auch sozial ist hier allerhand los: Wohnungsnot, Arbeitslosigkeit, Drogen sind die Stichworte.

Die Bevölkerungsmehrheit wählt traditionell links. Über Jahrzehnte war die KPI stärkste Gruppierung. Heute ist das die PDS. An der Spitze der Stadt steht eine Koalition aus Linksdemokraten (PDS) und Linkskatholiken. Bei den Parlamentswahlen 1996 erhielt das Mitte-Links-Bündnis Olivenbaum in den Florentiner Wahlkreisen zwischen 57 und 66 % der Stimmen.

Rundgang durch die Altstadt
Sie können Ihren Rundgang an der Piazza S. Giovanni – mitten im stärksten Touristentrubel – beginnen. Nach der Besichtigung des Doms und des benachbarten Baptisteriums könnten Sie auf der populären Einkaufsstraße Via de Calcaiuoli zur Piazza Signoria wandern, an der der bekannte Palazzo Vecchio steht. An ihn schließen nach Süden die weltberühmten Uffizien an. Nach dem Besuch der faszinierenden Galerie begeben Sie sich zum Arno und genießen das Flair der reichlich bevölkerten Brücke Ponte Vecchio. Sie beschließen den Streifzug mit dem Besuch des ca. 200 m südwestlich gelegenen Palazzo Pitti. Damit haben Sie so etwas wie das touristische Mindestprogramm hinter sich gebracht. Sie sollten das aber zumindest noch um den Besuch der beiden schön anzusehenden Kirchen S. Maria Novella und S. Croce sowie allerlei spontane Streifzüge bereichern.

Leseempfehlung für Streifzüge
Unser Buch beschränkt sich darauf, eine Grundorientierung zu vermitteln, es will und kann nicht ein detailliertes Florenz-Stadtbuch sein und auch nicht einen Kunstführer ersetzen.
Christoph Hennig, Florenz (Dumont Reise-Taschenbücher), 3. Auflage, Köln 1996, interessant und gut ausgewählt die 9 Rundgänge durch Alt-Florenz (inkl. Fiésole) und die Kapitel zur Stadtgeschichte; dagegen erhebliche Lücken in Hintergrundbereich (Gewerkschaften, Streiks, Kommunalpolitik, aktuelle Musik- und Theaterszene, moderne Malerei, Frauen- und Umweltbewegung), bei Shopping und Reisepraxis.

Historische Bauten

Duomo Santa Maria del Fiore: Drittgrößte Kirche Italiens, eindrucksvolles Bauwerk, Gotik à la Toskana, Baubeginn 1296 unter Arnolfo di Cambio, 1357 fortgeführt unter Francesco Talenti, eingeweiht 1436. Das Erscheinungsbild wird insbesondere durch die gewaltige Kuppel (107 m) bestimmt, die Brunelleschi entworfen hat. Ins Auge springen ferner die kunstvoll gearbeiteten Portale und Fenster. In die gewaltige Dimension paßt zweifellos der 82 m hohe Campanile an der Südwestecke des Duomo (1334-1387; Baumeister: zuerst Giotto, dann Pisano), einer der schönsten Glockentürme ganz Italiens. Dagegen ist das Innere des Doms enttäuschend, er gleicht einem riesigen, halbleeren Saal, dem die Glanzpunkte fehlen.
Es ist möglich, sowohl die Kuppel (Mo-Sa 9.30-12, 14.30-17 Uhr) als auch den Campanile (Sommer 9-19.30, Winter 9-17.30 Uhr) zu besteigen; von beiden bieten sich großartige Rundblicke über die Stadt.

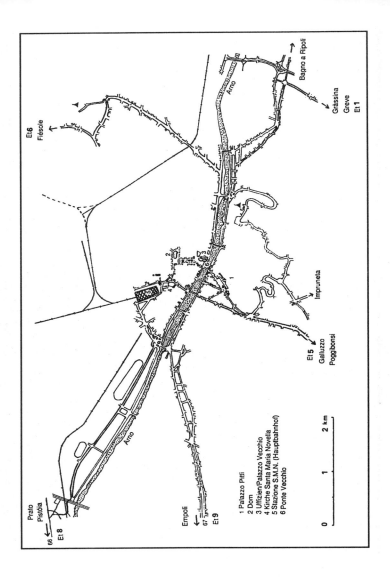

Baptisterium San Giovanni, gegenüber vom Dom, zweitälteste Kirche der Stadt (erbaut 1059-1150, Rundbau: Vorbild Pantheon im antiken Rom). Nicht minder interessant z.B. die drei bronzenen Portale: am Südportal, dem Haupteingang, 28 Medaillons (Szenen aus dem Leben Johannes des Täufers von Andrea Pisano), am Nordportal ebenfalls 28 Medaillons (von Lorenzo Ghiberti u.a., restauriert) sowie am Ostportal 10 Felder mit Szenen aus dem Alten Testament (von Lorenzo Ghiberti, Kopie, Original im Dommuseum). Im Kircheninnern fallen vor allem die großartigen Mosaiken in der Kuppel auf (13./14. Jh., Szenen aus der Bibel, byzantinischer Einfluß).

Palazzo Vecchio, an der Piazza della Signoria (Kernbau 1299-1314; Erweiterungen: Nordseite: 1495, 1511, 1540-43, 1588-92, Südseite: 1434): der Symbolbau der mittelalterlich-demokratischen Stadtrepublik, einst als Wohn- und Versammlungshaus der Priori, der Zunftältesten, erbaut; mehr Burg als Palast, der Innenhof 1470 unter den Medici neu gestaltet.
Schön anzusehen der hohe schlanke Turm über den Zinnen. Vor dem Palazzo Vecchio steht zur Piazza della Signoria hin das legendäre David-Standbild Michelangelos – allerdings handelt es sich um eine Kopie, das Original befindet sich in der Galleria dell'Academia.

Palazzo Pitti, im Südteil der Stadt: zunächst nach 1457 für den reichen Bankier Pitti unter Leitung des Brunelleschi-Schülers Luca Fancelli als Kolossalbau in Konkurrenz zum Palazzo Medici errichtet, aber unvollendet geblieben (Bauen 1470 eingestellt). 1549 von Eleonora di Toledo gekauft und nach Vorstellungen des Architekten Ammannati 1558-1577 vergrößert und verschönert (zusätzlich Dreiflügelanlage mit Innenhof; Verwandlung der äußeren Portale in Fenster). Später wurde der Palazzo Pitti der Sitz der Medici als Großherzöge der Toskana. In der kurzen Phase von Florenz als Hauptstadt des jungen Königreiches Italien residierte hier Emanuele I. Heute sind in den Räumen des Palastes mehrere Museen untergebracht. Der Palazzo ist stark besucht. Viele verbinden die Besichtigung mit einem Spaziergang im Schloßpark (Gardino di Boboli).

Weitere Paläste: Palazzo Strozzi, Palazzo Medici, Palazzo Rucellai, Renaissance-Stadtpaläste reicher Familien der Stadt, nicht gerade glanzvoll, massive Verteidigungsbauten.

Kirche Santa Maria Novella (erbaut 1246-1300), unweit vom Hauptbahnhof: Kirche der Dominikaner, Marmor-Fassade in typisch Florentiner Art mit Inkrustation gestaltet, der Dreiecksgiebel und die Voluten standen für viele Kirchen Modell. Das Kircheninnere besteht aus einem großen basilikalen Hauptraum mit Querschiff und fünf Chorkapellen, die Decke ist als gotisches Kreuzrippengewölbe angelegt. Unter Kunstinteressierten erregt insbesondere das Fresko der Heiligen Dreifaltigkeit von Masaccio (1427) im linken Seitenschiff Aufmerksamkeit, denn letzterer, ein bedeutender Maler der Frührenaissance, hatte auf die nachfolgende Generation erheblichen Einfluß (z.B. Michelangelo). Beachtenswert sind auch die Fresken von Domenico Ghirlandajo (1485-90) hinter dem Hauptaltar. Die Marmorkanzel mit Reliefs des Marienlebens geht übrigens auf einen Entwurf von Brunelleschi zurück.

Kirche San Croce, an der gleichnamigen Piazza (erbaut 1294-1385, aber Turm 1842, Marmorfassade 1863): Franziskanerkirche, Gotik à la Toskana, exotisch wirkende Marmorfassade, riesiger Innenraum (1566-84 unter Vasari neu konzipiert), überreich an Kunst, hervorzuheben vielleicht die Fresken von Giotto in den beiden Kapellen rechts vom Chor, Donatellos Verkündigungsrelief an der rechten Wand vor dem Querschiff, die Kanzel von Benedetto da Maiano mit Reliefs der Franziskus-Legende. In dieser Kirche sind übrigens eine Reihe berühmter Toskaner begraben: z.B. Michelangelo, Galileo Galilei, Rossini.

Weitere Kirchen: S. Spirito und S. Lorenzo, beide von Brunelleschi entworfen, typische Renaissancekirchen, gekonnt konstruiert, aber nicht sonderlich bewegend.

Ponte Vecchio: mittelalterliche Brücke aus Stein, schon für 963 erwähnt, 1117 und 1345 erneuert, einzige Brücke, die 1944 nicht von den Nazis gesprengt wurde. Traditionellerweise (seit 1593) gehört die Brücke den Läden der Goldschmiede. Über dem Dach der Ladenstraße wurde einst ein Gang angelegt, der Uffizien und Palazzo Pitti verbindet. Die Ponte Vecchio ist einer der großen Touristentreffpunkte.
Wenn man im Juli/August das schmale Flüßchen Arno betrachtet, kann man kaum glauben, daß dies auch ein mächtiger, reißender Fluß sein kann, der die Stadt in Angst und Schrecken versetzen kann. Über 60 mehr oder weniger starke Fluten in der Geschichte der Stadt sprechen aber diese Sprache. Eine ganz schwere Flutkatastrophe mit riesigen Verwüstungen durch Schlamm, bei der große Teile der Stadt unter Wasser standen, ereignete sich 1966.

Museen
Florenz besitzt über 30 Museen, davon gelten fünf als besonders hochkarätig. Selbst wer sich lediglich auf letztere konzentriert, kommt nicht im Tagesausflug durch Florenz.

Lesetip
APT, Florenz und ihre Umgebungen, Museen und Galerien, 48 S., kostenlos, recht informativer Überblick (wenn auch das Deutsch mitunter etwas merkwürdig ist).

Uffizien, Loggiato degli Uffizi 6:
Die Uffizien, ein dreiflügeliger Komplex, wurden zwischen 1560 und 1580 für die Verwaltung der Medici erbaut. Heute ist hier eine weltberühmte Gemäldegalerie zu Hause, in der die Großen der toskanischen Malerei des 13.-16. Jh.

ausgestellt sind, einer Epoche, in der die bedeutendsten Künstler der Welt in Florenz zu Hause waren. Zu sehen sind u.a. aus dem Mittelalter (2. Hälfte des 13. Jh., 1. Hälfte des 14. Jh.): Cimabue, Duccio di Buoninsegna, Giotto, Simone Martini; frühe Renaissance (15. Jh.): Filippo Lippi, Piero della Francesca, Sandro Boticelli; Hochrenaissance (Ende des 15. Jh., 16. Jh.): Leonardo da Vinci, Michelangelo, Raffael. Ferner ist auch Malerei aus Holland, Flandern und Frankreich ausgestellt. Es ist ratsam, sich mit Spezialliteratur zu versehen und selektiv vorzugehen. Seien Sie darauf gefaßt, daß die Uffizien „sehr stark" besucht sind (ca. 1,5 Mio. Besucher im Jahr). Geöffnet Di-So 8.30-18.50, Fei 8.30-13.50 Uhr, Eintritt 12.000 Lit.

Dommuseum:
Klein, leicht zu überschauen, dennoch hochkarätig, da man sich auf wenige wichtige Kunstwerke konzentriert wie Michelangelos Pietà, Lucca della Robbias Sängerkanzeln, Donatellos Magdalena (Holzfigur) und Lorenzo Ghibertis Bronzereliefs aus dem Baptisterium. Geöffnet Mo-Sa 9-17.30, So 10-12.30, Fei 9-12.30 Uhr.

Bargello – Nationalmuseum, Via del Proconsolo 4:
Untergebracht in einem der ältesten öffentlichen Paläste von Florenz, Spezialgebiet Renaissance-Skulpturen, alle Künstler jener Zeit vertreten – auch Michelangelo und Donatello. Geöffnet Di-So 8.30-13.50 Uhr; Eintritt 8000 Lit.

Galleria dell'Academia, Via Riccasoli 60:
Hier befindet sich das Original von Michelangelos David, deshalb starker Andrang. Es ist aber noch vieles andere zu sehen, wie die „Pietà" von Giovanni da Milano, die „Verkündigung" von Lorenzo Monaco und die „Madonna del Mare" von Boticelli. Geöffnet Di-So 8.30-18.50, Fei 8.30-13.50 Uhr, Eintritt 12.000 Lit.

Galeria Palatina, im Palazzo Pitti:
Meisterwerke aus dem 16. und 17. Jh.: u.a. Raffael, Tizian, Fra Bartolomeo, Pietro da Cortona, van Dyck; geöffnet Di-So 8.30-18.50 Uhr, Eintritt 12.000 Lit.

Museo Archeologico/Archäologisches Museum, Via della Colonna 36:
Hervorragende Sammlung zur Etruskerzeit, auch Römisches; geöffnet Di-So 9-14 Uhr, Führungen 10.30 Uhr, Eintritt 8000 Lit.

Information: APT-Hauptbüro, Via A. Manzoni 16, ✆ 05523320, 🖷 0552346286, ein Stück östlich vom Stadtzentrum, viel Material, einziges Florenzer Büro, das schriftliche Anfragen beantwortet, Mo-Sa 8.30-13.30 Uhr; Informationsbüro der Stadt Florenz, im Pavillon neben den Bushaltestellen an der Ostseite des Bahnhofs, Piazza Stazione, ✆ 055212245, reichlich Informationsmaterial, tgl. 8.15-13.30 Uhr, feiertags geschlossen; APT-Zweigstelle, Via Cavour 1r, nicht allzu weit vom Dom entfernt, ✆ 055290832-3, ein weiteres gut ausgestattetes Informationsbüro, tgl. 8.15-19.15, Fei 8.15-13.45 Uhr.

Unterkunft: zahlreiche Adressen mit Preisangaben von Hotels und Pensionen bis in den 1*-Bereich hinunter enthält das alljährlich aktualisierte Unterkunftsverzeichnis des APT „Firenze. Guida all'ospitalità" – Geltungsbereich: gesamte Provinz Firenze, viersprachig, auch in Deutsch.
In der Saison kann die Zimmersuche sehr schwierig werden, es ist ratsam, reservieren zu lassen.
Alberghi (mit Preisen für EZ gDu/EZ eDu/DZ gDu/DZ eDu, in 1000 Lit.): Hotel/Pension: Goffredo *, Via di Ripoli 169, ✆ 055687924, 35/-/52/65; La Mia Casa *, Piazza S. Maria Novella 23, ✆ 055213061, 40/-/60/70; Antica *, Via Pandolfini 27, ✆ 0552396644, 42/-/58/-; Brunori *, Via del Proconsolo 5, ✆ 055289648, 42/48/80/102; ABC *, Borgo Ognissanti 67, ✆ 055218882, 50/-/75/-; D'Errico *, Via Faenza 69, ✆ u. 🏠 055215531, 55/-/75/-; Anna *, Via Faenza 56, ✆ 0552398322, 60/-/100/-; Delle Rose *, Via Canto de'Nelli 2, ✆ 0552396373, 50/-/65/80; Etrusca *, Via Nazionale 35, ✆ u. 🏠 055213100, 45/-/75/-; Genzianella *, Via Cavour 112, ✆ 055573909, 🏠 055586727, 65/78/92/110; Gigliola *, Via della Scala 40, ✆ 055287981, 48/-/84/92; Giovanna *, Via Faenza 69, ✆ 0552381353, 50/-/75/-; La Romagnola *; Via de la Scala 40; ✆ 055211597, 48/56/84/92; Magliani *, Via S. Reparata 1, ✆ 055287378, 50/-/70/-; Mexiko *, Via L. Perosi 31, ✆ 055430256, -/-/65/78; Pina *, Via Faenza 69, ✆ 055212231, 45/-/75/-; Sole *, Via del Sole 8, ✆ u. 🏠 0552396094, 50/-/70/90; Sonia *, Via D. del Garbo 2, ✆ 0554360241, 60/70/70/90.
Jugendherberge: Ostello Santa Monaca, Via Santa Monaca 6, ✆ 055268338, 🏠 055280185, südlich vom Arno, nahe der Kirche S.M. del Carmine; nach Geschlechtern getrennte Schlafsäle, sauber, oft ausgebucht, morgens in Liste eintragen, JH-Ausweis nicht erforderlich; Ostello Europa-Villa Camerata, Viale A. Righi 2/4, ✆ 055601451, 🏠 055610300, 322 B., Nordostrand von Florenz Richtung Fiésole, im Park, auch Camping, JH-Ausweis erforderlich; Ostello Archi Rossi, Via Faenza 94r, ✆ 055290804, 🏠 0552302601.
Camping: Michelangelo, Viale Michelangelo 80, ✆ 0556811977, 🏠 055689348, 3 km südöstlich vom Zentrum, 380 Stp., Hang, z.T. terrassiert, z.T. mit Ölbäumen bestanden, Blick auf die Stadt, Ostern bis Anfang November, stark frequentiert; Panoramico, Fiésole, Ortsteil Prato ai Pini, Via Peramonda 1, ✆ 055599069, 🏠 05559186, 1 km nördlich von Fiésole, Blick auf Florenz, 190 Stp., auch Restaurant, ganzj.; Villa di Camerata, Viale Righi 2, ✆ 055600315, 055601451, im Nordosten der Stadt, Richtung Fiésole, 🏠 055610300, Camping im Park der Jugendherberge, 55 Stp., ganzj.; Internazionale Firenze, Bottai, ca. 6 km südwestlich von Florenz bzw. 1 km südlich von Galuzzo, ✆ 0552374704, 🏠 0552373412, an bewaldetem Hang, terrassiert, 270 Stp., Restaurant, 1.4.-15.10.
Umsonst & draußen: Area di Sosta Villa Favard, Via Rocca Tedalda 14, Möglichkeit, im Schlafsack im überdachten Garten einer alten Villa zu übernachten, sanitäre Einrichtungen vorhanden, auch Gepäckaufbewahrung möglich, nur im Juli/August geöffnet, der große Treff der jugendlichen Rucksackszene.
Fahrradläden (Verkauf, Reparatur): Anguellesi, V. Burchiello 10/r, ✆ 055222091; Berti Fernando Eredi, V. Volturno 1/r, ✆ 055587196; Bianchi, V. Nazinale 130/r, ✆ 055216991; Bici Sport, Vl. Redi 255, ✆ 055350046; Biker, V. Dosio 35, ✆ 055715776, 055704241; Casa della Bicicletta, V. Baracca 161, ✆ 055434249.
Fahrradvermietung: Florence by bike, V. della Scala 12r, ✆ 055264035, auch geführte Touren.

Verschiedenes von A bis Z

Bahnhöfe: Hauptbahnhof ist S.M.N. Firenze, die anderen Bahnhöfe sind für Touristen unwichtig; Information: ✆ 055147888088, tgl. 7-21 Uhr.

Banken: American Express, Via Dante Alighieri 22r, ✆ 05550981, Mo-Fr 9-17.30, Sa 9-12.30 Uhr; Deutsche Bank, Via Strozzi 16r, ✆ 05527061, Mo-Fr 8.20-13.20, 14.40-16, Sa 8.20-13.20 h.
Buchläden: Liberia il Viaggio, Borgo Degli Albizi 41r, große Auswahl an Plänen und Reiseführern (auch in Deutsch und Englisch).
Hausnummern: Geschäfte und Restaurants rote Hausnummern (Nr. + r), Privathäuser und Hotels schwarze Nummern – das kann verwirren.
Märkte, Selbstversorger: Mercato di San Lorenzo, Via del Ariento, riesige Markthalle: Fleisch, Fisch, Käse, Obst, Gemüse, Mo-Sa 7.30-19 Uhr – sowie eine Reihe anderer Märkte in anderen Stadtteilen.
Post: Hauptpost, an der Piazza Repubblica, Mo-Fr 8-19, Sa 8-12 Uhr;
Shopping: Auf der Ponte Vecchio Schmuck und nochmals Schmuck (vor allem aus Gold); in der Umgebung der Uffizien großes Angebot an Kunstdrucken; in der Via de Fossi, Antiquitäten, auch schöner Trödel; in der Via di Santo Spirito besonders edle Antiquitäten und Kunstgegenstände, in der Via Tornabuoni und in der Via Vigna Nuova, chice Mode und Lederwaren, auch die international bekannten Designer.
Telefon: Telefonhalle von Telekom Italia, Via Cavour 28r; telefonieren sowohl per Telefonkarte als auch per Abrechnung möglich, Telefonbücher aller Provinzen Italiens vorhanden (auch Branchenbücher), Mo-Sa 8-13, 16-21 Uhr.

Florenz, Ponte Vecchio

> **Etappe 1:**
> Florenz – Grássina (6 km)

Ausfahrt in das Hügelland von Chianti und Einstieg (1. Etappe) in die klassische Radelroute Florenz-Siena (Etappen 1-2-3) sowie in die Strecke Florenz-Arezzo (Etappen 1-57). Stark befahren. Profil: gesamte Strecke flach.

Sie starten an der Ponte Vecchio und radeln am nördlichen Arnoufer entlang flußaufwärts bis zur dritten Brücke (Ponte G. Da Verrazzano). Hier wird der Arno überquert. Danach wenden Sie sich nach links Richtung Greve-Siena (nicht der Beschilderung Siena folgen, letztere führt zur Autostrada). Auf stark befahrener Straße geht es dann zuerst in südöstlicher und dann südlicher Richtung stadtauswärts (siehe Stadtskizze Florenz). Nach etwa 6 km Fahrt befinden Sie sich in **Grássina**, einem Vorort von Florenz, der ziemlich häßlich und von Verkehrslärm geplagt ist.

Exkurs:
Chianti-Land
Die Region zwischen Florenz und Siena, im Westen durch die Elsa, im Osten durch den Tiber begrenzt, heißt Chianti. Dieses bis 893 m hohe Hügelland, in dem Wälder, Olivenhaine und Weinberge eine abwechslungsreiche Landschaft ergeben, zählt zu den am stärksten besuchten Regionen der Toskana. Touristen lieben an ihr die Zypressen, die einzeln, in Gruppen zusammengedrängt oder als Linie aufgereiht den sanften Hügeln und den freistehenden großen alten Gehöften exotischen Touch verleihen.

Das Chianti-Land ist eines der Hauptweinbau-Gebiete der Toskana. Diese Aktivität ist uralt, reicht bis in die Etruskerzeit zurück. Der traditionelle Wein der Region, der Chianti, gehört zu den bekanntesten Weinen der Welt. Dieser Rotwein basiert auf der Sangiovese-Traube, der aber ein 10%-Anteil der Weißweintrauben Trebbiano und Malvasia beigemischt wird. Der Chianti – auf dieser traditionellen Basis – ist ein Wein, der schnell reift und nur eine kurze Haltbarkeit hat.
Chianti-Wein wird auch in einer Reihe anderer Regionen der Toskana gekeltert. Seit 1924 existiert im Chianti-Kernland eine Winzer-Großgenossenschaft, die „ihren" Chianti von anderen Chianti-Weinen durch das Zeichen des Gallo Nero, des „Schwarzen Hahns", als Chianti Classico abgrenzt.
Heute wird von vielen Weinerzeugern nur noch in geringer Menge (2-5 %) Weißtraube zugesetzt, um eine weitaus größere Haltbarkeit des Chianti zu erreichen.
Viele Weinproduzenten haben sich sogar ganz vom Chianti abgesetzt und erzeugen nun mit anderen Trauben (z.B. der Bordeaux-Traube Cabernet Sauvignon) neue Qualitätsweine, wobei ihnen das „Gütezeichen" Chianti Classico egal ist.

Kartenskizze Etappen 1 – 5

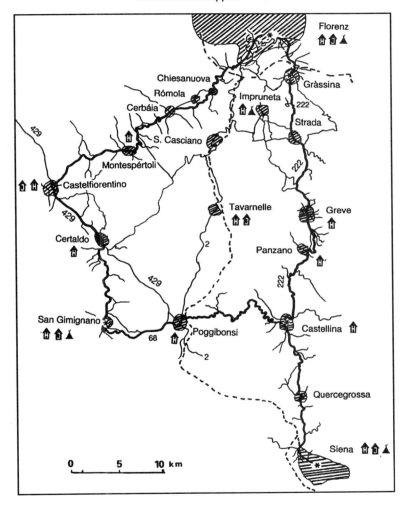

Das Chianti besitzt nur wenige kleine Städte, die durchweg eher bescheiden sind, was alte Architektur betrifft – aber recht gemütlich wirken. Ansonsten finden Sie in dieser dünn besiedelten Landschaft ab und an mal ein Dorf oder einzelnes Gehöft.

Zweifellos ist das Chianti ein abwechslungsreiches und schönes Radelgebiet – vorausgesetzt Sie haben nichts gegen wiederkehrende kurze steile Anstiege (wenige hundert Meter bis mehrere Kilometer) und Passagen auf Schotterstraße. In keiner Region der Toskana habe ich mehr ausländische Radler angetroffen als hier: in kleinerer Zahl auf der Durchreise als Teil ausgedehnter Toskana-Rundfahrten, in größerer Zahl auf kleiner Rundtour vom festen chiantischen Standort (zumeist für 1-3 Wochen in einem Ferien-Bauernhof einquartiert).

Für letztere sind unter Castellina und Gaiole 10 Rundtouren mit Skizzen angeführt. Allerdings wird auf eine Beschreibung verzichtet, weil in unserem Buch das flächendeckende Radwandernetz für die Großregion Toskana/Umbrien im Vordergrund steht. Dank mehrerer guter großmaßstäblicher Karten für die Chianti-Region können Sie diese Touren aber leicht bewältigen.

Kartenempfehlung
APT Firenze, Il Chianti, Cartoguida Turistica, Maßstab 1:70.000, für das gesamte Chianti, kostenlos von der Information in Florenz;
Kompass, Blatt 660, Firenze – Chianti, Maßstab 1:50.000, nördliches Chianti, mit Wanderwegen, auch vor Ort erhältlich;
Kompass, Blatt 661, Siena – Chianti, Maßstab 1:50.000, südliches Chianti, mit Wanderwegen, auch vor Ort erhältlich.
Lesetip
Fabio Masotti, Chianti by bicycle, Cortona 1993, Editrice Grafica L'Etruria, 23.000 Lit., im Buchhandel von Siena und Florenz erhältlich.

Etappe 2:
Grássina – Greve – Castellina in Chianti (37,5 km)

Teil 2 und Kernstück der Chianti-Tour. Highlights: die anmutige Hügellandschaft aus Weinbergen und Olivenhainen, in der Zypressen exotische Akzente setzen, und die Piazza von Greve, deren Arkaden voller Läden, Cafés und Touristenleben sind. Ausgedehnte Wälder erinnern daran, daß die Hälfte des Chiantilandes von Wald bedeckt ist. Mehrere lange Steigungen sorgen für Wermutstropfen in der Genußtour. In der Saison mindern auch zahlreiche Touristenautos die Lebensqualität der Strecke.

Hinter Grássina (130 m) geht es auf der SS 222 zunächst einmal kräftig bergauf (ca. 6 %) Die Steigung läßt aber sehr schnell nach.
Dicht am Stadtrand von Florenz-Grássina beginnt klassische toskanische Landschaft (Weinberge, Zypressen). Erster größerer Ort ist nach ca. 8 km Strada in

Chianti, eine Kleinstadt vom Allerweltstyp (aber gut für eine erste Rast). Danach geht es erneut auf und ab. Hinter Chiocchio (km 11) kommt dann eine erste längere, schwere Steigung. Die Müh' wird freilich durch die lange Abfahrt nach Greve hinunter reichlich belohnt. Der letzte Kilometer vor dem Chianti-Städtchen ist dann wieder flach. Bei der Einfahrt und Durchfahrt kann man in Greve wenig Exotik ausmachen, man muß schon ins Zentrum hinein, um die „bessere Hälfte" zu entdecken.

Greve (236 m, 5000 Einw.)
Heimliche „Hauptstadt" des nördlichen oder Florentiner Chianti. Entsprechend in der Saison von Touristen überflutet. Große Teile der Kleinstadt sind freilich nicht gerade hinreißend, aber die ausgedehnte, von Arkaden und alten Häusern umrandete Piazza mit ihren vielen Läden und Lokalen, die zugleich auch als Markt fungiert, ist hübsch. Beschaulich geht es hier aber nur in den Wintermonaten zu.

Information: Via Luca Cini 1, Palazzo della Torre, ✆ 8545243, 🗎 8545243.
Hotel: Giovanni da Verrazzano ***, Piazza Matteotti 28, ✆ 055853189, 🗎 055853648.
Jugendherberge: Ostello Villa S. Michele, Ortsteil Lucolena, ca. 14 km südöstlich, ✆ u. 🗎 055851034.
Camping: Nächste Plätze in Marcella bei Tavarnelle, 22 km; bei Figline, 21 km und Siena, 40,5 km.

Hinter Greve führt die Straße nach Siena (SS 222) wieder aufwärts. Auf der Höhe liegt Panzano, das von Weinbergen umgeben ist.

Panzano (430 m, 1500 Einw.)
Großes Dorf mit einem schönen Zentrum in traditioneller Architektur, in malerischer Lage. In der Umgebung ließen sich in den 50er Jahren die ersten Ausländer nieder, Klimaflüchtlinge, die aus der englischen Mittel- und Oberschicht kamen. Mittlerweile sind aber die Briten im internationalen Segment von Panzano gegenüber Deutschen und Schweizern in der Minderzahl.
Gegenwärtig liegt die Zahl der Ausländer, die sich fest im Chianti niedergelassen haben, bereits über 1000. Noch weitaus größer ist die Zahl jener Chianti-Liebhaber von nördlich der Alpen, die in ihrer Traumregion Häuser erworben haben, in denen sie jedoch lediglich einen Teil ihrer Ferien verbringen. Die Zeiten, in denen man im Chianti stark heruntergekommene Häuser fast geschenkt bekam, liegen schon ein wenig zurück. Einige der ersten Einwanderer haben sich mittlerweile in den Süden der Toskana verzogen, weil es ihnen hier zu teuer geworden ist und ihnen außerdem der Massentourismus auf die Nerven geht.
Der Häuserkauf der Ausländer hat immerhin bewirkt, daß viele alte Bauern- und Gutshäuser, die im Verfall begriffen waren, nun wieder aussehen wie in der lange zurückliegenden Blütezeit. Andererseits ist dadurch natürlich nicht die durch Landflucht und Industrialisierung gebeutelte chiantische Volkskultur wieder in sie eingezogen.

> **Hotel:** Villa Le Barone ***, Via San Leolino 19, ✆ 055852621, 🖷 055852277;
> **Jugendherberge:** „Ostello del Chianti", Tavarnelle Val di Pesa, Via Roma 137, ✆ 0558077009, 🖷 0558050104, 54 B., 1.3.-31.10., 17 km, und Siena, 33 km.
> **Camping:** Marcella bei Tavarnelle, ca. 21 km; in Siena, ca. 33 km.

Anschließend geht es wieder hinunter und wieder hoch. Nach der offenen Landschaft zwischen Grássina und Panzano führt die Etappe 2 nun überwiegend durch Wald.
Auf den letzten 2 km vor Castellina in Chianti geht es wieder einmal bergauf, diese Kleinstadt liegt oben.

> **Castellina in Chianti** (578 m, 2900 Einw.)
> Mehr großes Dorf als kleine Stadt, insgesamt recht bescheiden, zumindest in schöner Lage. Auch genügend Gastronomie, um für eine Rast interessant zu sein. Viel Durchgangs- und Ausflugstourismus.
>
> **Wochenmarkt:** Sa vormittags, Via IV Novembre.
> **Übernachtung:** kein niedrigpreisiges Hotel, Untergrenze bei 105 DM für EZ und DZ.
> **Camping:** Barberino Val d'Elsa, 21 km, und Siena, 21 km.
> **Fahrradladen:** in Siena, 21 km; in Poggibonsi, 19,5 km.

Rundtouren
R1: Castellina-S. Donato in Póggio – Sambuca-Badia a Passignano – Panzano – Castellina (44 km)
R2: Castellina – Radda – Lucolena – Greve – Castellina (58 km)
R3: Castellina – Radda – Pianella – Castellina (50 km)
R4: Castellina – Monteriggioni – Fonterútoli – Castellina (37 km)
R5: Castellina – Poggibonsi – Cretole – Castellina (39 km)

Alternative:
Für den Abschnitt Grássina – Greve können Sie übrigens auf eine verkehrsarme Route ausweichen, indem Sie auf Nebenstraße von Grássina via Impruneta, Ferrone und Testi fahren. Ab Ferrone radelt man immer am Greve-Flüßchen entlang. Ca. 3,5 km nördlich von Greve sind Sie wieder auf der SS 222.
Diese schöne Alternativroute ist ein wenig länger, aber was Profil und Verkehr betrifft, deutlich leichter.

> **Etappe 3:**
> Castellina in Chianti – Siena (21,5 km)

Letzter Chiantitour-Abschnitt vor Siena, der zweiten altgedienten urbanen Metropole der nordöstlichen Toskana. Solide Weinreben-Ölbaum-Zypressenlandschaft, aber ohne Highlights in der Architektur – dafür ist ja das Ziel Siena da, eine der kunsthistorischen Hauptattraktionen Toskaniens.

Die Etappe (weiter auf der SS 222, Hinweis Siena) beginnt mit einer langen Abfahrt, die erst kurz vor Quercegrossa endet. Hinter diesem großen Dorf geht es dann abwechselnd „auf und ab" bis Siena, wobei jedoch die Tendenz abwärts stärker ist. Ab der Stadtperipherie orientieren Sie sich an dem Symbol für Centro. Zum Schluß geht es zum Altstadtkern hinauf (siehe Stadtskizze Siena).

Rundtouren R1 – R5 um Castellina

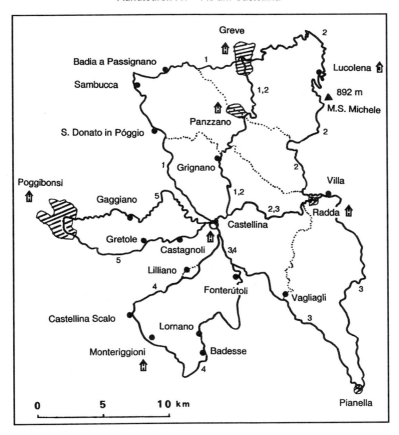

Start in Gegenrichtung: Als relativ einfach erweist es sich, vom Zentrum zunächst einmal zum Bahnhof zu fahren, das ist gut ausgeschildert (übliches Zeichen für Stazione). Von dort fahren Sie in nordwestlicher Richtung (Firenze) stadtauswärts. Nach gut 1 km wird nach links in die Via Cassia (SS 2) eingebogen (Firenze). Es geht weiter Richtung Nordwesten. Nach weiteren ca. 800 m biegen Sie nach rechts ab für die SS 222, die nach Greve/Florenz führt (stets nach Norden, Etappen 3, 2, 1 in Gegenrichtung).

Wenn man sich dagegen nach links (weiter auf der SS 2) hält, befindet man sich auf der Etappe 45 (in Gegenrichtung, Monteriggioni, Poggibonsi).

Siena, 322 m, 60.000 Einw.
Nach Florenz meistbesuchte Stadt der Toskana, in der Saison brechend voll. Wie in der Metropole am Arno kommen die Besucher praktisch aus allen Regionen der Welt, wobei zahlenmäßig Deutsche, Engländer, Amerikaner und Japaner die Nase vorn haben.
Die Stadt, über drei Hügel verteilt, von einem gewaltigen Dom überragt, wirkt mächtig. Ihr Zentrum, der Campo, eine weite halbkreisförmige Piazza zu Füßen des eindrucksvollen Rathauses, gilt als einer der schönsten Plätze Italiens. Diese große Piazza, voller Licht, umgeben von einer Zeile faszinierender mittelalterlicher Bauwerke, bietet einen wunderbaren Kontrast zu den engen ziemlich finster wirkenden Gassen/Straßen der umgebenden Altstadt mit ihren heruntergekommenen Häuserfassaden.

Stadtgeschichte
Es existieren zwei Gründungsmythen, die wir hier nicht wiedergeben. Die römische Stadt Sena Julia war Bischofssitz. Unter Langobarden und Karolingern war hier ein Graf „zu Hause". In der ottonischen Ära (10. Jh.) lag die Herrschaft in den Händen des Bischofs. Danach kam die Macht im 12. Jh. in den Besitz der oberen Schicht des aufstrebenden Bürgertums (Popolani), das sie aber zunächst noch mit dem Adel (Nobili) teilen mußte. Siena war nun Libero Comune (Freie Gemeinde/Stadtrepublik).
Seit dem 12. Jh. bestanden über lange Zeit heftige Auseinandersetzungen zwischen Siena und Florenz, die um Territorien stritten. 1235 war Florenz in der stärkeren Position und drängte die Rivalin fast bis in ihr Stadtgebiet zurück. 1260 brachte ein erholtes Siena Florenz bei Santa Petronilla und in der Giornata di Montaperti eine vernichtende Niederlage bei und wurde für die nächsten Jahre zur mächtigsten Stadt der Region. 1269 schlug wieder die Stunde der Gegenseite, als Siena bei Monteriggioni besiegt wurde. Danach mußte Siena seine nördlichen Gebiete an Florenz abgeben und sich auf die Südosttoskana beschränken.
Ende des 13. Jh. übernahm das Bürgertum für ein halbes Jahrhundert die Alleinherrschaft über die Stadtrepublik. 1355 mußte vorübergehend die Macht wieder mit dem Adel geteilt werden. 1399 bis 1404 wurde die Republicca auch einmal für kurze Zeit durch die Diktatur eines gewissen Gian Galeazzo Visconti abgeschafft. Danach kehrte wieder demokratisch-republikanisches Leben ein mit wechselnden Koalitionen an den Hebeln der Macht.

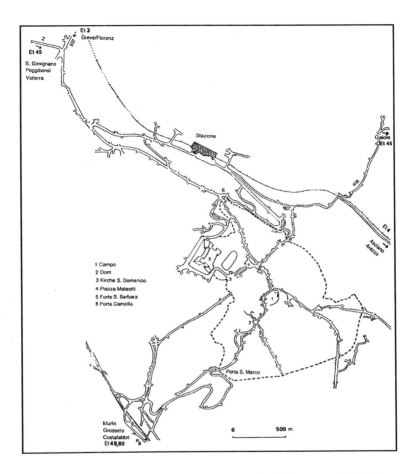

1487-1512 setzte sich mit Pandolfo Petrucci (Vorbild Lorenzo di Medici) erneut ein Autokrat gegen die Führungsschicht der Elite-Demokratie der Republik durch. Schließlich gelang es den Republikanern nach dem Tod des Usurpators, dessen Söhne aus der Stadt zu vertreiben und auch den Angriff des Medici-Papstes Clemens VII. 1524 abzuwehren. Man war aber zu schwach, um den spanischen Kaiser 1530 aufzuhalten. Siena konnte sich erst 1552 der Besatzer entledigen. Die Republik war danach nur noch von kurzer Dauer, denn am 17. April 1555 wurde Siena trotz erheblicher Gegenwehr von den Florentiner Medici-Herrschern eingenommen und in ihr Reich einverleibt. Die Stadtrepublik war zu Ende. In den folgenden Jahrhunderten dominierten Florentiner Monarchen die Region, die nichts für die alte Rivalin übrig hatten und die Stadt restlos vernachlässigten.

Rundgang durch die Altstadt
Die Hauptsehenswürdigkeiten von Siena erfordern lediglich einen relativ kurzen Streifzug. Sie beginnen an der Piazza S. Domenico, an der die bekannte gleichnamige Basilika steht. Anschließend gehen Sie per Via del Paradiso zur breiten Piazza Giacomo Matteotti hinauf. Von hier gelangen Sie per V. Pianigiani/V. Bianchi di Sopra zum Campo hinunter. Den Rundgang schließen Sie ab mit dem Gang zum ca. 100 m südlich gelegenen Dom – erreichbar per Via dei Pellegrini.

Historische Bauwerke

Rathaus/Palazzo Pubblico (Baubeginn 1297, Obergeschoß 1305 aufgesetzt, Seitenflügel 1307 angefügt), dominierendes Bauwerk am Campo: breiter Palast (toskanisch-gotisch), im Mittelteil von breitem Uhrturm überragt. Erdgeschoß aus Travertin (grau-weiß), im blaßroten Backstein des zweiten und dritten Stocks Reihen gotischer Triforien-Fenster. Im Palast ist heutzutage das hochkarätige Museo Civico untergebracht.
Torre del Mangia (1325-44 erbaut), an das Rathaus als Glockenturm angelehnt: 102 m hoch, 503 Treppenstufen bis zum mächtigen Glockenstuhl, von der 88 m hohen Plattform Postkartenausblick auf die Dächer von Siena (tgl. 10-17 Uhr zugänglich).

Dom Santa Maria Assunta (erbaut 1210ff; später mehrfach erweitert und umgebaut), ca. 100 m südwestlich vom Campo, auf dem höchsten Punkt der Stadt (346 m): Bereits 1339 erschien er den ehrgeizigen Siensern als zu klein – vor allem im Hinblick auf Florenz. Es wurde ein gigantisches Erweiterungs- und Umbauprogramm geplant und begonnen, das aber 1348 wegen Pest und ökonomischer Krise eingestellt werden mußte. Jedoch hatte man später immerhin wieder soviel Mittel, daß 1376 der obere Teil der Fassade vollendet und 1469 das Langhaus erhöht werden konnte.
Imposantes Bauwerk (89 m lang, 24 m breit, Querhäuser 54 m), ganz aus weißem Marmor, faszinierend die Fassade, an der zebrastreifiger Unterteil und von zahlreichen Skulpturen, Mosaiken und feingliedrigen gotischen Schmuckelementen überhäufter Oberteil kontrastieren.
Absolutes Kleinod dieses großartigen Bauwerks, dessen dreischiffiges Langhaus durch zweischiffige Querhäuser untergliedert ist und über dessen zentralem Hexagon eine sechseckige Kuppel thront, ist seltsamerweise der Fußboden. In seinen wertvollen Marmor (15. und 16. Jh.) sind teils durch Einlegearbeiten, teils durch monochrome Ritzzeichnungen, 52 Bilder geschaffen worden, die „Gott und die Welt" aus der Epoche des Alten Testaments zum

Gegenstand haben. Aufmerksamkeit verdienen auch die Marmorkanzel von Nicola Pisano (1268) mit Fresken zum Leben Jesu, die Apsis mit dem Altar von Peruzzi und weiteren sehenswerten Fresken (u.a. Domenico Beccafumis „Mariä Himmelfahrt") sowie die Liberia Piccolomini/Dombibliothek (großartige Fresken von Pinturicchio). Öffnungszeiten: 1.1.-15.3. & 1.11.-31.12. 7.30-13.30, 14.30-17 h, 16.3.-31.10. 9-19.30 h; Sammelticket für Liberia Piccolomini, Museo dell'Opera Metropolitana, Battistero di San Giovanni, 8500 Lit.

Kirche San Domenico (erbaut ab 1225): ein mächtiger Backsteinbau; in der Kapelle der Katharina (1488 angelegt) an der rechten Seite des breiten Kirchenschiffs befindet sich im Marmortabernakel des Altars das Haupt der Heiligen Katarina als wohlbehütete Reliquie.

Museum:
Museo dell'Opera del Duomo, das Dommuseum, 1870 in den ersten drei Jochen des unvollendeten rechten Seitenschiffs des Doms angelegt: Original-Skulpturen der Domfassade im Parterre; Duccio di Bonisegnas „Maestà" (1308-1311) vom ehemaligen Hauptaltar des Doms, eines der Hauptwerke der Sienser Schule, im 1. Obergeschoß; geöffnet im Winter tgl. 9-13.30, sonst bis 19.30 Uhr.

Siena, Kirche S. Domenico

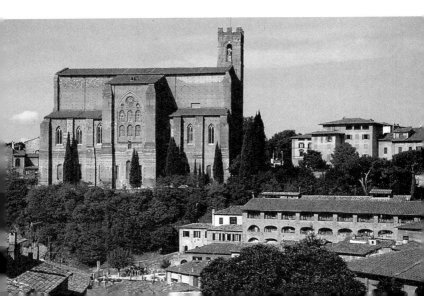

Museo Civico/Museum der Stadt, im Palazzo Pubblico: allein schon interessant als Besichtigung des Rathauses der einstigen Stadtrepublik, darüber hinaus vermitteln die zahlreichen Fresken aus dem 13.-16. Jh. einiges über die Kultur jener Zeit und sind natürlich auch als Kunst sehenswert; geöffnet Mitte November bis Mitte März tgl. 9.30-12.45, sonst Mo-Sa 9-18.15, So 9.30-12.45 Uhr.

Museo Archeologico Nationale Etrusco, Via della Sapienza 3: archäologische Fundstücke aus dem Raum Siena; viel Etruskisches dank der Schenkung einer entsprechenden Privatsammlung.

Pinacoteca Nazionale, Via di San Pietro, im Palazzo Buonsignori: Sienesische Malerei des 13.-16. Jh.

Information: APT, Piazza del Campo 56, ✆ 0577280551, 🖷 0577270676, geöffnet Sommer Mo-Sa 8.30-19.30, Winter Mo-Fr 9-13, 15.30-19, Sa 9-13 Uhr.
Bahnhof: Information, ✆ 0577207413.
Markt: Mo-Sa vormittags, Piazza mercato; Mi vormittags, Viale XXV Aprile.
Lokale Küche: Fagioli stufati con saccia (gedünstete Bohnen), Fegatelli di maiale (Schweinsleber), Frittata con gli zoccoli (Omelett mit Bauchspeck), Trippa con salsiccia alla senese (Kutteln à la Siena), Zuppa di verdure alla paesana (Gemüsesuppe).
Fest: Fest der Feste und zugleich riesiges Touristenspektakel ist Palio, ein Pferderennen auf dem Campo, das mit viel Pomp und riesiger Anteilnahme gefeiert wird und dem zahlreiche Festlichkeiten vor- und nachgeschaltet sind.
Hotel: Locanda Garibaldi *, Via Giovanni Duprè 18, ✆ 0577284204; Tre Donzelle *, Via delle Donzelle 5, ✆ 0577280358; Bernini *, Via della Sapienza 15, ✆ 0577289047; Alma Domus *, Via Camporegio 37, ✆ 057744177, 🖷 057747601; La Perla *, Via delle Terme 25, ✆ 057747144; Piccolo Etruria **, Via delle Donzelle 3, ✆ 0577288088, 🖷 0577288461; Piccolo Il Palio **, Piazza del Sale 19, ✆ 0577281131, 🖷 0577281142; Lea **, Viale XXIV Maggio 10, ✆ 0577283207; Il Giardino **, Via B. Peruzzi 35, ✆ 0577285290, 🖷 0577221197; Centrale **, Via Cecco Angiolieri 26, ✆ 0577280379, 🖷 057742152; Cannon d'Oro **, Via Montanini 28, ✆ 057744321, 🖷 0577280868.
Jugendherberge: Ostello Guidoriccio, Via Fiorentina 89, Ortsteil Stellino, ca. 3 km nordwestlich vom Zentrum, an stark befahrener Straße, ✆ 057752212, 🖷 057756172, 111 Betten.
Camping: Colleverde ***, Strada di Scacciapensieri 47, 2 km nordöstlich vom Zentrum, ✆ 0577280044, 🖷 0577333298, Blick auf die Altstadt, 400 Stp., Restaurant, Freibad, 21.3.-10.11.; Luxor Quies, 8 km nordwestlich von Siena von der SS 2 abzweigen, dann noch 2,5 km Schotterstraße (ausgeschildert), ✆ u. 🖷 0577743047, 100 Stp., Restaurant, Freibad, in ländlicher Umgebung, 31.5.-7.9.; La Montagnola, Sovicille, 13 km südwestlich von Siena (via SS 73), ✆ 0577314473, 🖷 0577349286, 70 Stp., Ostern bis 30.9.
Fahrradläden: Centro Bici, S.N.C., Viale Toselli, ✆ 0577282550; D.F. Bike, Str. Massetana Romana 54, ✆ 0577271905.

> **Etappe 4:**
> Castellina in Chianti – Poggibonsi – San Gimignano (30,5 km)

Tour durch den Südwesten von Chianti und angrenzende Gebiete. Am Anfang eine großartige Abfahrt, am Ende ein langer, mühsamer Aufstieg. Hinter Poggibonsi viel Verkehr. Zum Abschluß bietet diese reichhaltige Tour ein hochkarätiges Ausflugsziel in Sachen mittelalterlicher Architektur: San Gimignano.

Sie zweigen in Castellina in Chianti von Greve kommend nach rechts Richtung Poggibonsi ab (Hinweis vorhanden). Direkt danach beginnt eine endlose Abfahrt, die erst tief unten am Rand von Poggibonsi endet. Die langen Schleifen drücken das Gefälle reichlich, so daß Sie mal richtig „full speed" rollen können – ohne das hektische Gebremse auf den normalerweise kurzen und steilen Chianti-Abfahrten! Der erste Teil der verkehrsarmen Strecke Castellina-Poggibonsi ist ausgesprochen einsam (kein Dorf, kein Gehöft, reichlich Wald). Anschließend geht es durch typisch toskanische Kulturlandschaft.

Poggibonsi (116 m, 24.000 Einw.)
Stadt, durch die Touristen lediglich schnell hindurchzukommen suchen: es geht ja so betriebsam zu, und an renommierten altehrwürdigen Bauwerken ist wenig auszumachen – bei etwas touristischer Großherzigkeit könnte jedoch die Kirche San Lorenzo das Attribut interessant erhalten.
Die lokale Ökonomie steht ganz augenscheinlich auf den Säulen Industrie (Landmaschinen, Möbel, Glasvasen) und Handel.

Information: Comune, Piazza Cavour 7, ✆ 05779861, 📠 0577986349.
Markt: Di vormittags, Via Redipuglia.
Hotel: Italia **, Via Trento 36, ✆ 0577936142, 📠 0577939970; Europa ***, Via Senese 293, ✆ 0577933402, 📠 0577936069.
Jugendherberge: in San Gimignano, 11 km, und in Tavarnelle, 11 km.
Camping: in S. Lucia bei San Gimignano, 13 km, und bei Barberino Val d'Elsa, 8 km.
Fahrradladen: Ciclo Sport F. lli Porciati, Via Trento 82, ✆ 0577938507.

Sie berühren Poggibonsi lediglich am Rand. Die Richtung San Gimignano ist ausreichend ausgeschildert. Sie radeln zunächst ein längeres Stück auf stark befahrener Straße ein Tal aufwärts. Den Abschluß der Etappe bildet der ca. 3 km lange steile Aufstieg nach San Gimignano. Sie treffen an der Porta San Giovanni ein, d.h. am Südtor.

San Gimignano (332 m, 7000 Einw.)
Dieses gekonnt restaurierte mittelalterliche Städtchen, auf einem Hügel angelegt, von einer vollständig erhaltenen Mauer umrundet, ist das absolute Kontrastprogramm zum „vulgären" Poggibonsi, rettende Therapie für die durch den Kurzaufenthalt in der Industriestadt so arg geschundene Travellerseele. Die weithin sichtbare Silhouette dieses von großen Touristenscharen – auch vielen Radlern – besuchten Ortes wird von 15 hohen mittelalterlichen Türmen

(sog. Geschlechtertürme) bestimmt, was ihm den Namen „Manhattan der Toskana" eingebracht hat. Solche Wohn- und Wehrtürme wurden im Mittelalter vom Adel bewohnt. Nach dessen Niederlage gegen das Bürgertum wurden sie vielerorts beseitigt, in San Gimignano blieben sie dagegen größtenteils erhalten – zum Wohlgefallen der Touristen.

Stadtgeschichte
Wie Siena verdankte San Gimignano seine Existenz und wachsenden Wohlstand der Lage an der sog. Frankenstraße, dem Hauptverkehrsweg zwischen Mitteleuropa und Rom im Mittelalter, über den zahllose Händler und Pilger zogen.
Am Anfang stand der Bau eines Kastells im Bereich der heutigen Altstadt. In dessen Umfeld begann sich ein Marktflecken zu entwickeln. Ab 929 gehört diese Festung dem Bischof von Volterra. Im 11. und 12. Jh. begann sich das Bürgertum dieses aufstrebenden Ortes im Kampf gegen die geistlichen Herren allmählich eine gewisse Freiheit zu erkämpfen. Ende des 12. Jh. erlangte San Gimignano schließlich den Status einer freien Kommune, den es das ganze 13. Jh. über in zahlreichen Kriegen und anderen Auseinandersetzungen gegen Volterra und andere Nachbarorte (Poggibonsi, Castelfiorentino, Colle) zu behaupten suchte. Man war dabei mit dem guelfischen Florenz verbündet (auch in der schweren Niederlage der Florentiner gegen Siena im Jahr 1260). Auch das Leben in der Stadt war keineswegs harmonisch, sondern von heftigen Fehden zwischen den führenden Adelsfamilien Salvucci und Ardinghelli belastet.
Im 14. Jh., als die Verhältnisse in der Toskana immer mehr auf zwei sich befehdende Hauptmächte Florenz und Siena hinausliefen, zwischen denen sich nur noch wenige kleine Stadtrepubliken (Lucca) behaupten konnten, wurde San Gimignano 1354 von der „Schutzmacht" Florenz geschluckt.
Das war auch jene Zeit, als die Stadt durch die Pest von 1348 und weitgehenden Bedeutungsverlust der Frankenstraße zu verarmen begann.
In den folgenden großen Bauepochen Renaissance und Barock existierten nicht mehr die Mittel, um Neuerungen aufzugreifen, San Gimignano blieb eine mittelalterliche Stadt. In späteren Jahrhunderten wurden die Häuser allerdings nur notdürftig instand gehalten. Daß wir heute eine ordentlich restaurierte Stadt antreffen, ist umfangreicher Hilfe der UNESCO zuzuschreiben.

Rundgang
San Gimignano ist klein, entsprechend genügt ein relativ kurzer Rundgang. Sie starten an der Porta San Giovanni, d.h. dem Südeingang der Stadt. Es geht die Via San Giovanni hinauf, in der vor allem Souvenirläden (inkl. Geschäfte für regionale Spezialitäten und Antiquitäten) überwiegen, zwischen denen aber auch die eine oder andere Enoteca, diverse Speiselokale/Caffès und zwei Galerien zu entdecken sind. Nach ca. 400 m sind Sie im Zentrum um die Piazza Cisterna. Das ist ein sehr interessanter Platz: in der Mitte eine alte Zisterne, ringsum mächtige mittelalterliche Bauwerke, darunter mehrere hohe Geschlechtertürme. Für letztere gab es übrigens einst nach oben eine

Limitation: Sie durften nicht höher als 54 m sein, d.h. den Torre Grossa, den Turm des bürgerlichen Rathauspalastes, nicht überragen. Tische im Freien laden zur Rast ein.

Nach Nordwesten schließt an diesen Platz als zweiter zentraler Bereich (politisches und religiöses Zentrum) der Stadt die nicht minder sehenswerte Piazza Duomo an. Letztere ist von den renommiertesten Bauten der Stadt umgeben: dem Duomo und den beiden Palazzi „del Popolo" und „del Podestà". Es lohnt sich, den kurzen Abstecher zur westlich über dem Dom aufragenden Ruine des einstigen Forts zu unternehmen, um den herrlichen Panoramablick über toskanische Landschaft zu genießen und den wohl besten Überblick über San Gimignanos Geschlechtertürme zu bekommen. Wer es nicht eilig hat, wird noch das Augustinerkloster am Nordrand der Altstadt „mitnehmen". Danach gehen Sie am besten auf demselben Weg zum Ausgangspunkt Porta San Giovanni zurück.

Historische Bauten
San Gimignano besaß niemals die Potenz eines schöpferischen Kunstzentrums. Alles kam von außen: die Maler, die Steinmetze, die Architekten, die Stile. Daraus ergab sich ein eklektischer Mischmasch: Kirchen und Paläste stilistisch von Siena, Lucca und Florenz geprägt, Malerei und Skulpturen von Künstlern aus Siena und Florenz geschaffen.

Palazzo del Popolo (1288 fertiggestellt, 1323 erweitert, mehrfach restauriert), an der Südseite der Piazza Duomo: zur Piazza della Cisterna hin Loggia mit Arkaden aus dem 14. Jh.; vom Innenhof überdachte Freitreppe in die oberen Stockwerke; im ersten Obergeschoß im ehemaligen Ratssaal, der wie das gesamte Obergeschoß Teil des Stadtmuseums (museo civico) ist, Bild der Muttergottes, um die sich Engel und Heilige sowie der Podestà Mino da Tolomei scharen (1317, Maler: Lippo Memmi);
an den Palast angelehnt der 54 m hohe Torre Grossa, der mittelalterliche Wehrturm der Comune (errichtet 1298-1310), den die Wappen mehrerer Podestà zieren. Letzterer kann gegen ein fürstliches Eintrittsgeld bestiegen werden und bietet einen vortrefflichen Rundblick.

Palazzo del Podestà (1239 erbaut, 1337 erweitert), Ostseite der Piazza Duomo: Loggia im Erdgeschoß, in der einst Versammlungen und Gericht gehalten wurden; im Palazzo ab 1537 Theater; 51 m hoher Wehrturm (La Rognosa).

Kollegiatskirche Santa Maria Assunta (aus der ersten Hälfte des 12. Jh.), Westseite der Piazza Duomo: im Volksmund als „Dom" bekannt, obwohl es vor Ort keinen Bischof gibt. Romanische Säulen-Basilika, Fassade unvollendet-schmucklos, anders das dreischiffige Innere, dessen Querschiff mit sechs Kapellen erst 1446 eingefügt wurde, das großartig ausgemalt ist. Zwei große Freskenzyklen verdienen hervorgehoben zu werden: im linken Seitenschiff Themen aus dem Alten Testament (1367, Maler: Bartolo di Fredi aus Siena), im rechten Seitenschiff Themen aus dem Neuen Testament (1333-1341,

Maler: nur Vermutungen). Am Ende des rechten Seitenschiffs ist die Cappella di Santa Fina angefügt, in der sich der Sarkophag der Stadtheiligen Fina (gestorben 1253) mit Altar befindet (Reliefs der Muttergottes und von Engeln, erstklassige Steinmetzarbeit).

Kirche des Augustinerklosters, am Nordwestrand der Altstadt (erbaut 1280-98): Äußeres ausgesprochen bescheiden, interessant aber der Bilderzyklus im Chor der einschiffigen Kirche, der in zahlreichen Szenen das Leben des heiligen Augustinus (354-430) darstellt – geschaffen 1464/65, Urheber der Maler Benozzo Gozzoli. Der Kreuzgang (über die Sakristei zugänglich) entstand ebenfalls erst im 15. Jh.

Museum
Museo Civico, im Palazzo del Popolo, beide Obergeschosse: florentinische und sienesische Malerei aus dem 13.-15. Jh.
Museo d'Arte Sacra e Museo Etrusco, an der Südseite der Piazza Pecori: Skulpturen aus dem 14. und 15. Jh., ferner Funde aus etruskischer und römischer Zeit.

Information: Pro Loco, Piazza Duomo 1, ✆ 0577940008, 🗎 0577940903, geöffnet 1.3.-31.10. tgl. 9-13, 14-18, 1.11.-28.12. tgl. 9-13, 14-18 Uhr.
Markt: Do vormittags.
Hotel: billig-preiswerte Hotels nicht vorhanden, niedrigster Tarif: La Steccaia *, Via dei Platani 1, Ortsteil La Steccaia, ✆ 0577944758, 🗎 0577944429;
Jugendherberge: Ostello della Gioventù, Via delle Fonti 1, ✆ 0577941991, 1.3.-31.10.
Camping: Il Boschetto di Piemma *, Ortsteil Santa Lucia, ca. 2 km südöstlich, ✆ 0577940352, 🗎 0577941982, Wiese und Wäldchen, 100 Stp., 1.4.-15.10.

Etappe 5:
San Gimignano – Certaldo – Montespértoli – Florenz (61 km)

Eine schöne Route für die Strecke San Gimignano – Florenz. Gute Alternative zu San Gimignano – Poggibonsi – Greve – Florenz (Etappen 4-2-1). Landschaftlich abwechslungsreich und reizvoll. Ein anderes Plus ist der Charme verschiedener kleiner Städte: Certaldo, Castelfiorentino, Montespértoli, Cerbáia). Einige Steigungen (leicht bis mittel), aber auch Abfahrten. Von kleineren Abschnitten abgesehen (Certaldo – Castelfiorentino, 9 km; Galuzzo – Florenz, 5 km) nicht allzu sehr befahren.

Wir nehmen anstelle der stärker befahrenen Hauptstraße Nebenstraße über S. Andrea und S. Benedetto. Diese Route zweigt kurz hinter dem Nordende von San Gimignanos Altstadt nach rechts ab (Hinweis Ulignano). Zunächst bergab, dann bergauf – beim Aufstieg nach ca. 200 m nach links abzweigen, Richtung: S. Benedetto, weiter aufwärts, ca. 1 km. Nun wird in etwa die Höhe gehalten, bald darauf S. Benedetto durchquert, und nach ca. 3 km Fahrt auf der Höhe an einer Gabel nach links abgezweigt. Danach kommen Sie in den Genuß einer langen Abfahrt ins Tal der Elsa, dabei bietet sich ein fantastischer Blick auf die Altstadt von Certaldo. Die Nebenstrecke trifft bald darauf auf die Hauptstraße S. Gimignano-Certaldo (nach rechts einbiegen). Das Zentrum der Neustadt (km 13) ist schnell erreicht.

Certaldo (67 m)
Das Städtchen besteht aus einer modernen Unterstadt, in der die Geschäftswelt und die Verwaltung zu Hause sind, und einer malerischen Oberstadt aus mittelalterlicher Zeit, wo sich verschiedene sehenswerte Bauwerke befinden. Touristisch zehrt Certaldo vor allem davon, daß Giovanni Boccacio (1313-1375), seines Zeichens Autor des „Decamerone", Verfechter der in der Entstehung begriffenen Philosophie des Humanismus und Kritiker der Kirchenhierarchie, hier seine letzten Lebensjahre verbrachte. An ihn erinnern das „Wohnhaus Boccacios" (Casa del Boccacio, im 15. Jh. erheblich verändert, nach Zerstörung im 2. Weltkrieg wieder aufgebaut), mit dem Zentrum für Boccacio-Forschung sowie ein Grabmal in der Kirche Santi Michele e Jacopo (13. Jh., 1901 restauriert, Kreuzgang aus 14. Jh.). Zu den Highlights der Altstadt auf dem Berg gehört ferner der Palazzo Pretorio (13. Jh., 1893 durch Umbauten in Zustand des 15. Jh. zurückverwandelt, Innenhof mit Brunnen, Malerei aus dem 15. Jh.), von dessen Turm man einen prächtigen Ausblick hat, der bis nach San Gimignano reicht.

Information: Pro Loco, Via Boccacio 16, ✆ 0571652730.
Markt: Mi vormittags, Viale Matteotti.
Hotel: Gelli *, Via Romana 30, ✆ 0571668135; La Speranza **, Borgo Garibaldi 80, ✆ 0571668014.
Camping: Toscana Colliverdi **, Via Marcialla 108bis, Ortsteil Marcialla, ca. 8 km (beschildert), ✆ u. 📠 0571669334, neu, Wiese mit jg. Bäumen, 60 Stp., Ende März bis Ende Sept.

Von Certaldo fahren Sie auf der SS 429 (Richtung Firenze) im Elsa-Tal auf flacher Strecke bei ziemlich starkem Verkehr nach Castelfiorentino (km 22), einem alten Städtchen. Die Route führt rechts vorbei aufwärts. Am nordöstlichen Ortsende geht es nach rechts von der SS 429 ab (Hinweis Firenze) und weiter aufwärts. Auf den folgenden 34 km bis Galuzzo wechseln häufig nicht allzu steile Anstiege und Abfahrten. Auf dieser abschnittsweise landschaftlich recht schönen und relativ schwach befahrenen Strecke kommen Sie durch die ansehnlichen Kleinstädte Montespértoli (km 34,5, Information, schattige Piazza del Popolo, Albergo Gabry 2**, Bars, Läden), Cerbáia (km 44, große Piazza, aber nicht so schön wie in Montespértoli) und Chiesanuova. Ab Galuzzo (km 56) ändert sich die Situation dann schlagartig: Sie sind faktisch in **Florenz** und im brausenden Verkehr. Unsere Route trifft im Zentrum dieses Vorortes auf die SS 2 Siena-Firenze. Auf dieser stark befahrenen Straße gen Norden radelnd trifft man nach ca. 4 km auf die Porta Romana am Südwestrand der Boboli-Gärten, der Palazzo Pitti und die Ponte Vecchio sind ganz nahe (siehe Stadtskizze Florenz).

Gegenrichtung:
Start erfolgt in Florenz an der Südseite der Brücke Ponte Vecchio. Es geht dann in südwestlicher Richtung per Via Guiccardini-Via Romana am Palazzo Pitti und Giardino di Boboli Park vorbei zur Piazzale di Porta Romana, wo an der Südwestseite des Platzes die Route auf der stadtauswärts führenden Via Senese Richtung Siena fortzusetzen ist. Sie bleiben auf dieser stark befahrenen Straße bis in den Vorort Galluzzo. Hier biegen Sie nach rechts Richtung Cerbáia/Montespértoli ab.

Exkurs:
Mugello
Mit dem Begriff Mugello meinen manche Autoren die gesamte toskanische Gebirgsregion nördlich und nordöstlich von Florenz. Andere wiederum verstehen darunter lediglich das breite fruchtbare Tal des Sieve zwischen Dicomano und S. Piero a Sieve mit Borgo S. Lorenzo als Hauptort. Im Grund ist aber ziemlich egal, wie man das Ganze benennt.
Der Bereich zwischen Florenz und dem Sieve hat mehr den Charakter von Apennin-Vorgebirge, und die Berge nördlich des Sieve sind auf jeden Fall Teil der Apennin-Kette. Letztere ist in diesem Bereich zwar relativ breit, aber vergleichsweise niedrig (größte Höhe: 1241 m). Abgesehen vom Sieve-Tal ist die Region sehr dünn besiedelt (starke Landflucht, leerstehende Häuser in den Bergdörfern): ein paar Kleinstädte, ein paar Dörfer, viel Wald, zur Genüge wenig befahrene Sträßchen – alles gute Bedingungen für schöne Radtouren. Dennoch trifft man hier nur selten ausländische Radwanderer.

Kartenempfehlung
APT Firenze, Mugello, Maßstab 1:70.000, in Florenz in der Information kostenlos erhältlich.

Etappe 6:
Florenz – Fiésole – Borgo San Lorenzo (32,5 km)

Zugang nach Mugello, im Nordosten der Arno-Metropole. Mittelgebirgsregion am Fuß des Apennin, Freizeitpark der Florentiner, in dem es sich vortrefflich wandern und radeln (inklusive Mountainbiking) läßt. Nicht allzu schwere Gebirgstour, die dennoch nicht ganz ohne Schweiß zu haben ist. Verkehr an normalen Werktagen außerhalb der Rush Hours erträglich, von Anfangs- und Schlußabschnitt abgesehen.

Man beginnt die Tour am besten an der Nordseite der Brücke San Niccolo (zweite Brücke östlich von der Ponte Vecchio). Es geht noch ein ganz kurzes Stück am Arno flußaufwärts, bevor für Fiésole (Hinweisschild!) nach links in die

Foto rechts: Florenz, Domportal

breite Via del Campofiore eingebogen wird. Sie fahren nun ca. 2,5 km immer geradeaus nach Nordosten. Danach macht die Route einen Schlenker nach links (Viale Augusto Righi) und läuft auf die Piazza Edison zu. Hier wenden Sie sich nach rechts und beginnen mit dem langen, z.T. ziemlich steilen Aufstieg (8-9 %) nach Fiésole (km 8). Es lohnt sich, immer wieder mal anzuhalten und in Rückschau die Aussicht auf Florenz zu genießen. Sie durchradeln das Städtchen (295 m) stetig aufwärts steigend, wobei man dem Schild für Olmo zu folgen hat.

Fiésole (295 m)
Auf einem Hügel hoch über Florenz, älter als die Arnometropole und bis in die Römerzeit die bedeutendere Siedlung. Heute eine betriebsame Kleinstadt und populäres Ausflugsziel. Die Sehenswürdigkeiten von Fiésole befinden sich fast alle an der Piazza Mino, dem Hauptplatz der Kommune, wo übrigens in der römischen Epoche das Forum angesiedelt war. Dazu zählt der Dom San Romolo (1024-28, Erweiterungen Mitte des 13. und Mitte des 14. Jh., dreischiffig, romanisch, Restaurierung 1873-83). Direkt daneben befindet sich übrigens jener kleine Teilbereich der antiken Stadt, der wieder freigelegt wurde: etruskische Stadtmauer, griechisches Theater, Badeanlage, mehrere Tempel.

Information: APT, Piazza Mino 36, ✆ 055598720, 8.30-13.30 Uhr, in der Hochsaison auch nachmittags.
Markt: Sa vormittags, Piazza Mino.
Hotel: Villa Sorriso *, Via Gramsci 21, ✆ u. 🖹 05559027; Villa Baccano *, Via Bosconi 4, ✆ 05559341.
Camping: Panoramico ***, s. Florenz.

Hinter Fiésole führt die Route nun nur noch leicht steigend (und sogar gelegentlich durch Gefälle unterbrochen) durch z.T. bewaldete Mittelgebirgslandschaft aufwärts. An der großen Kreuzung (495 m) 9 km nach dem Städtchen heißt es, sich an „Borgo San Lorenzo" zu orientieren. Es geht noch einmal ein ganz kurzes Stück etwas stärker bergauf, um den Sprung über den Vetta le Croci-Paß (518 m) zu schaffen, wo die Chianti-Landschaft endet. Fortan bestimmen Eichenwälder das Bild. Vom Paß rollen Sie via Polcanto (km 20,5, Ort für Rast) durch enges, dichtbewachsenes Tal auf die breite querliegende Talebene von Mugello zu. Bei km 29 wird Faltona erreicht. Die letzten 3,5 km bis Borgo San Lorenzo (km 32,5) sind sodann flach.

Borgo San Lorenzo (197 m, 15.600 Einw.)
Zentrum der Region Mugello, Kleinstadt ohne touristisch relevante Bauwerke, aber reizvolles altes Zentrum (viele Läden und Lokale) und große schattige Piazza.
Die Stadt war im Mittelalter nur sehr kurz freie Comune und befand sich dann immer in Abhängigkeit vom „großen Bruder" Florenz. 1351 bekam sie eine Stadtmauer verpaßt, von der lediglich Restposten erhalten geblieben sind, jedoch noch die Tore existieren.

Information: Ufficio Turistico, Via P. Togliatti 45, ✆ 0558495346, 🖹 0558456288.
Zugverbindung: recht häufig Züge nach Florenz, die Fahrräder mitnehmen.
Markt: Di vormittags, Piazza del mercato.
Hotel: Villa Cerreto **, Via Ronta Campagna 35, ✆ 0558403039, 🖹 0558403370; La Rosa ***, Via Faentina 105, ✆ 0558403010, 🖹 0558403385, alle in Ronta, ca. 10 km nordöstlich, in Borgo S. Lorenzo keine Unterkunft der mittleren und unteren Kategorie. Näher ist S. Piero a Sieve.
Fahrradladen: Crazy Bike, V. Div. Garibaldi 23, ✆ 0558458584.

Etappe 7:
Borgo San Lorenzo – Scarperia – Firenzuola – Pallazuolo sul Senio – Maradi – Borgo San Lorenzo (104 km)

Diese großartige Tour leitet von der Mugello-Ebene weit in die Bergwelt des Apennin hinein und kehrt schließlich wieder in die Mugello-Ebene zurück. Sie bietet alles, was man von einer abwechlungsreichen Gebirgstour erwarten kann: Steigungen, Abfahrten, Bergpässe mit weiten Ausblicken, enge Flußtäler, Wälder, Almen, Bergdörfer, Gebirgsstädtchen. Selbstverständlich muß Schweiß fließen, andererseits sorgt aber auch eine Reihe von langen Abfahrten für genügend Erholung.

Außer für die Abschnitte Coniale – Palazzuolo sul Senio und Palazzuolo sul Senio – Marradi liegen genügend Orte/Lokale mit Einkehrmöglichkeiten entlang der Strecke, die Mitnahme einer größeren Menge Proviant ist also nicht unbedingt erforderlich. Lassen Sie sich zwei Tage Zeit für die schöne Tour.

Sie verlassen Borgo San Lorenzo auf der SS 551 Richtung San Piero a Sieve/Bologna. Die ersten 5,5 km sind zum Aufwärmen: ein flaches Stück das Sieve-Tal aufwärts – allerdings stark befahren. Kurz vor San Piero a Sieve biegen Sie nach rechts für Scarperia ab.

San Piero a Sieve
Wenn Sie sich an der Gabel am Nordostrand von San Piero a Sieve nach links wenden, gelangen Sie, nachdem das Flüßchen Sieve überquert ist, in ein betriebsames Städtchen: zahlreiche Läden und Lokale, mittelalterliche Kirche, urige kleine Piazza.

Markt: Sa nachmittags, Via Provinciale.
Hotel: Ebe ***, Via le Mozette 1/a, Le Mozette, ✆ 055848019, 🖹 055848567; La Felicina **, Piazza Colonna 14, ✆ 0558498181, 🖹 0558498157; Ebe *, Via di Cafaggio 11, ✆ 0558498333.
Camping: Mugello Verde ***, ca. 1 km nördlich, ✆ 055848511, 🖹 0558486910, Waldgelände, 110 Stp., Restaurant, Freibad, ganzj.

Auf den folgenden 13,8 km müssen Sie von 205 auf 822 m hinauf. Der Aufstieg beginnt am Südrand von Scarperia, das bei km 9,5 erreicht wird. Die Straße nach Firenzuola läßt den alten Ortskern links liegen.

Kartenskizze Etappen 6 & 7

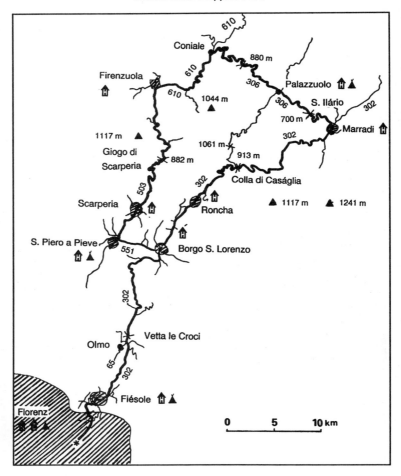

Scarperia (292 m, 6100 Einw.)
Städtchen wenige Kilometer oberhalb des Sieve-Tales, kleiner alter Kern, der von Bauten neueren Datums umdrängt ist. Modernes Geschäftszentrum, viel Industrie und Gewerbe.
Als im 14. Jh. die Handelsstraße über den Giogo-Paß angelegt wurde, brachte dies dem bis dato ärmlichen Ort den Anschluß an die „Große Welt" und Wohlstand. Im 18. Jh. wurde die Nord-Süd-Route dann aber über den Futa-Paß umdisponiert, plötzlich war man wieder reichlich peripher.
Allerdings beruhte der Reichtum der Stadt auch auf der Tätigkeit der Messerschmiede. Diese Säule der lokalen Ökonomie ist später im Zeitalter der industriellen Massenproduktion zusammengebrochen. Es gibt jedoch heute noch ein paar Messerschmied-Werkstätten, die weiterhin handwerkliche Produktion betreiben.

Information: Comune, ✆ 055846019, 🖷 055846509.
Markt: Fr vormittags, Centro
Hotel: Fattoria Il Palagio **, Viale Dante 97, Richtung Firenzuola, ✆ 055846376; Cantagallo **, Viale Kennedy 17, ✆ 0558430442, 🖷 0558430443.

Von Scarperia klettern Sie durch bewaldetes Vorgebirge des Apennin zum ca. 10 km entfernten Paß Giogio di Scarperia hinauf. Auf dem Paß (882 m) – umgeben von Wiesen und Wäldern – erwartet die schweißgebadeten Radler ein gemütliches Restaurant (zu akzeptablen Preisen). Anschließend geht es in rauschender Abfahrt zum 11 km entfernten Städtchen Firenzuola hinunter (ca. 400 m Höhenunterschied). Hinter dem Paß ändert sich die Landschaft schlagartig, jetzt geht es erst einmal durch große Almen. 2 km hinter dem Giogio di Scarperia passiert die Route den hübschen Weiler Rifredo (Bar, Laden). Ca. 1 km hinter dem Ort wird die Abfahrt vorübergehend durch einen ca. 500 m langen Anstieg unterbrochen, danach rollen Sie wieder abwärts – bis vor die Tore von Firenzuola.

Firenzuola (422 m, 4750 Einw.)
Das alte Städtchen wurde am 12.9.1944 durch ein Bombardement zerstört. Nur einige wenige Bauwerke, wie die beiden Stadttore, wurden wieder hergestellt. Man trifft heute auf einen Ort mit sehr modernem Outfit (insbesondere die Kirche), der sehr regelmäßig und geräumig angelegt ist: durchaus ansehnlich und gemütlich – um die Piazza Lokale und Alberghi.

Information: Comune, ✆ 055819007.
Markt: Mo ganztags, Via Villani.
Hotel: Cacciatori *, Piazza Agnolo 5, ✆ 055819098; Acconci *, Piazza Agnolo 18, ✆ 055819053; Iolanda **, Via Imolese, San Pellegrino, ✆ 055819020, 🖷 055819659.

Zunächst geht es auf der SS 610/Imola 11,3 km im engen Santerno-Tal abwärts (von 422 auf 307 m): reißender Gebirgsbach, Fels – Tal zunächst sehr eng, dann allmählich weiter. In der kleinen Ortschaft Coniale wird nach rechts abgebogen (Hinweis Palazzuolo sul Senio). Das Einrollprogramm geht abrupt zu Ende, es folgt ein gut 9 km langer schwerer Aufstieg zu einer Paßhöhe von 977 m (ausgedehnte Grasflächen, über die häufig ein starker Wind pfeift). Der Ausblick auf das enge Santerno-Tal und die Berge des Apennin im Hintergrund ist großartig. Anschließend kann auf der 8 km langen Abfahrt nach Palazzuolo sul Senio (ca. 540 m Höhenunterschied), die größtenteils am Visano entlang führt, „wilde Freude" aufkommen.

Palazzuolo sul Senio (437 m, 1300 Einw.)
Marktflecken, ländlich, gemütlich, mitten durch den Ort plätschert ein Wildbach – zur Genüge Läden und Lokale. Im Palazzo dei Capitani ist ein Museum eingerichtet, das die lokale Agrargeschichte und -kultur dokumentiert.

Information: Comune, ℡ 0558046125, 🖷 0558046461.
Hotel: Biagi *, Via Roma 55, ℡ 0558046064; Europa **, Via M. Pagani 2/4, ℡ u. 🖷 0558046011.
Camping: Visano **, Via Provinciale della Fagiola, ca. 2 km Richtung Firenzuola, ℡ 0558046106, 73 Stp., Juni bis September.
Agriturismo: ca. 6 km Richtung Firenzuola, rechts (Hinweisschild), auch Übernachtungen für eine einzige Nacht möglich.

Vom Piane della Ritornata-Paß kommend, wird auf der großen Gabel im Zentrum von Palazzuolo sul Senio nach rechts Richtung Marradi abgebogen. Danach überqueren Sie den Visano und radeln stadtauswärts.

Das wenig befahrene Landsträßchen/SS 306 nach Marradi folgt zunächst dem Fso di Salecchio ein Stück und steigt dann kurvenreich zum knapp 6 km entfernten S. Ilario Paß (700 m) hinauf. Anschließend rollen Sie nach Marradi (328 m), einem anderen schönen Bergstädtchen, hinunter.

Marradi (328 m, 3800 Einw.)
In alle Himmelsrichtungen von Bergwelt eingerahmt, Kleinstadt, erheblich größer als Palazzuolo, längst nicht so ruhig und idyllisch. Stolz und Treff der Gemeinde ist die Piazza delle Scalelle mit dem Rathaus und diversen „Palästen".
Über Marradi läuft die Apennin-Durchquerung Florenz – Borgo S. Lorenzo – Faenza, SS 302, eine Route, die bis nach Ravenna, an der Adriaküste (30 km nordöstlich von Faenza), führt. Dies ist eine schöne Strecke für den Zugang von der Adria in die Toskana.

Information: Pro Loco, ℡ 0558045170, 🖷 0558045803.
Markt: Mo vormittags, Centro
Hotel: Le Scalelle *, Piazza Scalelle 12, ℡ 0558045106; Il Lago **, Via Roma 23, ℡ 0558045035; Il Lamone ***, Viale Baccarini 28/30, ℡ 0558045023.

Hinter Marradi setzt sich das Spiel „hinauf-hinunter" munter fort. Am Anfang steht die ca. 10 km lange, stets leicht steigende Strecke das enge Lamone-Tal aufwärts nach Crespino del Lamone (von 328 auf 535 m). Dort beginnt dann der eigentliche Aufstieg zum nochmals 8 km entfernten Paß Colla di Casaglia,

913 m. Wenn Sie auf der Paßhöhe angekommen sind, können Sie erst einmal ausgiebig Rast einlegen, denn auch hier wartet ein gutbesuchtes Restaurant. Der Schlußabschnitt der Etappe führt danach stetig bergab. Nach 9 km kurvenreicher Schußfahrt wird Ronta erreicht, das in der jüngeren Vergangenheit zum populären Kurort aufgestiegen ist. Von hier sind es nochmals ca. 9 km bis **Borgo San Lorenzo**.

Alternative: Eine interessante Alternative zum Teilstück Coniale – Palazzuolo sul Senio – Marradi bietet die Strecke Coniale – Imola – Faenza – Maradi, die wesentlich leichter ist (aber 64 km länger). Sie bleiben hinter Firenzuola in Coniale (307 m) im Santerno-Tal. Nachdem Sie den Apennin durchquert haben, wird Imola (sehenswerte Altstadt) erreicht (47 m). Danach geht es 16 km in südöstlicher Richtung am Fuß des Appenin entlang nach Faenza, einer alten, sehr interessanten Stadt, die für Keramik bekannt ist und ein hervorragendes Keramikmuseum besitzt. Danach steigt man wieder in den Apennin auf, allerdings ganz sachte. Die Route folgt dem Fiume Lamone aufwärts und klinkt 38 km südwestlich in Marradi (328 m) wieder in den „Parcours" von Etappe 7 ein.

Lesetip:
Roland, Janne und Gitta Günter, Von Rimini nach Ravenna. Die Adria-Küste und ihr kulturelles Hinterland, Gießen 1989, anabas, 408 S.

Alpi Apuane, Gipfel im Nordteil

Etappe 8:
Florenz – Prato – Póggio a Caiano – Pistóia (47,5 km)

Trip durch die größte Stadtlandschaft der Toskana. Kunsthistorisch und stadtsoziologisch eine ausgesprochen interessante Tour, Prato und Pistóia bieten zwei sehenswerte große alte Stadtkerne. Das Profil der Etappe ist sehr leicht: durchweg eben. Leider spielt der Verkehr auf der ersten Hälfte (Florenz – Campi – Prato) nicht mit, die reichlich von Automobilen bevölkert ist.
Sie haben andererseits natürlich auch die Möglichkeit, diese – insbesondere im Umfeld von Florenz – ausgesprochen „wilde Route" zu entschärfen, indem Sie die italienische Eisenbahn das Rad bis Prato transportieren lassen und somit erst am Westrand des Ballungsraumes starten.

Um den schlimmsten Verkehr zu vermeiden, fahren Sie am besten ab der Ponte d. Vittoria am für den Verkehr gesperrten rechten Arnoufer stadtauswärts (oder auf der ziemlich parallelen Strecke Viale degli Olmi/Viale dell'Aeronautica, beide kommen am Schluß zusammen).

Es geht ein langes Stück an dem ausgedehnten Le Cascine-Park entlang (s. Florenz-Skizze). Am Ende dieses Abschnitts treffen Sie auf die Autobahn, die unterfahren wird. Man folgt dann der Bahnlinie Florenz – Pisa, die aber bereits kurz darauf in nördlicher Richtung überquert wird. 350 m nördlich davon biegen Sie nach links in die Via Pistóiese/SS 66 ein, die Straße nach Pistóia. Danach geht es kilometerlang durch triste Vororte. Erst ca. 12 km vom Zentrum entfernt wird offenes Gelände erreicht. Sie gelangen hier kurz hinter S. Piero a Ponti auf eine Kreuzung, auf der Sie nach rechts Richtung Prato/SS 325 abbiegen (nach links Signa). Diese Straße erreicht via Campi Bisenzia, das freilich nur am Westrand gestreift wird, nach ca. 11 km an der Porta S. Marco das Centro Storico der Textilmetropole Prato. Von hier steuern Sie geraden Weges per Viale Piave auf die Piazza S. Antonio und die Kirche S. Francesco zu.

Prato (60 m, 170.000 Einw.)
20 km nordwestlich von Florenz, Hauptort einer kleinen Provinz, gestandene Industriestadt, aber auch großes „Centro Storico" mit sehenswerten Bauten. Trotz der Nähe zu Florenz nicht von Touristen überflutet.
Die Siedlungskontinuität reicht bis in die Etruskerepoche zurück. Im Mittelalter war die Stadt eines der Produktionszentren der europäischen Wollweberei – eine schmutzige, anstrengende und obendrein schlecht entlohnte Tätigkeit.
Dieses Handwerk hielt sich bis zum Ende des 19. Jh. Dann wurde es ab 1880 durch moderne Textilindustrie verdrängt, die aus Altkleidern einfache neue Kleidung schuf. Diese Industrie nahm nach dem 2. Weltkrieg einen riesigen Aufschwung. In diesem Zusammenhang wuchs die Bevölkerung der Stadt in den 50er Jahren von 50.000 auf 160.000. Die zusätzlichen Arbeitskräfte der Boomphase kamen vorwiegend aus den armen Landfluchtregionen Süditaliens. Das hat einiges in der tradierten Kultur verändert.

Nach 1975 kam die Pratenser Bekleidungs-Industrie durch billige Textilien aus Asien (Hongkong, Taiwan) unter Druck. Zahlreiche Betriebe gingen in Konkurs, ein Drittel der Beschäftigten wurde arbeitslos. Schließlich wurde der Trend durch Umstellung auf hochwertigere Produkte (Mode!) gebrochen.

Stadtgeografie
Prato besitzt einen schönen alten Stadtkern, der als autofreie Zone angstfrei durchstreift werden kann. Dieser ist in alle Himmelsrichtungen durch ein Misch-Masch von Fabriken und Wohnsilos umringt.
Wichtigste Plätze der Altstadt sind: die Piazza Duomo mit Dom, die Piazza di Comune mit dem Rathaus und die Piazza San Antonio mit dem Castello d. Imperatore sowie den Kirchen S. Francesco und S.M. d. Carceri. Populärste Einkaufsstraße ist die Via Mazzoni (Modeläden!), die Dom und Palazzo Comunale verbindet.

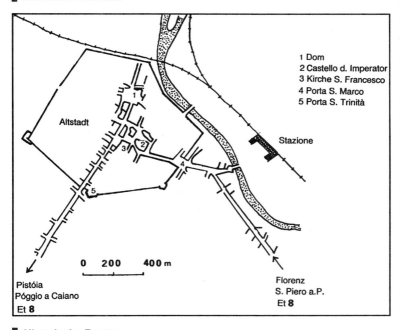

Historische Bauten
Dom San Romolo (ursprünglich 10. Jh., 1211 erneuert, 14. Jh. Querhäuser mit Kapellen ausgestattet, 1385-1457 Restaurierung der Fassade): dreischiffige Basilika, überwiegend romanisch, nicht allzu groß, Marmorfassade, grüne

und weiße Streifen, ungewohnt die Außenkanzel (1434-38 geschaffen, heute Kopie angebracht, Original im benachbarten Museum). Im Dom befindet sich „Marias Heiliger Gürtel", eine Reliquie, deren Echtheit nicht nur von vielen Florentinern bezweifelt wird.
Dies tut der kultischen Verehrung (seit Ende des 14. Jh.) freilich keinen Abbruch (Tage besonderer Verehrung und Präsentation: 1. Mai, 15. August, 8. September, Weihnachten, ansonsten in der Cappella del Sacro Cingolo untergebracht). Kunsthistorisch interessant: die Fresken von Fra Filippo Lippi im Hauptchor (Johannes- und Stephanus-Zyklus).

Palazzo Pretorio: mittelalterliches Turmhaus aus dem 13. Jh. (älterer, rechter Teil), aber Turm, Zinnen und Freitreppen erst aus dem 16. Jh., seit 1850 Herberge der Galleria Comunale, in der überwiegend Werke toskanischer Maler ausgestellt sind (am bekanntesten Filippo Lippi).

Palazzo Datini (aus dem 14. Jh.): Wohnhaus des reichen Prateser Tuchhändlers Francesco di Marco Datini (1330-1410), mit Archivio mercantile, das Handelspraktiken jener Zeit dokumentiert.

Kirche S. Maria delle Carceri (erbaut 1484-95): Grundriß griechisches Kreuz, Zentralbau, im Innern ausgesprochen systematisch strukturiert.

Museum: Museo del Tessuto Istituto Buzzi, Viale della Repubblica 9: Stoffmuseum:
Centro per l'Arte Contemporanea, Viale della Repubblica: wechselnde Ausstellung von moderner Kunst.

Information: APT, Via Cairoli 48-52, ℂ 057424112, geöffnet Mo-Sa 9-13, im Sommer auch 16-19 Uhr.
Bahnhof: Information, ℂ 0574433297.
Hotel: Stella d'Italia **, Piazza del Duomo 8, ℂ 057427910; Roma **, Via Carradori 1, ℂ 057431777; Il Giglio **, Piazza San Marco 14, ℂ 057437049.
Camping: Autosole, Calenzano, 6 km südöstlich von Prato, ca. 300 m von der Autobahnausfahrt Prato entfernt, ℂ u. 🗎 0558825576, Wiese mit Pappeln, 71 Stp., Restaurant, Schwimmbad, ganzj.
Fahrradladen: Coppini Sport, Via Bologna 12, ℂ 057432716.

Sie verlassen die Altstadt durch die Porta S. Trinità. Auf der Via Roma geht es sodann aus Prato hinaus – Orientierung: Póggio a Caiano, das nach ca. 8 km erreicht wird (weniger Verkehr als bei der Einfahrt nach Prato). Dort kehren Sie auf die SS 66 zurück (nach rechts einbiegen) – die Orientierung heißt jetzt Pistóia. In Póggio a Caiano muß mal kurz stärker gestiegen werden, danach ist die Strecke bis Pistóia weitgehend flach (heißt: ohne nennenswerte Anstiege). Die SS 66 führt in dichter Folge durch Ortschaften. Vor Pistóia durchqueren Sie einen größeren Bereich mit Baumschulen. Man fährt ca. 400 m östlich vom Bahnhof in die Stadt hinein.

Pistóia (65 m, 95.000 Einw.)
Kleiner, auch provinzieller als Prato, auch nicht ganz so stark wie letzteres von Industrie bestimmt.
Auch Pistóia besitzt eine recht große Altstadt mit ein paar Highlights (Rathaus, Dom, Markt). Wie in Prato trifft man hier nur wenige Touristen, die Gastronomie wäre einem größeren Ansturm auch gar nicht gewachsen.
Die Umgebung von Pistóia ist bestimmt durch zahlreiche Baumschulen und ausgedehnte Blumenfelder.

Stadtgeschichte
Pistóia ist uraltes Siedlungsgebiet. Im 2. Jh. v. Chr. wurde hier ein römischer Stützpunkt an der Via Cassia angelegt. Die mittelalterliche Feudalherrschaft konnte früh beseitigt werden, Pistóia erlangte schon Anfang des 12. Jh. den Status einer unabhängigen Stadtrepublik. Der Ort war in jener Zeit recht wohlhabend, dies erregte Begehrlichkeiten bei den Nachbarn Florenz, Pisa und Lucca. 1254 geriet man in Abhängigkeit von Florenz. 1306 erhob man sich gegen die Fremdherrschaft. Der Aufstand wurde von den verbündeten Florentinern und Lucchesen niedergeschlagen. Zum Zeichen der Unterwerfung ließen die Sieger die Stadtmauern niederreißen, die aber 1314 wieder aufgebaut werden konnten. Von 1314-1329 befand sich Pistóia unter der Hegemonie von Lucca. Ab 1329 bestand mit Florenz ein Protektoratsvertrag, der bis 1530 die Stadt an die Arno-Metropole fesselte. Anschließend war Pistóia Teil des Medici-Herzogtums Toskana.

Historische Bauten
Pistóia besitzt eine recht große Altstadt. Zentrum ist die Piazza Duomo, ein großer Platz, an dem der eindrucksvolle Dom und das mächtige Rathaus stehen. Nach Südwesten schließt an diesen Bereich das Marktviertel, die Piazza dell'Ortagia, an, der urwüchsigste und gemütlichste Flecken der gesamten Stadt: Brunnen und Marktstände (tgl.) umgeben von originellen Läden mit leckeren Delikatessen (Käse, Schinken etc.), schmale Gassen abzweigend, in denen man auch verschiedene kleine Lokale entdecken kann.

Duomo San Zeno, an der Ostseite der Piazza Duomo (errichtet im 12. Jh., Fassade erst 1311): dreischiffige Basilika, Fassade: über dem siebenbogigen Portikus drei Reihen Blendarkaden; freistehender, 66 m hoher Glockenturm; kunsthistorische Attraktion: Silberschrein des heiligen Jakobus (vom 13. bis 15. Jh. durch mehrere Generationen bekannter Meister geschaffen), in der Kapelle im rechten Seitenschiff (geöffnet tgl. 7-12, 16-19 Uhr), üppig gestaltet mit 628 Figuren (stilistisch von früher Gotik bis Anfänge der Renaissance).

Baptisterium, an der Südseite der Piazza Duomo (aus dem Jahr 1359): Taufkirche, Grundriß oktogonal, auf einem Podest angelegt, weiße und grüne Querstreifen aus Marmor, im oberen Teil umlaufende Blendarkaden, rechts neben dem Eingangsportal eine kleine Außenkanzel.

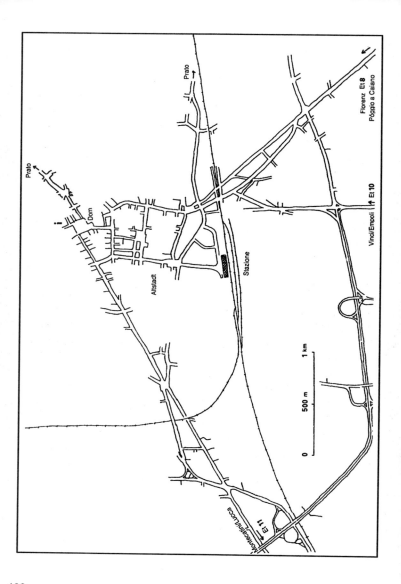

Kartenskizze Etappen 8 – 11

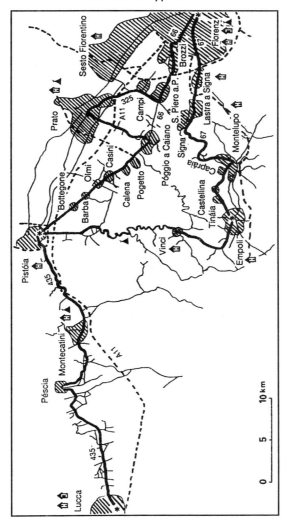

Rathaus/Palazzo del Comune, an der Nordseite des Domplatzes (Baubeginn 1294, nach Unterbrechung Fertigstellung 1334-1385): wuchtiges Bauwerk, im Erdgeschoß Loggia aus fünf runden Bögen; im mittleren und oberen Teil Bi- bzw. Triforien; im Zentrum Medici-Wappen; im Obergeschoß heute das Museo Civico, in dem u.a. Pistóieser Maler und Bildhauer vergangener Tage (13. bis 19. Jh.) zu sehen sind.

Justizgebäude/Palazzo Pretorio, an der Südwestseite der Piazza Duomo (erbaut 1367, Aufstockung 1844): ein weiteres mächtiges Bauwerk, freskenbemalter Innenhof, heute Sitz des städtischen Gerichts.

Kirche S. Giovanni Fuorcivitas, südwestlich von der Piazza Duomo, an der Via Cavour (errichtet ab 8. Jh., in der heutigen Gestalt zwischen 12. und 14. Jh. geschaffen): bezüglich Architektur und künstlerischer Gestaltung eine der bedeutendsten Kirchen Pistóias.

Kirche S. Bartolomeo in Pantano, an gleichnamiger Piazza, nordöstlich vom Domplatz (Ursprünge in uralter Abtei aus dem Jahr 726, heutige Gestalt aus Mitte des 12. Jh., Restaurierung in den 1960er Jahren): dreischiffig, Pistóieser Romanik, Kanzel von Guido Bigorelli da Como (1250), vom besten, was Bildhauer in Pistóia geschaffen haben.

Information: APT, Piazza Duomo, ✆ 057321622, 🖷 057334327, geöffnet Mo-Sa 9-12.30, 15.30-19 Uhr: detaillierter Stadtplan (Karte der Provinz auf der Rückseite), Broschüre mit allen wichtigen Bauwerken auch in Deutsch. Der Plan enthält viele interessante Details (plus Adressen) für die Gebirgsregion nördlich von Pistóia, eine Terra Incognita in der deutschen Reiseliteratur, wo Sie schöne Bergtouren jenseits der Trampelpfade des Massentourismus unternehmen können.
Bahnhof: Information, ✆ 057331192.
Markt: Mi, Sa vormittags, Piazza del Duomo.
Lokale Küche: Carneal carbone (gegrilltes Fleisch), Cioncia (Rindsschmorbraten), Lepre alla cacciatora (Hase nach Jägerart, zumeist in Tomatensauce), Macco (Saubohnenpüree), Pappardelle al suco di lepre (Bandnudeln in Hasensauce), Pollo al matone (Brathähnchen), Tagliatelle al prosciutto (Bandnudeln mit Schinken).
Hotel: Firenze **, Via Curtatone e Montanara 42, ✆ 057321660; Autisti, Viale Pacinotti 89, ✆ 057321771.
Camping: Barco Reale, 14 km südlich, bei San Baronto (Straße nach Vinci/Empoli), ✆ u. 🖷 057388332, 175 Stp., Restaurant, Freibad, 1.4.-30.9.

Etappe 9:
Florenz – Empoli (37 km)

Startetappe der Route Florenz-Empoli-Pontedera-Pisa (Etappen 9-42-41). Die gesamte Strecke führt durch das Arno-Tal, das im Abschnitt Lastra – Montelupo eng und recht eindrucksvoll ist. Ansprechend sind die Kleinstädte Lastra und Montelupo, einige Sehenswürdigkeiten bietet auch der Zielort Empoli, eine Stadt

mittlerer Größenordnung. Angenehmes Profil: stets eben.
Nach 13 km (Lastra) läßt der Verkehr stark nach – nicht zuletzt dank der Schnellstraße Florenz – Lastra – Empoli.

Von der Ponte Vecchio fahren Sie zunächst ca. 2,5 km am linken Arnoufer entlang (siehe Stadtskizze Florenz), bevor an der Piazza Taddeo Gaddi nach links in die Via Bronzino abgebogen wird. Letztere setzt sich fort in der Via Antonio del Pollaiolo, die alsbald in die SS 67 übergeht, die von Florenz nach Empoli führt. Erst hinter Lastra (Kleinstadt), 13 km westlich von Florenz, kommen Sie aus dem endlosen Häusermeer der toskanischen Metropole hinaus. Der Verkehr geht nun stark zurück. Die nächsten 11,5 km führen direkt am linken Arnoufer entlang, das auf diesem Abschnitt sehr enge Tal ist ausgesprochen malerisch. In Montelupo, einer Kleinstadt, die für Keramik (inkl. Keramikmuseum) bekannt ist (km 24,5), wechseln Sie auf das andere Flußufer (Grund: weniger Verkehr), so wie Sie bis Nord-Empoli (ausgedehnte neue Stadtteile) bleiben.
Um ins „Centro Storico" zu gelangen, müssen Sie hier den Fluß überqueren. Der Abschnitt Montelupo – Empoli ist recht dicht besiedelt und nicht sonderlich aufregend.

Empoli (27 m)
Ruhige, gut überschaubare Provinzstadt mittlerer Größenordnung, recht großes „Centro Storico", kein Tourismus. Die heutige Altstadt geht auf das 12. Jh. zurück. Im Mittelalter und in der Renaissance war die Stadtrepublik Empoli stets durch die übermächtigen Nachbarn Siena und Florenz bedroht. Sie wurde mehrfach besetzt und geplündert (1315, 1501, 1530).
Zentrum der Stadt ist die Piazza Farinata degli Uberti (quadratisch, von Arkaden umgeben), an der die sehenswerte Kollegiatskirche Sant'Andrea steht (aus dem Mittelalter, aber 1736 im oberen Teil fast vollständig verändert, außen überwiegend florentinische Romanik, innen Barock).

Information: Pro Loco, Piazza Farinata degli Uberti 8/9, ✆ 057176115.
Markt: Di, Sa vormittags, Piazza G. Guerra, Do vormittags, Zona Sportiva.
Hotel: Plaza *, Piazza Vittoria 11, ✆ 057174751; Vittoria *, Via J. Carucci 105, ✆ 057173201.
Camping: keiner, auch nicht in der näheren Umgebung.
Fahrradladen: A. Sabatini, V. Chiarugi 93, ✆ 057177478; King Bike, Via della Repubblica 100-102, ✆ 057182614 (Spezialität Mountainbikes, aber auch Rennräder).

Etappe 10:
Empoli – Vinci – Pistóia (34,5 km)

Schöne Tour durch das waldreiche Mittelgebirge der Monte Albano (621 m). Obwohl diese Strecke durch tiefe Provinz leitet, bleiben Sie keineswegs „einsam", da Sie mitten durch Leonardo da Vincis Geburtsort kommen, längst mehr als ein Ausflugsziel für Wissenschaftshistoriker. Ein sehr langer Anstieg nach ca. 10 km bringt es mit sich, daß man auf dem mittleren Streckenabschnitt vorübergehend Kräfte mobilisieren muß. Der Verkehr ist am Anfang und Ende stark, zwischendurch geht es hingegen ausgesprochen gemächlich zu.

Vom Zentrum folgen Sie ein ganz kurzes Stück der Richtung Pisa, bevor dem Hinweis Vinci folgend der Arno überquert wird. Es geht dann durch Vororte und Gewerbegebiet in nordwestlicher Richtung stadtauswärts. Nach ca. 4 km hält man sich an der Gabelung nach rechts/Norden (auch Hinweis für Vinci). Sie bleiben noch ca. 6 km in der weiten Flußebene. Nach ca. 10 km beginnt der Aufstieg in die Berge des Monte Albano. Nach ca. 1 km steter Steigung (von 25 auf 100 m) ist man in dem hübschen Dorf Vinci (km 11), das von einem Wald silbrig glänzender Ölbäume umgeben ist.

Vinci (97 m)
Ansehnliches Dorf, einst ein Ort, in dem Schmiede und Leinweber stark vertreten waren. Heute wird hier „der Nachlaß" des Renaissance-Ingenieurs und Künstlers Leonardo da Vinci (1452-1519) gepflegt. Dazu gehören das dreistöckige Museo Leonardiano (im Kastell, geöffnet März-Okt. tgl. 9.30-19, Okt.-März tgl. 9.30-18 Uhr) mit einer Ausstellung von Holzmodellen eines Teils seiner zahlreichen und z.T. recht originellen technischen Erfindungen (anhand seiner Entwürfe), die Biblioteca Leonardiana (Bibliothek und Studienzentrum, Di-Fr 15-19 Uhr) sowie das angebliche Geburtshaus (Öffnungszeiten wie Bibliothek) im ca. 3 km entfernten Ortsteil Anchiano (Restaurierung des Hauses nicht originalgetreu).

Information: Büro der Comune, ✆ u. 🖷 0571568012, Faltblatt mit Daten zu Leonardo, einem Ortsplan sowie Routenvorschlägen zu Wanderungen und Mountainbiking.
Hotel: Alexandra ***, Via dei Martiri 38-40, ✆ 057156224-7, 🖷 0571567972; Alexandra Dipendenza ***, Via Puccini 22, ✆ 057156224-7, 🖷 0571567945.
Camping: Barco Reale, ca. 11 km nördlich, Richtung Pistóia, bei S. Baronto, ✆ u. 🖷 057388332, Ende April bis Mitte Oktober.

Hinter Vinci geht es noch 11,5 km kontinuierlich bergauf. Höchster Punkt der Strecke ist S. Baronto (km 22,5), eine beliebte Sommerfrische in 348 m Höhe. Anschließend rollen Sie auf kurvenreicher Straße nach **Pistóia** hinunter. Auf den letzten sieben Kilometern führt die Route wieder durch Ebene. Dieses Stück ist stark befahren.

Etappe 11:
Pistóia – Montecatini – Lucca (41,5 km)

Zweite Hälfte der Strecke Florenz – Prato – Pistóia – Lucca, erheblich weniger autogeplagt und längst nicht so dicht besiedelt wie die erste Hälfte Florenz – Pistóia. Highlights dieser Etappe sind der renommierte Kurort Montecatini, das romantische Städtchen Péscia und das Kleinod mittelalterlicher Stadtbaukunst

Lucca. Ein weiteres Plus: üppige Vegetation, viel Gemüse/Obst – Touch einer über die Maßen fruchtbaren mediterranen Gartenlandschaft. In dieser Umgebung nimmt man es irgendwie fast entspannt hin, daß es ab und an mal über einen Buckel geht. Gesamturteil: nicht allzu schwere Etappe.

Vom Zentrum fahren Sie per Via della Madonna/Via Puccini in südwestlicher Richtung auswärts. Man folgt der Beschilderung für Lucca/Montecatini.
Sie radeln auf der SS 435. Auf den ersten 6 km ist die Strecke eben. Dann steigt sie ca. 700 m, fällt kurz ab und steigt wieder, nun aber ca. 2,5 km – bis Serravalle (km 9,5). Es kommt noch eine recht steile Abfahrt (10 % Gefälle auf ca. 1,5 km). Das letzte Stück auf dem Weg nach Montecatini Terme (km 14), dem angesehenen Kurort, ist schließlich eben.

Montecatini Terme (27 m, 22.000 Einw.)
Eines der bekanntesten und renommiertesten Heilbäder Italiens, kleinstädtisches Umfeld, alles in üppig bewachsener Talaue. In Montecatini werden Darm-, Herz-, Gallen-, Leber- und Magenleiden sowie rheumatische Erkrankungen behandelt. Der mondäne Kurbezirk nimmt den Westen von Montecatini ein, während sich der Osten als betriebsame toskanische Kleinstadt präsentiert. Ca. 3 km nördlich befindet sich auf einem Hügel der kleine Ort Montecatini Alto (290 m), der per Seilbahn mit der Kurstadt verbunden ist. Wegen der fabelhaften Aussicht ist letzterer ein sehr populäres Ausflugsziel.
Die acht Heilquellen von Montecatini waren schon in der Antike bekannt. Die Römer sollen bereits hier gekurt haben. Über Nutzungen im Mittelalter ist wenig belegt. Dagegen ist sicher, daß in der Renaissance in Montecatini reger Kurbetrieb herrschte; für 1417 sind drei Badehäuser nachgewiesen. Unter den Medici ging es im 16. Jh. dann wieder bergab. Der Aufstieg zum modernen Bad wurde im 19. Jh. von dem Habsburgerherrscher Leopold II. eingeleitet. Auf diese Zeit gehen verschiedene altehrwürdig-exklusive Häuser zurück. Die zahlreichen einfachen Hotels/Pensionen sind dagegen aus der Zeit nach dem 2. Weltkrieg, als die Sozialversicherung begann, immer größere Massen kurbedürftiger Arbeiter und Angestellten zu schicken. Montecatini zählt gegenwärtig ca. 3 Mio. Kurgäste pro Jahr, darunter ca. ein Drittel Ausländer. Es besitzt üppige Kurgärten, eine Pferderennbahn, eine große moderne Galerie (Museo dell'Accademia d'Arte) sowie zahlreiche Hotels und Lokale.

Information: APT, Viale Verdi 46, Montecatini Terme, ✆ 057270109.
Markt: Do vormittags, Piazza Battisti.
Hotel: Sabrina *, Via Cividale 62, ✆ 057279351; Verena *, Viale Cavallotti 35, ✆ 057272809; Tirrenia *, Via Puglie 3, ✆ 057272758; Tessi *, Corso Matteotti 162, ✆ 057279435; zahlreiche Hotels in allen Kategorien, Überblick in einer Broschüre des APT.
Camping: Belsito, Ortsteil Vico, ca. 5 km nördlich von Montecatini, ✆ u. 🖹 057267373, 110 Stp., Restaurant, Freibad, ganzj.; aus Pistóia kommend ist es besser, auf halber Höhe der Abfahrt hinter Serravalle den direkten Weg nach Vico zu nehmen, dadurch erspart man sich den starken Anstieg von Montecatini her.

Sie fahren zunächst durch den neueren Stadtteil von Osten stadteinwärts und verlassen die Stadt im Westen der Beschilderung Lucca folgend. Das ausgedehnte Kurviertel im Nordwesten wird nur ganz am Rand berührt. Die folgenden 2,5 km sind noch eben. Im Bereich von Borgo a Bugnano (km 16,5) muß man dann mal über einen Buckel. 6,5 km hinter Montecatini Terme erreichen Sie Péscia (km 20,5), eine architektonisch recht interessante Kleinstadt, in deren Umgebung in großem Stil Blumen angebaut werden, von denen viele in den Export gehen. Großer Blumenmarkt, der größte Italiens. Die Straße nach Lucca umgeht das Zentrum, es ist jedoch lohnenswert, einen Abstecher in die Innenstadt zu unternehmen, in die Sie durch das mächtige Florentiner Tor eintreten.

Die SS 435 überquert die Péscia und folgt ihr am anderen Ufer ein Stück, bevor sie die Stadt endgültig verläßt und sich nach Westen wendet.

Es besteht ein leichter Anstieg zum Nachbarort Collodi, in dem es dann stärker aufwärts geht. Die letzten 15 km sind schließlich ausgesprochen leicht (eben oder leicht fallend), nur in Gragnano müssen Sie noch mal einen nicht allzu schweren Aufstieg unternehmen.

Bei km 39 ist man am Rand von Lucca. Sie fahren ca. 2,5 km auf breiter schnurgerader Straße durch ziemlich häßliche jüngere Stadtteile, bevor sich auf Höhe der Porta Elisa die Möglichkeit bietet, in die fabelhafte Altstadt einzubiegen.

Lucca, über den Dächern der Altstadt

Lucca (17 m, 90.000 Einw.)
Größter, besterhaltener und nach meinem Empfinden auch schönster mittelalterlicher Stadt-Komplex der Toskana.
In den zahlreichen Straßen und Sträßchen der „Città Storica" gibt es viel zu entdecken: Paläste und Kirchen, Plätze, von Häuserzeilen aus dem Mittelalter eingerahmt, schöne und auch elegante Läden in uralten Bauten, zahlreiche Antiquitätengeschäfte, Caffès, Bars und Restaurants. Auch Handwerkern, die alte Möbel restaurieren, kann man manchmal bei der Arbeit zusehen.

Stadtgeschichte
Im Bereich der heutigen Stadt gab es bereits in der Etruskerzeit eine kleine Siedlung, die in der sumpfigen Uferzone des Sérchio lag – Name Luk (= Sumpf). Die Römer gründeten im 1. Jh. v. Chr. eine befestigte Kolonie, die den etruskischen Namen übernahm.
Nach den Zerstörungen der Völkerwanderungszeit setzte hier früher als in anderen ehemaligen urbanen Zentren der Region eine Rückkehr von städtischem Leben ein. Unter den Langobarden residierte in dem verkehrsgünstig gelegenen Ort ein Herzog. Während der Karolingerzeit war Lucca sogar als Sitz des Markgrafen von Tuszien so etwas wie die Hauptstadt der Toskana. Bereits 1162 erhielt das im Bankgeschäft und Seidenhandel reichgewordene Bürgertum von Lucca durch Barbarossa die Anerkennung als freie Comune. Die Stadt stand damals wirtschaftlich und politisch auf einer Stufe mit Pisa, Siena und Florenz.
1314 kam es zu sozialen Aufständen, in deren Gefolge abwandernde Handwerker die Produktionsgeheimnisse der Seidenherstellung mitnahmen. Lucca ging damit das profitable Monopol verloren, es ging wirtschaftlich abwärts. In der Bürgerschaft kam es zu schweren Auseinandersetzungen, die Pisa 1328 zur Eroberung der Stadt ausnutzte. Die Fremdherrschaft währte immerhin 41 Jahre. Zur Befreiung bedurfte es der Hilfe der Truppen Kaiser Karls IV. Die wiederhergestellte demokratische Republik beruhte politisch auf einem Kompromiß zwischen Bürgertum und Adel. Einmal intermezzohaft 30 Jahre (1400-1430) von der Diktatur Paolo Guinigis unterbrochen, hatte sie bis 1799 Bestand. Wertvolle Hilfe (Abschreckung!) gegen Florentiner Eroberungsgelüste leistete die mächtige Umwallung, die im 16. Jh. erneuert/ausgebaut worden war.
Um 1700 erlebte die Stadt dank des Niedergangs des Medici-Herzogtums Toskana wirtschaftlich (Handel!) noch einmal einen erheblichen Aufschwung. Produkte aus dieser Zeit sind mehrere Paläste in der Città Storico und eine Reihe luxuriöser Villen im Umland.
Napoleon brachte 1799 das alles abrupt zu einem Ende. 1805 machte er seine Schwester Elisa und seinen Schwager Felice Bacicchi zu Fürsten von Lucca. 1817 folgte ihnen Marie-Luise von Bourbon-Parma auf den Thron. Ihr herrschaftsuntauglicher Sohn Carlo Ludovico gab freilich „seinen Staat" dann 1847 an den Habsburger Leopold II. ab. 14 Jahre danach fand man sich im neuerstandenen Nationalstaat Italien wieder.

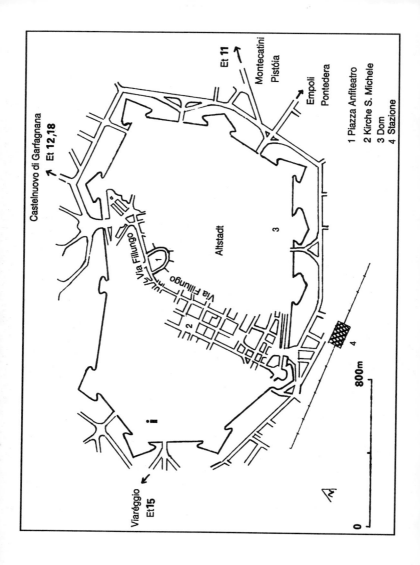

Stadtgeografie
Den Kern der Stadt bildet die ausgedehnte historische Stadt, die von einer mächtigen Stadtmauer (4,5 km lang, durchschnittlich 12 m hoch, noch gut erhalten), vollständig einschlossen ist. Wie im Mittelalter tritt man durch eindrucksvolle Tore ein. Das alte Lucca ist von neueren Stadtteilen umgeben, die überwiegend bereits stark heruntergekommen aussehen.

Rundgang durch die Altstadt
Sie können an der Piazzale V. Emanuele beginnen. Immer geradeaus auf der Via Vittorio Veneto Richtung Nordosten stößt man nach ca. 450 m auf die Piazza S. Michele mit der eindrucksvollen Kirche. Sie zweigen hier nach rechts in die Via Roma ab. An der nächsten Kreuzung wenden Sie sich dann nach links und bummeln nun die belebte Hauptgeschäfsstraße Via Filungo gen Norden. Kurz nachdem diese Straße einen Knick macht, erreichen Sie nach rechts abzweigend die Piazza Anfiteatro. Sie verlassen diesen schönen Platz im Südosten per Via Canuleta. Es geht sodann nach links in die Via A. Mordini hinein und bei der nächsten Abzweigung nach rechts in die Via Guinigi. Wenn Sie nun immer schön geradeaus Richtung Süden wandern, erreichen Sie nach ca. 500 m den Dom. Sie können schließlich per Piazza S. Martini, Corso Garibaldi und Via Vittorio Veneto zum Ausgangspunkt Piazzale V. Emanuele zurückkehren.

Historische Bauten:
Dom San Martino (Urbau aus 6. Jh., im 11. und 12. Jh. Neubau; im 14. und 15. Jh. Neugestaltung des Innenraumes; Restaurierung im 19. Jh.): dreischiffig, das Holzkruzifix Volto Santo ist Gegenstand eines Kults, wird am 13. September in einer Prozession durch die Straßen der Stadt getragen.

Kirche San Michele (12. Jh.) an gleichnamiger Piazza (einst Forum der römischen Stadt): Basilika mit Querschiff, ganz aus Marmor, vierstöckige Fassade bestehend aus Blendarkaden (2. Hälfte des 13. Jh.), faszinierendes Erscheinungsbild: keine Säule, kein Kapitell gleicht dem anderen; die Marmor-Inkrustationen erinnern an orientalische Motive.

Kirche San Frediano (1. Hälfte 12. Jh., Umbau im 13. Jh.), an der Piazza San Freddiano: ungewöhnlich, daß die Fassade (schmal und hoch, heutige Gestalt aus dem 13. Jh.) an der Ostseite angelegt ist, ungewöhnlich auch das goldgrundige Mosaik der Fassade im byzantinischen Stil („Christi Himmelfahrt", Christus in einer Mandorla, die von Engeln getragen wird, über den 12 Aposteln schwebend). Sehenswert ist auch der hohe querschifflose Innenraum als ein hervorragendes Beispiel Luccheser Romanik. In der ersten Seitenschiffkapelle rechts Taufbecken aus dem 12. Jh. In der zweiten Seitenschiffkapelle links Fresken von Amico Aspertini (1508/09).

Palazzo Guinigi (14. Jh.): hoher Turm, Steineichen auf dem Dach, fabelhafter Rundblick.

Piazza dell'Anfiteatro: in der Antike Standort des Amphitheaters, das im Mittelalter als Steinbruch für den Bau von Häusern fungierte. Im 19. Jh. wurden die Häuser im Innenraum abgerissen, so daß heute ein großer runder Platz besteht, der von 2- bis 6-stöckigen Bürgerhäusern im traditionellen Stil umrundet ist, es existieren zwei Zugänge. Einige Lokale wissen diesen von vielen Touristen besuchten Platz zu nutzen.

Kurze Rundtour: Auf der Stadtmauer
Auf der breiten Stadtmauer ist eine Straße angelegt. Hier können Sie auf 4,5 km die ganze alte Stadt umfahren, aus halber Höhe in Straßen und Hinterhöfe hineinschauen, das Stadtpanorama genießen und auf der Nordseite sich an den Vorbergen der Alpi Apuane erfreuen.

Information: APT, Vecchia Porta San Donato, Piazzale G. Verdi, ✆ u. 🗎 0583419689.
Bahnhof: Information, ✆ 058348360.
Markt: Mo-Sa ganztags, Mi vormittags, Mercato del Carmine.
Lokale Küche: Cieche fritte (gebratener Aal), Frittura di pesce (gebratene kleine Fische, z.B. Forellen aus dem Sérchio), Garmuccia (Eintopf aus Artischocken, Erbsen, Spargel und Saubohnen), Tortelli alla Lucchese (halbmondförmige Ravioli mit Füllung).
Hotel/Pension: Cinzia *, Via della Dogana 9, Neustadt, ✆ 0583491323; Melecchi *, Via Romana 37, Neustadt, ✆ 0583950234; La Torre 1 *, Piazza del Carmine 11, Altstadt, ✆ 0583957044; La Torre 2 *, Via della Colombaia 14, ✆ 0583957044; Stipino **, Via Romana 95, Neustadt, ✆ 0583495077, 🗎 0583490309.
Jugendherberge: Ostello per la Gioventù „Il Sérchio", Via del Brennero 673, im Vorort Salicchi, ✆ u. 🗎 0583341811, 10.3.-31.10., mit Bar und Restaurant.
Camping: nächste Plätze in Pisa und Viaréggio; es ist jedoch möglich, gegen einen überaus günstigen Tarif auf dem Gelände der Jugendherberge zu campen.
Fahrradladen (Verkauf, Reparatur, Verleih): Barbetti, Via Anfiteatro 23, ✆ 0583954444 (auch Fahrradverleih); Poli, Piazza San Maria 42, ✆ 0583493787 (auch Fahrradverleih); Atala, Via Brennero 316, ✆ 0583343591 (Laden von Atala, ein Unternehmen, das vor allem Stadträder, aber auch Trekkingräder herstellt).

Ausflüge:
A1: In die Pisaner Berge
Im Süden von Lucca läßt es sich im Vorland der Pisaner Berge in idyllischer dörflicher Szene wunderschön radeln. Für die einheimischen Mountainbiker ist dies allerdings lediglich Einrollfläche für Touren in die Monte Pisano, ein Mittelgebirge (recht viel Wald), das bis 917 m hinaufreicht.

Eine schöne Tour dieser Art ist die Fahrt nach Vorno, unterhalb der Berge. Die Route führt über Varciano und Guamo. In Vorno, 6,5 km, lohnt es sich, nach rechts an der Kirche vorbei die Via Valle aufwärts zu fahren – zumindest die 3 km, bis die Straße in Schotterweg übergeht. Bei diesem Aufstieg bietet sich ein toller Ausblick auf das Dorf und Lucca.

Sie können auf diesem Weg übrigens die Pisaner Berge überqueren (größte

Höhe ca. 800 m) und nach einer langen steilen Abfahrt via Agnano Pisa ansteuern. Ich kann diese an sich schöne Gebirgsstrecke aber nur Mountainbikern empfehlen, da auf der Abfahrt nach Agnano ein langes sehr steiniges Stück zu durchfahren ist. Wer Touren in den Monte Pisano unternehmen möchte, sollte sich unbedingt die Spezialkarte für diese Region kaufen, in der Strecken für Mountainbiker markiert sind.

A2: Villentour
Im lokalen Touristentreiben ist die Villentour eine populäre Aktivität. Sie können diese insgesamt ca. 29 km lange Rundfahrt natürlich auch mit dem Rad unternehmen. Route s. Planskizze für die Etappen 12, 13 etc. Kurzbeschreibungen der Villen (überwiegend aus dem 16./17. Jh.) inkl. Plan finden Sie in dem Faltblatt „Villentour" des APT Lucca (auch in Deutsch).

Exkurs:
Alpi Apuane, Garfagnana
Nördlich von Lucca erstrecken sich zu beiden Seiten des Sérchio ausgedehnte Gebirgsregionen. Die Berge westlich des Flusses sind die Alpi Apuane (1945 m), die Berge östlich des Flusses sind Teil des Appenin (1961 m).

Das Einzugsgebiet des mittleren und oberen Sérchio-Tales, das ca. 25 km nördlich von Lucca beginnt, ist unter dem Namen Garfagnana bekannt. Zentrum dieser landschaftlich sehr schönen Gebirgsregion ist das Städtchen Castelnuovo di Garfagnana. Auch kulturell ist dieses Gebiet durch allerlei Besonderheiten interessant. Ein recht gut ausgebautes Straßennetz ermöglicht viele schöne Radtouren. Dennoch trifft man hier recht wenige ausländische Radwanderer; das hängt damit zusammen, daß die allgemeine Reiseliteratur nur wenig über diesen Raum berichtet. Vor Ort existieren aber detaillierte Landkarten und auch einigermaßen informative Informationsbroschüren (auch in Deutsch), die zusätzliche Anregungen geben.

Etappe 12:
Lucca – Castelnuovo di Garfagnana (46 km)

Ausflug in die Gebirgsregion von **Garfagnana**. *Sie bewegen sich stets das meist recht enge Sérchio-Tal aufwärts, zu beiden Seiten überwiegend bewaldete Berge. Die Landschaft ist ansprechend, aber nicht spektakulär. Entsprechendes kann auch über die zahlreichen Dörfer und Kleinstädte entlang dem Weg berichtet werden. Etappe 12 hat eher so etwas wie eine Vorlauf- und Einrollfunktion für Touren in das Innere der Alpi Apuane. Der Höhenunterschied zwischen Lucca, 19 m, und Castelnuovo, 274 m, ist kaum zu spüren, da die Steigung ziemlich stetig verläuft. Diese Strecke kann auch von Leuten, die normalerweise keine Gebirgstouren mögen, leicht bewältigt werden. Proviant ist nicht erforderlich, es existieren genügend Einkehrmöglichkeiten.*

Sie verlassen die Altstadt von Lucca im Nordosten via Porta Santa Maria. Dahinter geht es nach rechts – Beschilderung für Castelnuovo di Garfagnana/Bagni di Lucca/SS 12. Sie fahren auf den ersten 23 km am östlichen Ufer auf der SS 12 das Tal des Sérchio aufwärts – nur ganz sacht ansteigend. Es kommt dann eine Gabel, wo man für Castellnuovo nach links abzuzweigen hat, während die Hauptstraße nach rechts Richtung Bagni di Lucca führt. Es geht anschließend über den Nebenfluß Lima. Hinter der Brücke und vor der Kleinstadt Fornoli halten Sie sich ebenfalls nach links und folgen dem Hinweis Castelnuovo (SS 445). Danach geht es nochmals 16 km am östlichen Sérchio-Ufer entlang. Auf diesem Abschnitt kommen Sie durch mehrere größere Orte, der größte ist Fornaci di Barga (km 32).

Ca. 4 km nördlich von dieser Kleinstadt zweigt nach links eine Straße ab, die auf einer reizvollen Route via Gallicano und Vergemoli an einem Gebirgsbach entlang zur bekannten Tropfsteinhöhle Grotta del Vento hinaufführt (ca. 11 km).

7 km nördlich von Fornaci di Barga (km 39) wechselt die SS 445 auf das westliche Ufer des Sérchio, auf dem sie bis zum knapp 8 km entfernten Etappenziel Castelnuovo di Garfagnana bleibt.

Castelnuovo di Garfagnana (274 m)
Hauptort der Garfagnana, schöne Lage am Fluß und in bewaldeter Mittelgebirgsszene. Gemütliche Altstadt, der man heute nicht mehr ansieht, daß sie im 2. Weltkrieg fast vollständig zerstört wurde. Der Ort wird bestimmt von einer mächtigen Festung aus dem 12. Jh. (im 2. Weltkrieg zerstört).
Ansonsten: Es gibt genügend Läden, Lokale und Unterkünfte, es bestehen auch recht häufige Bahn- und Busverbindungen mit den Hauptorten der nordwestlichen Toskana (Lucca, Aulla).

Information: Pro Loco, im Zentrum, ✆ 0583644254.
Markt: Di, Do, Sa vormittags, Piazza del Mercato, Do vormittags, Centro.
Hotel: Aquila d'Oro *, Vicolo al Sérchio 6, ✆ 058362259; La Vecchia Lanterna *, Via Nicola Fabrizi 26, ✆ u. 🖷 058363331.
Camping: La Piella, 450 m, in einem Waldgebiet am Berg, 7 km nördlich von Castelnuovo, ✆ 058362916, auch Bungalows, Caravans und Chalets zu mieten, ganzjährig geöffnet, kleiner Laden, Information bietet Kartenmaterial für Wanderungen und Moutainbiking; Anfahrt (gut ausgeschildert) Richtung Pieve Fosciana, die letzten 1,5 km unebener Schotterweg.
Fahrradladen: Marina Sport, an der Straße nach Aulla, Nr. 47a, ca. 1 km vom Zentrum entfernt.

Abstecher:
A3: Nach Bagni di Lucca: Renommierkurort des 19. Jh.
23 km nördlich von Lucca, wo Etappe 12 nach links abzweigend über die Lima führt, halten Sie sich für den Exkurs nach Bagni di Lucca nach rechts (bleiben auf der SS 12/Abetone). Die Straße führt im Tal des besagten Flüßchens (besser: Wildbach) aufwärts. Nach 4 km befinden Sie sich in Bagni di Lucca.

Bagni di Lucca (156 m)
Von bewaldeten Bergen umgeben, ein Kurort mit einer sehr langen Tradition, heute aber nicht mehr ganz in Mode. Schon in der Antike soll hier gekurt worden sein. Die Blütezeit war aber im 19. Jh., als Bagni di Lucca zu den international angesehenen Heilbädern zählte und illustre Personen aus Hochadel und Literatur hier zu Gast waren (aus Gedenktafeln zu ersehen): z.B. Napoleons Schwester Pauline, Karl Ludwig von Bourbon, die Literaten Byron, Heine, Montaigne und Shelley. Sehr stark vertreten waren Engländer. Das Renommé des Kurortes schlug sich in Villen und repräsentativen Kurbauten (inkl. Spielcasino und anglikanische Kirche) nieder, an denen mittlerweile der Zahn der Zeit reichlich genagt hat. Es ist natürlich immer interessant, sich solch ein „Kulturdenkmal" anzusehen. Und es ist ja auch ein gemütlicher Flecken.

Information: Ufficio Informazioni di Lucca, Via Umberto I., ✆ 0583805508, 🖷 0583807877.
Hotel: Roma *, Via Umberto I. 110, ✆ und 🖷 058387278; La Frantola, Via Toviani 26, ✆ 058387983, 🖷 0583804036.

A4: Nach Barga: Altes Städtchen über dem Sérchio-Tal
4 km hinter Fornaci di Barga zweigt nach rechts die Straße nach Barga ab. Zu diesem nur 3,5 km entfernten Städtchen ist ein starker Anstieg von 200 auf 400 m zu überwinden.

Barga (410 m)
Mittelalterlich dreinschauende enge, gepflasterte Gassen. Attraktion ist der Dom, von dem Sie einen wunderbaren Ausblick auf das Sérchio-Tal und die Alpi Apuane haben.

Information: Pro Loco, ✆ 0583723494.
Markt: Fr vormittags, Via Dante.
Hotel: Gorizia **, Viale Battisti, Fornaci di Barga, ✆ u. 🖷 058375074.

A5: Zur Grotta del Vento: Labyrinth einer Tropfsteinhöhle
Kurz hinter der Abzweigung nach Barga zweigen Sie nach links für Galliciano ab. Es geht zunächst über den Sérchio und dann durch das Dorf Galliciano (211 m). Danach führt die Route auf einem Sträßchen am Bach Turrite di Galliciano aufwärts. Etwa auf halber Strecke zweigt rechts die Straße nach Vergemoli ab, einem schön gelegenen Bergdorf (Burg, romanische Kirche, Palazzi aus dem 16. Jh.). Nach ca. 11 km Fahrt erreichen Sie den Eingang zur Tropfsteinhöhle Grotta del Vento (in 627 m Höhe). Sie befinden sich in malerischer Gebirgsszene am Fuß des 1859 m hohen Pannia della Groce.

Grotta del Vento
Ausgedehntes System einer Tropsteinhöhle: unterirdische Flüsse, Seen, Wasserfälle, zahllose faszinierende Tropfsteine auf dem Boden (Stalagmiten)

und an den Decken (Stalagtiten), Sinterkaskaden. Drei geführte Rundgänge vermitteln mehr oder weniger umfangreiche Eindrücke von diesem großartigen Naturereignis. An den Wochenenden starker Besucherstrom. Bar vorhanden.
Geöffnet 1.4.-30.9. tgl., sonst nur an Sonn- und Feiertagen, Rundweg 1 (1 Std.): 10, 11, 12, 14, 15, 16, 17, 18, Rundweg 2 (2 Std.): 11, 15, 16, 17; Rundweg 3 (1¼ Std.): 10, 14 Uhr.

Etappe 13:
Castelnuovo di Garfagnana – Isola Santa – Massa (43 km)

Diese Tour durchquert die Alpi Apuane und führt schließlich zur Küste hinunter. Im mittleren und letzten Abschnitt ist sie landschaftlich sehr spektakulär. Die Abfahrt zur Versilia-Küste ist eine der faszinierendsten Strecken in der gesamten Toskana. Von der Garfagnanaseite her ist der Aufstieg zum Paß gar nicht so schwer, da er durch seine Länge reichlich entschärft wird. Ganz anders sieht es aus, wenn Sie die Tour in Gegenrichtung radeln, dann müssen Sie nämlich in lediglich 15 km von Meereshöhe auf 1035 m hinauf.

Aus Richtung Lucca kommend zweigt man vor der Brücke, über die es zum historischen Zentrum von Castelnuovo di Garfagnana geht, nach links für Arni (Hinweis) ab. Die Route führt das enge bewaldete Tal der Turrite Secca aufwärts. Nach 13 km kommen Sie an dem malerisch am kleinen See gelegenen **Isola Santa** mit einem pittoresk dreinschauenden Kirchlein vorbei.
Bald darauf bieten sich faszinierende Ausblicke auf bizzare felsige Bergriesen der Alpi Apuane. Ca. 4 km hinter dem See beginnt der steile Aufstieg nach Arni und dem Passo del Vestito. Arni, ein rassiges Gebirgsdorf, besteht aus drei weit auseinandergezogenen Ortsteilen (genügend Einkehrmöglichkeiten vorhanden). Nicht weit über dem Oberdorf erreichen Sie so etwas wie eine Paßhöhe (1035 m). Anschließend durchfahren Sie einen schwach beleuchteten Tunnel und stürzen sich in die steile Abfahrt zur Küste. Auf dieser Seite ist das Gebirge von großen Kastanienwäldern bedeckt, die Aussicht ist fantastisch. Nach ca. 5 km rasender Schußfahrt auf kurvenreicher Straße kommen Sie an dem malerischen Bergdorf Antona vorbei. Von hier sind es noch ca. 10 km bis nach Massa (65 m). Die Route passiert noch die Dörfer Altagnana, Pariana und San Carlo Terme, die Abfahrt endet erst am Stadtrand von Massa.

Massa (66.000 Einw.)
Ca. 4,5 km von der Küste entfernt, wo das Seebad Marina di Massa zu Hause ist. Massa ist eine geschäftige und verkehrsgeplagte Stadt mittlerer Größenordnung. Auf Grund der Zerstörungen im Zweiten Weltkrieg sucht man vergeblich nach einer ausgedehnten Altstadt. Einzige konventionelle Sehenswürdigkeit ist die jüngst renovierte Burg über der Stadt, von der Sie Massa aus der Vogelperspektive überschauen können.

Kartenskizze Etappen 12 – 18

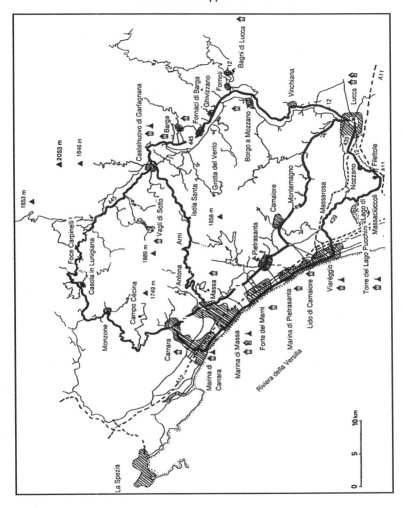

121

Information: Comune, ✆ 0585490259; APT Marina di Massa, Viale A. Vespucci 24, ✆ 0585240063, 🖷 0585869015.
Markt: Fr vormittags, Via G. Mazzini.
Lokale Küche: Cacciucco (Fischsuppe, diverse Varianten), Minestrone (dicke Gemüsesuppe), Trote arroste (grillte Forellen), Stoccafisso (Stockfisch).
Hotel: Annunziata **, Massa, Via Villafranca 4, ✆ 058541023, viel mehr und viel bessere Möglichkeiten in Marina di Massa (21 *-, 33 **-, 17 ***-Hotels), z.B. Tonarelli *, Via Pontremoli 137, ✆ 0585242542; Pineta *, Via Tornabuoni 16, ✆ 0585869897, 🖷 0585245293; Norma *, Via San Leonardo 62, ✆ 0585250012.
Jugendherberge: „Ostello Apuano", Marina di Massa, Via delle Pinete 237, Partaccia, ✆ 0585780034, 🖷 058574858, 200 B., 16.3.-30.9.
Camping: zahlreiche Plätze in Marina di Massa, u.a. Giardino ***, Marina di Massa, Via delle Pinete 382, ✆ 0585869291, 🖷 0585240781, 60 Stp., Strand 200 m, Anfang Mai bis Ende September.
Fahrradladen: Cicloservice S.N.C. Di Rubini, V. Fortino S. Francesco 6, ✆ 0585242213.

Etappe 14:
Castelnuovo di Garfagnana – Casola – Castelpóggio – Carrara (71,5 km)

Zweite Tour von Castelnuovo di Garfagnana durch die Alpi Apuane zur Küste hinunter, sozusagen die Alternative zu Etappe 13 – oder mit 13 und 17 kombiniert eine wunderschöne Rundfahrt, die man von Castelnuovo di Garfagnana, Carrara oder Massa starten kann. Etappe 14 ist länger als Etappe 13. Hinsichtlich des Schwierigkeitsgrades herrscht etwa Gleichstand – auch was landschaftliche Schönheit betrifft. Es ist ratsam, sich etwas mit Proviant einzudecken.

Sie bleiben in Castelnuovo aus Lucca kommend auf der SS 445. Es geht weiter am westlichen Ufer des Sérchio aufwärts, der wenige Kilometer hinter Castelnuovo aufgestaut ist.
Nach dem starkem Anstieg auf den ersten zwei Kilometern folgt ein Abschnitt mit weniger anstrengenden „Aufs und Abs". Dann sind jeweils stärkere Anstiege (mit anschließender Abfahrt) vor Póggio (km 8), Camporgiano (km 11; Läden, Lokale) und S. Donnino zu bewältigen, bevor sich schließlich die SS 445 in 8 km kontinuierlicher Steigung kurvenreich zum Paß Foce Carpinelli (822 m) hinaufschlängelt (die letzten 2 km jedoch fast flach). Auf der Höhe haben Sie zur Linken wie übrigens auch in verschiedenen Abschnitten des Aufstiegs und der anschließenden Abfahrt einen tollen Ausblick auf die Gipfel der Alpi Apuane.
Es folgt dann eine ganz lange Abfahrt (nach ca. 8 km Casola, malerisches Dorf, sehr kompakt), die wir schließlich nach 16 km in Gragnola (12 km vor Aulla) Richtung Carrara verlassen (Hinweis). Zunächst geht es ca. 4 km an einem Bach entlang leicht aufwärts. In dem Bergdorf Monzone folgen Sie der Beschilderung für Carrara, ziemlich am Ende muß nach rechts abgezweigt werden. Hier beginnt nun ein erster langer Anstieg, auf den schließlich eine lange Abfahrt folgt. Im Tal treffen Sie auf eine Gabelung, wo nach links abzuzweigen ist. Es wird der Bach überquert, dahinter beginnt dann eine zweite lange Stei-

gung. Nach ca. 2 km sind Sie in Marciaso, Dorf auf einer Kuppe – mit Mountain View und Bar-Trattoria. Es geht weiter aufwärts, auf den nächsten Kilometern fast immer Wald. Ca. 14 km hinter Monzone können Sie kräftig durchatmen und zur rauschenden Abfahrt nach Carrara, 9,5 km, durchstarten.

Abstecher:
A6: Zum See von **Vagli**
10,5 km nordwestlich von Castelnuovo di Garfagnana zweigt in Póggio nach links/Westen die Straße zum Stausee Lago di Vagli (1953 gegen starken Protest in der Bevölkerung erbaut) ab. Immer am Gebirgsbach aufwärts erreichen Sie nach ca. 7 km den See, an dem die Straße bis zu dem in 600 m Höhe gelegenen Bergdorf Vagli di Sotto (km 13) entlang führt. Sie können noch ein Stück dichter an die Felsriesen Monte Tambura, 1889 m, und Monte Sella, 1739 m, heranfahren, denn die Straße endet erst am Cave di Marmo.

A7: Zum Campo **Cécina/Rifugio Carrara**
Dieser recht dicht an den Grat des Gebirges heranführende Abstecher ist eine ausgesprochene Bereicherung der Tour. Man kann dies in aller Ruhe unternehmen, da in der Berghütte Rifugio Carrara übernachtet werden kann. Es lohnt sich, das Rad in der Hütte stehen zu lassen und mindestens einen Wandertag einzuschieben. Der starke Anstieg von der Abzweigung oberhalb von Castelpóggio zum Campo Cécina hinauf macht einen tiefen Griff in stille Energiereserven erforderlich. In der Berghütte können aber die Kräfte wieder bei „Wein und Brot" regeneriert werden.

Auf dem Abstecher zum Campo Cécina

Die Route nach Campo Cécina/Rifugio Carrara geht ca. 9,5 km vor Carrara von unserer Hauptroute nach links ab. Der Abzweig ist angezeigt („Campo Cécina"). Es beginnt ein ca. 10 km langer Aufstieg (gelegentlich unterbrochen von flachen Abschnitten), der Sie von 700 auf 1320 m hinaufbringt. Im letzten Streckenteil haben Sie atemberaubende Ausblicke auf Marmorsteinbrüche – viel eindrucksvoller, als wenn Sie auf Stichstraßen von unten (aus Carrara) heranfahren. Ca. 9,5 km nach der Abzweigung biegt man bei „Belvedere" nach links ab und erreicht bald darauf einen Parkplatz mit Restaurant. Wenig oberhalb, durch markierten Wanderweg erreichbar, steht die Wanderhütte Rifugio Carrara des italienischen Alpenvereins (ganzjährig geöffnet, mit Lokal). Es lohnt sich, weiter aufzusteigen und den Ausblick in die Gipfelregion zu genießen.

Carrara (70.000 Einw.)
6 km landeinwärts, unterhalb hoher Küstenberge, denen der Marmorstaub der Steinbrüche große schnee-farbene weiße Flecken verliehen hat.
Seit der Antike wird in der Umgebung von Carrara in großem Stil Marmor gebrochen. Der Marmor dieser Region gilt als besonders wertvoll und ist entsprechend weltweit sehr begehrt.
Carrara, eine Stadt mittlerer Größenordnung, wirkt im Gegensatz zum Reichtum, der aus den Bergwerken der Umgebung kommt, ziemlich bescheiden, was das Erscheinungsbild betrifft.
In der politischen Szene Italiens ist Carrara als alte Hochburg der Anarchisten bekannt. Das hatte zur Folge, daß hier der Widerstand gegen Faschismus und deutsche Besatzung besonders stark – und opferreich – war. Die Anarchisten hatten immer auch viele Anhänger unter den Bergleuten, deren Arbeit bis auf den heutigen Tag, trotz erheblicher technischer Fortschritte, schwer und unfallträchtig ist – und die auch nie angemessen entlohnt wurde.

Die 6 km zwischen Carrara und dem Meer sind längst zugebaut. An der Küste befindet sich zum einen der Hafen, über den umfangreiche Marmorexporte laufen, und andererseits der Freizeitort Marina di Carrara mit zahlreichen Hotels und Lokalen.

Information: Pro Loco in Carrara, Viale Potrignano 13; Information in Marina di Carrara, Viale G. Galilei 133, ℂ 0585632218.
Markt: Mo vormittags, Centro.
Lokale Küche: Cacciucco (Fischsuppe, verschiedene Zubereitungsarten), Pollo diavolo (scharf gewürzte Brathähnchen), Patona (Fladen aus Kastanienmehl, Brotersatz als Beilage), Torta d'erbe (Gemüsetorte aus Quark, Eiern, Borretsch und Mangold).
Hotel: Da Maurin, Via Fiorino 2, ℂ 0585859385, viel größere Möglichkeiten in Marina di Carrara (4 x 1-*, 6 x 2-**, 3 x 3-***, 1 x 4-**** Hotels).
Camping: Carrara ***, Via C. Fabbricotti, Marina di Carrara, ℂ 0585785260, 210 Stp.
Fahrradladen: Bici Sport, V. Carriona 340, ℂ 0585840360.

Ausflug:
A8: In die Marmorsteinbrüche von **Fantiscritti**
Die populären Exkursionen führen in der Regel nach Colonata oder Fantiscritti,

Marmorsteinbrüche, die nur wenige Kilometer von Carrara entfernt sind.
Start: An der Westseite des Krankenhauses (Opedale) oberhalb der Stadt. Dann die Via del Cavatore abwärts, nach 500 m auf Gabelung geradeaus (Schild für Miseglia/Fantiscritti). Nun beginnt ein ca. 4,5 km langer Aufstieg, der erst vor den Marmorsteinbrüchen von Fantiscritti endet. Etwa auf halber Strecke kommen Sie durch das Dorf Miseglia. Dann fahren Sie oberhalb einer tiefen Schlucht und können auf dem Plateau gegenüber das schön gelegene Dorf Bedizzano bewundern. Bald darauf kommen Sie über die Brücke Pt. di Vara, an der sich ein Lokal befindet. Von hier ist es noch gut 1 km. Sie erreichen den Bereich der Marmorsteinbrüche bei einer Bar und einem Souvenirladen. Der Rückweg erfolgt bis 500 m vor dem Krankenhaus auf derselben Route. Dort müssen Sie auf der Gabel einen anderen Weg nehmen, der direkt in das Altstadtzentrum führt.

Etappe 15:
Lucca – Filettole (11 km)

Gemeinsamer erster Teil der Touren von Lucca an die Küste nach Viaréggio (Nordwesten) bzw. nach Pisa/Livorno (Südwesten). Fahrt durch idyllische ländlich-agrarische Szene. Durchweg flach, leicht zu fahren.

Sie verlassen die Altstadt von Lucca im Westen durch die Porta V. Emanuele und halten sich an der nächsten Gabelung nach rechts, um per Via Catalana (Richtung Nordwest) auf die SS 439 zu gelangen, die Richtung Viaréggio stadtauswärts führt. Schnurgerade läuft letztere durch die heruntergekommene Neustadt auf den Sérchio zu, den Sie auf der Ponte San Pietro überqueren. Direkt hinter der Brücke (km 4,5) ist nach links abzubiegen und dem Hinweis Nozzano zu folgen. Sie fahren nun ein Stück am Fluß entlang (zur Linken), der von einem Schutzwall umgeben ist. Man kommt bald zum Castel Nozzano (auf einem Hügel), das nach rechts halb umrundet wird. Auf der Gabelung an der Piazza des unterhalb des Burgbergs gelegenen Dorfs Nozzano wenden Sie sich nach links Richtung Pisa. Dann überfahren Sie eine zweite Gabel geradeaus und wenden sich schließlich bei der folgenden nach rechts. Es geht in kurzen Abständen unter Bahnlinie, Autobahn und wieder Autobahn hindurch, bis schließlich der Ort **Filettole** erreicht wird.

Versilia, Alpi Apuane
Der knapp 30 km lange Küstenabschnitt von Viaréggio bis Hafen Carrara, die Versilia, ist flach und von einem endlosen Sandstrand bedeckt. Dahinter erstreckt sich ein Streifen Flachland, aus dem nach Osten Gebirge aufsteigt: zuerst üppig bewachsenes Vorgebirge, dann bizzarre steil aufragende Felswände, das sind die Alpi Apuane, ein Gebirgszug, der ca. 50 km lang und maximal 30 km breit ist und bis 1945 m aufragt.
Früher war die Küstenebene versumpft und gefürchtet als Brutstätte von

Malaria. Seit gut 100 Jahren ist jedoch diese Gefahr beseitigt. Heute ist die Küste von zahllosen Badeeinrichtungen in Beschlag genommen. Durch die mittlerweile dicht besiedelte Ebene führen mehrere stark befahrene Straßen. Dagegen ist das Vorgebirge seit altersher besiedelt. Die malerischen Dörfer und Kleinstädte bieten sich dank guter verkehrsmäßiger Anbindung als Ziele für Kurztouren aus den Standorten an der Küste an.

Etappe 16:
Filettole – Viaréggio – Carrara (54,5 km)

Fortsetzung der Route von Lucca nach Viaréggio/Carrara. Zuerst: ländlich-gemächlich. Dann der Lago di Massaciuccoli, eine einstige Lagune als See. Zweiter und weitaus größter Teil der Etappe (27 km): Versiliaküste mit der faszinierenden Gebirgskulisse der Alpi Apuane im Hintergrund. Heute eine endlose Strand-Urlaubs-Landschaft mit Viaréggio (Südosten) und Marina di Carrara (Nordwesten) als Eckpfeiler. Im ersten Teil eine mäßige Steigung (Massaciuccoli); ab Viaréggio vollständig flach. Schwierigkeitsgrad: leicht. Entlang der Küste in der Saison starker Verkehr.

Sie fahren aus Lucca kommend am Ostrand von Filettole vorbei und gelangen ca. 1,2 km nach der Unterquerung der Autobahn an eine Abzweigung (vor Brücke über die A11), wo Sie sich nach rechts wenden (nach links geht es Richtung Pisa). Die Route verläuft danach ca. 1 km parallel zur Autobahn. An der nächsten Gabelung biegen Sie nach rechts ab. Es geht nun stets geradeaus bis Massaciuccoli, einem großen Dorf (Anstieg in das Zentrum), wo Sie sich Richtung Viaréggio halten. Sie befinden sich jetzt in der Nähe des Lago di Massaciuccoli, einer ehemaligen Lagune, die unter Naturschutz steht. Ca. 3 km nördlich von Massaciuccoli mündet unser Sträßchen im Bereich des großen Dorfs Chiesa (zwischen Hang und Ebene, riesige Autobahnbrücke und Steinbruch über dem Ort) in die SS 439, in die nach links (Richtung Viaréggio) eingebogen wird. Die Route führt nun durch dicht besiedeltes Gebiet. Nach ca. 3 km geht es durch die Kleinstadt Massarosa. Ca. 4,5 km hinter diesem Ort zweigen Sie nach links von der SS 439 ab. Immer geradeaus erreichen Sie nach weiteren 4 km Fahrt am Südostrand von Viaréggio einen Kreisel, der geradeaus überquert wird (Hinweis Centro). Sie folgen danach, sobald die Bahnlinie überquert ist (Bahnhof ca. 500 m nördlich), immer dem Hinweis Mare durch den Südteil der Stadt und gelangen schließlich ans Meer (Promenade).

Viaréggio (60.000 Einw.)
Moderne, sehr regelmäßig angelegte Stadt, eines der ersten Seebäder Italiens, ehemals sehr renommiert, heute Massenbetrieb.
Die Stadt ist sehr jung, sie ist erst im 19. Jh. entstanden, als die Malaria in der versumpften Küstenregion erfolgreich beseitigt wurde. In dieser Zeit erschienen auch die ersten sommerlichen Badegäste.

Neben dem auf die wenigen warmen Monate begrenzten Tourismus spielen heute in der Ökonomie Viaréggios der Hafen und der Bau von Jachten/Booten sowie die Fischerei eine Rolle.
Ansonsten ist der Ort weithin als Hochburg des Karnevals bekannt. Im Zentrum der Umzüge stehen hier bissige Bemerkungen zur Politik.

Information: APT, Viale Carducci 10, ✆ 0584962233, 🖷 058447336; erhältlich u.a. ein detaillierter Stadtplan sowie das Unterkunftsverzeichnis für die Versilia (Camaiore, Forte dei Marmi, Massarosa, Pietrasanta, Seravezza, Stazzema, Viaréggio), ferner ein Büro im Bahnhof, geöffnet Mo-Sa 9-13, 16-18, So 10-13.
Markt: Mo-Sa ganztags, Piazza San Maria.
Unterkunft: Die Zahl der Hotels ist sehr groß, darunter auch 50 der Kategorie 1*, bei letzteren handelt es sich häufig um ehemalige Villen in Familienregie (Typ Pension).
Hotel/Pension: Villa Morena *, Via C. Duilio 16, ✆ 058451014; Vittoria *, Via Paolina 240, ✆ u. 🖷 058448526; Villa Ila *, Via C. Cattaneo 1, ✆ 0584960859.
Camping: Viaréggio *, Via Comparini 1, ca. 3,5 km südöstlich von Viaréggio, ca. 1,5 km nordwestlich von Torre del Lago Puccini, ✆ 0584391012, 🖷 0584395462, 220 Stp., Restaurant, 1.4.-30.9.; La Pineta *, Via dei Lecci, ca. 3 km südöstlich von Viaréggio, ca. 2 km nordwestlich von Torre del Lago Puccini, ✆ u. 🖷 0584383397, 220 Stp., Restaurant, 1.5.-20.9.; Europa *, Viale dei Tigli, 1 km westlich vom Zentrum von Torre del Lago Puccini, ✆ 0584350707, 🖷 0584342592, 250 Stp., Restaurant, 4.4.-2.10.; Italia *, Viale dei Tigli, 2 km westlich vom Zentrum von Torre del Lago Puccini, ✆ 0584359828, 🖷 0584341504, 220 Stp., Restaurant, 9.4.-13.9.; Dei Tigli *, Viale dei Tigli, 1 km westlich vom Zentrum von Torre del Lago Puccini, ✆ u. 🖷 0584341278, 250 Stp., Restaurant, 1.4.-30.9.; Burlamacco *, Viale Marconi 142, 800 m westlich vom Zentrum von Torre del Lago Puccini, ✆ 0584359544, 🖷 0584359387, 220 Stp., Restaurant, Freibad, 1.4.-30.9.
Fahrradladen: Cicli Tarducci, V. Machiavelli 39, ✆ 0584945180.

Vom Zentrum Viaréggios kommend biegt man an der Promenade nach rechts ein. Sie fahren nun 27 km auf breiter Straße am Meer entlang, wobei fast überall zum Meer hin Lokale und Badeeinrichtungen den Blick auf Strand und Wasser verstellen. Es bestehen auf Höhe von Viaréggio (km 20,5), Lido di Camaiore (km 25,5), Marina di Pietrasanta (km 30,5), Forte dei Marmi (km 34), Marina di Massa (km 40,5) und Marina di Carrara (km 47) besonders starke touristische Ballungen (Hotels, Restaurants, Läden), wobei die zugehörigen Urlaubsorte zumeist etwas abgesetzt liegen.

Forte dei Marmi
Das gemütlichste Badestädtchen zwischen Viaréggio und dem Hafen von Carrara. Im Zentrum ein altes Fort. Daneben die Piazza, Lokale, Läden, eine ausgezeichnete Buchhandlung mit einem unerwartet guten Sortiment an Reiseliteratur für die Region. Ein langer Steg führt ins Meer hinaus, zu beiden Seiten Sandstrand. Vom Meer eindrucksvoller Blick auf die Bergkette der Alpi Apuane. Die Versilia wäre sehr schön, wenn sie nicht so stark zersiedelt wäre.
Von Forte dei Marmi wie den Nachbarorten sind zahlreiche wunderschöne Gebirgstouren möglich. Sie können die 13 kommentierten Autotouren der

Broschüre des Fremdenverkehrsamtes „versilia alpi apuane, ausfluege-autotouren-wandertips" nachfahren, die auch eine Reliefkarte enthält.

Information: APT, Via Franceschi 8/b, ℂ 058480091, 🗎 058483214.
Markt: Forte dei Marmi, Mo-Sa vormittags, So vormittags 1.6.-15.9., Via V. Veneto.
Unterkunft: sehr viele Hotels, darunter auch 23 x 2** und 8 x 1*, z.B. La Vela *, Via Mazzini 234, ℂ 0584881618; Sandra *, Via G. Pascoli 3, ℂ 0584787489.

Die Küstenstraße kann auf Grund ihrer großen Breite auch in der Zeit stärksten Urlauberandranges noch „beradelt" werden, wenngleich es dann wirklich keinen Spaß macht.
Sie biegen vor dem Hafen von Carrara nach rechts in die breite Via XX. Settembre ein, die schnurstracks in das 7 km von der Küste entfernte Zentrum von **Carrara** hinaufführt.

Etappe 17:
Carrara – Massa (8,5 km)

Verbindungsstück zwischen Carrara und Massa, ein Knotenpunkt, von dem Touren nach Castelnuovo di Garfagnana und Lucca starten. Nicht gerade gemütlich: 3 km lange Steigung, starker Verkehr.

Vom Zentrum (Municipio) radeln Sie in südöstlicher Richtung per Via Cavour, Piazza XXVII Aprile, Via San Francesco Richtung Massa die Stadt hinaus. Es geht zunächst einmal gut 3 km kräftig bergauf (von 100 auf 225 m). Anschließend können Sie andererseits bis **Massa** abfahren. Die Stadt wird im Nordwesten erreicht – und in Richtung Südosten durchquert, sofern Ihr nächstes Ziel Lucca heißt und per Etappe 18 angesteuert werden soll.

Etappe 18:
Massa – Camaiore – Lucca (45 km)

Durch Mittelgebirge im Hinterland der Versiliaküste nach Lucca. Im mittleren Abschnitt eine lange Steigung, Rest leicht. Ärgerlich der starke Verkehr auf den ersten 11 km. Landschaft: mittelprächtig.

Aus Carrara kommend landen Sie im Zentrum von Massa, von wo Sie auf der SS 1, einer sehr stark befahrenen Straße, Richtung Pietrasanta/Viaréggio aus der Stadt hinausfahren. Via Montignoso und Pietrasanta wird nach ca. 16,5 km ein Kreuz erreicht, wo man nach links Richtung Camaiore abzweigt.

Es wäre möglich, zumindest 11 km auf ruhigeren Nebenstraßen zurückzulegen (allerdings durch Steigungen vergällt). In diesem Fall müßten Sie ca. 2 km nach

Massa-Zentrum, d.h. in Montignoso, nach Capanne abbiegen. Die Route führt über Capanne, Strettoia und Ripa. Von Ripa könnte noch ein Exkurs ins 4 km nordwestlich gelegene Berg-Städtchen Seravezza unternommen werden.
Sie zweigen vor dem Ortseingang von Camaiore nach rechts für Lucca ab. Es folgt ein langer Anstieg nach Montemagno, ein recht schönes Dorf, wo sich Gelegenheit zur Rast bietet. Anschließend rollen Sie in das Tal der Freddana hinunter. Die recht schwach befahrene Straße folgt dem Flüßchen nun bis zu dessen Mündung in den Sérchio – eine Strecke von ca. 10 km, leicht fallend, die durch eine Reihe von Dörfern führt. Danach überqueren Sie den Fluß und biegen nach rechts in die SS 12 ein, die nach **Lucca** hineinführt (s. Stadtskizze).

Etappe 19:
Filettole – Pontasserchio – S. Giuliano Terme – Pisa (16,5 km)

Zweiter Teil der Tour Lucca-Pisa. Viel ländliche Idylle. Charme der Provinz im Dorfbad San Giuliano Terme. Profil: flach, angenehm leicht. Erster Teil wenig Verkehr, zweiter Teil recht stark befahrene Hauptstraße.

Am Südrand von Filettole halten Sie sich aus Richtung Lucca kommend nach links und überqueren die Autobahn. Es geht dann in südlicher Richtung weiter. Ca. 4,5 km hinter Filettole geht es über den Sérchio und anschließend durch den Ort Pontasserchio. Man hält sich hier Richtung San Giuliano Terme, das nach knapp 5 km Fahrt durch weite Ebene – im Osten das Panorama der Pisaner Berge – erreicht wird. Die Route streift den gemütlichen kleinen Kurort nur. An dessen Südostrand wird in die relativ stark befahrene SS 12 eingebogen, die Sie direkt in das 7,5 km entfernte Pisa bringt – ein ansonsten leicht zu radelnder, vollständig ebener Abschnitt. Wenn Sie immer dem Hinweis Centro folgen, landen Sie schließlich an der Ponte della Fortezza. Auf dem linken Arnoufer abwärts fahrend wird nach 500 m die belebte Ponte di Mezzo erreicht, die sich in einem zentralen Bereich der alten Stadt befindet.

Alternative
Sie können die Strecke ein Stück abkürzen, wenn Sie kurz hinter Pontasserchio (im Bereich von Pappiana) nach rechts abzweigen und auf der Via Lenin schnurstracks auf Pisa zuradeln. Man kommt auf der Viale XXIV maggio in die Stadt hinein und landet schließlich an der Querstraße Via Ugo Rindi (gegenüber ist das Stadion), in die Sie nach rechts einbiegen. Es ist nicht mehr weit zum Dombezirk – nach ca. 150 m nach links in die Via Piave, die in die Via Contessa Matilde mündet, direkt gegenüber vom Dom.

Pisa (5 m, 95.000 Einw.)
Am Arno-Fluß gelegen, in der Antike noch Hafenstadt, heute aber durch Verlandung 10 km vom Meer entfernt, kleine Großstadt, ausgesprochen provinziell, jedoch durchaus liebenswert und interessant. Im Städtetourismus ist diese

alte Stadt ein gefragtes Ziel, denn hier befindet sich mit dem weltberühmten „Schiefen Turm von Pisa" eine der bekanntesten Touristenattraktionen Italiens. Im allgemeinen sind die Touristenaufenthalte freilich sehr kurz und extrem punktuell (Schiefer Turm, Dom), nur wenige Besucher bleiben mehrere Tage und unternehmen ausgiebigere Streifzüge.

Stadtgeschichte
Pisa wurde vermutlich im 5. Jh. v. Chr. von griechischen Händlern oder etruskischen Eroberern gegründet. Der Name ist etruskischen Ursprungs, heißt Mündung – die Stadt lag damals noch am Meer.
Unter den Römern wurde hier der Portus Pisanus angelegt, der sich zum bedeutendsten Hafen an der Westküste Italiens entwickelte. Der Hafen behielt eine gewisse Bedeutung in der Zeit unter den Langobarden und Karolingern. Im 11. Jahrhundert entwickelte sich Pisa zu einer mächtigen Seemacht, die auf eigene Rechnung Kämpfe gegen die Sarazenen führte und im westlichen Mittelmeer zahlreiche Stützpunkte anlegte. 1005 wurde Reggio di Calabria, 1017 Sardinien, 1035 Karthago, 1051 Korsika, 1063 Palermo, 1088 Tunis und 1144 die Balearen erobert. Aktive Teilnahme an den Kreuzzügen und ihren Plünderungen brachten zusätzliche Reichtümer in die Stadt.
Die Stadt Pisa stand im Machtkampf zwischen dem deutschen Kaiser und dem Papst auf der Seite des Kaisers. Dies war lange Zeit den Handelsinteressen der Pisaner förderlich. Andererseits leitete aber auch die Niederlage der Staufer im Jahr 1266 den Abstieg Pisas ein. Es bestand zu jener Zeit eine erbitterte Rivalität zwischen Genua und Pisa. 1284 kam es zur entscheidenden Auseinandersetzung in der Seeschlacht von Meloria, in der die gesamte Pisaner Flotte vernichtet wurde. Die Niederlage schwächte nicht nur die Seemacht, sondern rief auch schwere innere Auseinandersetzungen hervor. Die politischen Verhältnisse wurden sehr instabil, es wechselten Phasen republikanisch-demokratischer Regierung mit Familiendiktaturen (1293, 1314/15, 1316-41, ab 1392).
Nach der Ermordung des Autokraten Pietro Gambacortas (1392) gaben in Pisa fremde Mächte den Ton an. 1399 wurde die wohlhabende Hafenstadt von dem Sohn des Mörders an den Herzog von Mailand verkauft. Dessen Erben verhökerten das lukrative Objekt schließlich an Florenz, einen langjährigen Erzfeind der Pisaner. 1404 zog ein Florentiner Statthalter in die Hafenstadt ein. Pisa wurde von den neuen Herren als Kolonie behandelt, in die nicht allzu viel investiert wurde. Zu den wenigen Neuerungen zählten die Wiedergründung der Universität (1543), deren berühmtester Lehrer Galileo Galilei (1564-1642) werden sollte, die Begradigung des Arno (1545-47) und die Anlage eines Kanals, der die Stadt mit dem mittlerweile weit entfernten Meer verband (1587-1609).

Stadtgeografie
Pisa erstreckt sich zu beiden Seiten des Arno-Flusses. An beiden Ufern ziehen sich lange Häuserfronten mit Palästen aus dem 14.-17. Jh. entlang. Über den Fluß führen im Stadtbereich acht Brücken. Das Zentrum der Stadt bildet

die Brücke di Mezzo, über die die belebte ökonomische Schlagader Corso Italia – Ponte di Mezzo – BGO Stretio, führt, die vom Südrand an den Nordrand der Altstadt reicht. Im Nordwesten der Altstadt befinden sich die hochkarätigen Touristenattraktionen der Stadt: der weltbekannte Schiefe Turm und der eindrucksvolle Dom.

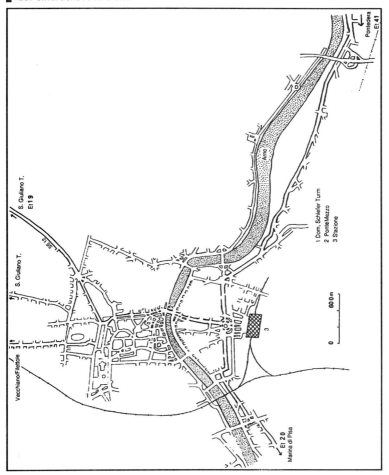

Historische Bauten
Der Dombezirk/Campo dei Miracoli:

Dom: Der Dom ist ein monumentales Bauwerk, das von Macht und Reichtum der mittelalterlichen Stadt zeugt. Er wurde unter Baumeister Buscheto 1063 mit den Raubschätzen des eroberten Palermo (Sieg der Pisaner über die Sarazenen) begonnen und ca. ein Jahrhundert später vollendet – unvollendet aber bereits 1118 geweiht. Unter Bruschetos Nachfolger Rainaldo wurde der Dom zu Beginn des 12. Jh. verlängert und mit einer an antike Tempel erinnernden Fassade versehen.
Er wies für die damalige Zeit völlig neue und originelle Formen auf; die Baumeister holten sich außer von christlichen Basiliken – die für die Weite und Längenausdehnung stehen – auch Anregungen von byzantinischen Kirchen und islamischen Moscheen.
Hervorzuheben im Innern ist die von Giovanni Pisano mit Reliefs reich und kunstvoll gestaltete Kanzel mit Themen aus dem Neuen Testament.
Erwähnenswert ist auch das mit Bronzereliefs verzierte Portal (Porta San Ranieri), das um 1180 von Bonanus geschaffen wurde, der frühere Haupteingang der Kirche.

Schiefer Turm: Gut 100 Jahre nach Baubeginn des Doms begann man, freistehend, wie in Italien üblich, den Glockenturm zu errichten. Bald nach Baubeginn jedoch begann der auf jungem Schwemmland entstehende Turm sich zu neigen, so daß Baumeister Bonanus nur bis zum dritten Geschoß gelangte. Erst 100 Jahre später wurde die Arbeit wieder aufgenommen. Durch eine deutliche Krümmung in die Gegenrichtung wurde versucht, die Neigung aufzuhalten. Das Schwemmland gab weiter nach, aber allem Hohngelächter umliegender Städte zum Trotz wurde weitergebaut und mit Glockenstube in der 2. Hälfte des 14. Jh. vollendet.
Inzwischen hat der Turm einen Überhang von 4,54 m erreicht, Wissenschaftler haben einen maximal möglichen Überhang von 4,74 m errechnet – Einsturz also voraussehbar/berechenbar.
Als sich 1991 die bis dahin etwa 1 mm pro Jahr betragende Neigung verstärkte, wurde der Turm für Besucher geschlossen. Es begannen umfangreiche Untersuchungen und Überlegungen, wie die Neigung gestoppt und der Turm stabilisiert werden könnte. Durch das Anhängen von 600 t Bleigewichten konnte der Neigungsgrad 1994 auf den von 1979 reduziert werden. Mit im Boden verankerten Stahlseilen soll das Fundament fixiert werden.
1998 war der Turm immer noch von einer Baustelle umgeben und für Besucher gesperrt. Der Besucherstrom wird bei Wiedereröffnung allerdings sehr stark reduziert und auch reguliert werden – die (Zwerch) Galerien sollen nicht mehr begehbar sein, nur noch die oberste Plattform.
Architektonisch befindet sich der Turm im Einklang mit dem Dom wie auch mit den weiteren Monumenten auf diesem ausgedehnten Platz: Baptisterium (Taufkapelle) und Camposanto (Friedhof). Dies geschieht zum einen durch das Baumaterial – weiße Marmorblöcke aus Carrara – und zum anderen

durch das romanische Dekorationssystem aus Blendbögen, die auf Halbsäulen oder Lisenen (gemauerte vertikale Zierstreifen zur Gliederung einer Wand) ruhen und sich wie ein Kranz um die Gebäude reihen.
Weiterhin gemeinsam sind dem Turm, dem Baptisterium sowie der Fassade und Apsis des Doms die Zwerchgalerien (Loggien) in den oberen Geschossen. Das Fassadenschema der Zwerchgalerien wurde zu einem typischen Merkmal pisanischer und lucchesischer Romanik, das in vereinfachter Form auch in vielen Landkirchen der Region zu finden ist.
Eintritt: Es gibt keine Einzeltickets für die Sehenswürdigkeiten auf dem Domplatz. Für 15.000 Lit. können 4, für 10.000 Lit. 2 Monumente besichtigt werden. Zur Auswahl stehen: Dom, Baptisterium, Camposanto, Museo dell'Opera del Duomo, Museo delle Sinopie.

Information: Piazza del Duomo (am Dom), ✆ 050560464; Piazza della Stazione (Bahnhofsplatz), ✆ 05042291.
Bahnhof: Information, ✆ 05028117
Markt: Mo-Sa ganztags, Piazza Vettovaglie, Mo-Sa ganztags, Piazza Duomo, Mi, Sa vormittags, Piazza Guerazzi.
Lokale Küche: Pallette (Maismehlklößchen), Torta di ceci (Kichererbsentorte), Zuppa di fagioli (Bohnensuppe), Zuppa di Ranocchie (Froschsuppe).
Hotel: Helvetia *, Via G. Boschi 31, ✆ 050553084; Serena *, Via Cavalca 45, ✆ u. 🖷 050580809; Galileo *, Via S. Maria 12, ✆ u. 🖷 05040621; Di Stefano **, Via S. Apollonia 35, ✆ 050553559, 🖷 050556038; Cecile **, Via Roma 54, ✆ 05029328, 🖷 05029515.
Jugendherberge: Ostello per la Gioventù, Via Pietrasantina 15, nordwestlich vom Dom, ✆ 050890622.
Camping: Torre Pendente *, Viale delle Cascine 86, 1,3 km westlich vom Dom, ✆ 050560665, 🖷 050561734, 250 Stp., Restaurant, 1.4.-15.10., siehe ferner Marina di Pisa.
Fahrradladen: Benedetti, V. Fiorentina 91, ✆ 050984298.

Etappe 20:
Pisa – Marina di Pisa – Livorno (28 km)

Auf dem Küstenweg von Pisa nach Livorno. Zunächst Flußlandschaft, dann in Nähe zum Meer, das man aber nur im Bereich von Marina di Pisa und Livorno zu sehen bekommt. Drei Küstenstädtchen, zwei (Tirrenia, Calambrone) davon dem Tourismus verschrieben, en route. Am Ende riesiges Hafen-Industrie-Gemenge, bevor Sie in Urbanität eintauchen können. Charakter der Strecke: stets flach, leicht – wenn nicht der Wind von vorn kommt. Auf dem Weg entlang der Küste zur Genüge Möglichkeiten zum Einlegen von Bade- und Kaffeepausen.

Von Pisa führt die SS 224 in westlicher Richtung stets am Südufer des Arno entlang zum Meer (Hinweise: Mare, Marina di Pisa), wo sich südlich der Flußmündung das Städtchen Marina di Pisa erstreckt. Den letzten Arnoabschnitt halten zahlreiche stolze Jachten besetzt.

Marina di Pisa

Kleiner, bescheiden wirkender Küstenort, ein paar Hotels, ein paar Lokale, die die Einheimischen wegen ihrer Fischgerichte schätzen. Im Ortsbereich zieht sich ein Steinwall als Schutzmauer (Wellenbrecher) am Meer entlang; die Badestrände (feiner Sand) beginnen erst ein Stück südlich von Marina di Pisa.

Hotel: Milena **, Via Padre Agostino 15, ✆ 05036863, 🖹 05034139.
Camping: Internazionale *, Via Litoranea 7, direkt am Meer, ✆ 05036553, 🖹 05037288, Strand.
Fahrradladen: Novelli, V. Gualduccio 7, ✆ 05035710.

Die SS 224 wendet sich im Bereich der Flußmündung nach Süden (links). Sie durchquert Marina di Pisa (km 11) und führt dann am Meer entlang zum 10 km entfernten Nordrand von Livorno. Dieser Bereich der tyrrhenischen Küste besitzt ausgedehnte Badestrände. Die Gäste kommen fast ausschließlich aus dem Inland, dementsprechend können Sie außer im Juli/August an Werktagen einsamen Strand und himmlische Ruhe genießen. Die Strände sind durchweg durch Restaurants und andere Bauwerke oder Pinien verdeckt, ab und an kommt man an Zugängen (Asphaltsträßchen Richtung Meer) vorbei.

Auf der Strecke von Marina di Pisa nach Livorno kommen Sie durch Tirrenia (km 16, viel Tourismus, Camping St. Michael) und Calambrone (km 20). Die Einfahrt führt mehrere Kilometer am riesigen Hafen (plus Raffinerie) entlang (Orientierung Centro).

Livorno, Fischerhafen

Livorno (175.000 Einw.)
Zweitgrößte Stadt der Toskana, großer Hafen, einige Industrie, chaotisches Gemisch aus exfaschistischen Monumentalbauten, sozialem Wohnungsbau, angekratzten Palazzi, protzigen Beton-Banken, Experimentalkirchen etc., von den Gourmets des Urlaubsvoyeurismus und Reisebetriebs fast ausnahmslos als „Betonwüste ohne Sehenswertes" stigmatisiert. Das kann man vielleicht auch ein wenig gnädiger sehen – Stichworte: großzügig angelegtes Zentrum, viele interessante Läden, durchwachsene Kneipen, lange Promenade... Auf jeden Fall sind Sie hier „ästhetisch gesehen" weit weg von Chianti-Idyllen und mittelalterlich-toskanischer Stadtwelt à la Lucca oder Siena.

Stadtgeschichte
Livorno wird für 904 erstmals erwähnt, es soll damals aus einem kleinen Kastell bestanden haben, das zum Schutz des Hafens von Pisa angelegt war. Daraus entwickelte sich bis Ende des 14. Jh. ein eigenständiges, durch Mauern geschütztes Hafenstädtchen. 1421 wurde Livorno von Genua für eine beträchtliche Summe an Florenz verkauft. Unter den Medici wurde 1571-1618 der Hafen neu angelegt und erheblich erweitert (dreiteiliges Hafenbecken, große vorgelagerte Molen) und die Kleinstadt in eine große absolutistische Festungsstadt verwandelt (neuer Grundriß, fünfeckig, rechtwinklig sich schneidende Straßen), in der das Militärische den Vorrang hat. In der von Stadtgraben, mächtigen Mauern und Bastionen umgebenen Stadt ist der größere Teil der Stadtfläche dem Militär reserviert, auch hatte die Stadt zunächst über lange Zeit mehr Soldaten als Zivilbevölkerung. Der Hauptplatz, auf dem die absolutische Architektur zentralistisch alle Hauptstraßen zusammenlaufen ließ, hieß sinnigerweise Waffenplatz (heute Piazza Grande und Piazza Municipio) und fungierte als Paradeplatz.
Um diesen in „Sumpf und Malaria" hineingesetzten Flecken zur bedeutenden Seehandelsstadt zu machen, öffnete der Herzog der Toskana 1592 die Stadt für Einwanderer aus aller Herren Ländern und machte ihnen die Sache durch zahlreiche Anreize schmackhaft: Freihafen, Gewerbefreiheit für Kaufleute, Steuerbefreiung auf 25 Jahre, Religionsfreiheit u.v.a.m. Auf dieser Basis bekam das rasch expandierende Livorno bald ein starkes bunt gemischtes internationales Segment (Armenier, Engländer, Griechen, Holländer etc.).
Das 17. und 18. Jh. brachten nicht nur ökonomisch ein erhebliches Wachstum, auch die Einwohnerzahl der Stadt nahm ständig zu, am Ende des 18. Jh. war Livorno die zweitgrößte Stadt der Toskana. Im Zug dieser Entwicklung wurde die Stadt weitläufig erweitert, wie im 16. Jh. wurde großkotzig-gigantisch (Roland Günter: „kultivierter Gigantismus") gebaut.
1945 gingen nach schweren Bombardements große Teile der Stadt in „Schutt und Asche" über. Beim Wiederaufbau blieb man Livorneser Tradition treu und baute wieder ins Monumentale, jetzt im Stil des modernen Hochbaus.

Livorno war nicht nur ein Ort, in dem wohlhabende Kaufleute und Handwerker ihre repräsentativen Domizile hatten. Hier entstanden auch relativ früh auf Grund der Erfordernisse des Hafens ausgedehnte Arbeiterviertel.

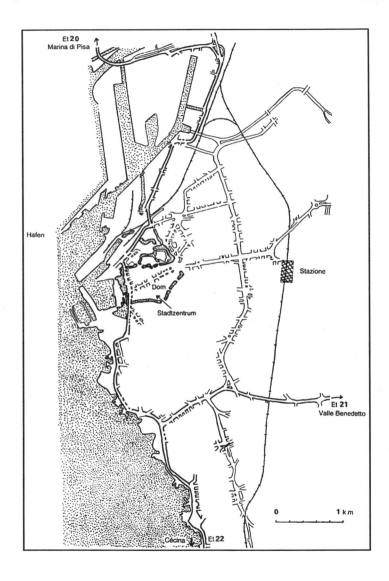

Kartenskizze Etappen 19 – 22

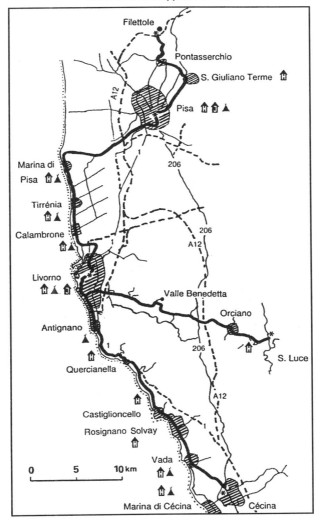

Gewerkschaften, Sozialdemokraten und Anarchisten faßten früh Fuß und wurden bald zu einer gewichtigen Kraft in der Stadtpolitik. In dieses Bild paßt, daß Livorno der Geburtsort der Kommunistischen Partei Italiens, der PCI, ist: Am 21.1.1921 scherte eine unzufriedene Gruppe auf dem 17. Parteitag der Sozialisten im Teatro Goldoni aus und gründete im Teatro San Marco die PCI.

Stadtgeografie
Der Kern der Stadt ist von einem Kanal umschlossen, das hat Livorno den Namen „Amsterdam der Toskana" eingebracht. Im Zentrum der Innenstadt befindet sich die geräumige Piazza Grande, die mehr erdrückend als einladend wirkt. An ihr stehen zwei der wichtigsten Bauwerke der Stadt: das Rathaus und der Dom. Durch die Piazza führt die Via Grande, die Hauptgeschäftsstraße Livornos mit ihren hohen Arkadengängen (erbaut in den 50er und 60er Jahren). Die vielen eleganten Läden machen deutlich, daß es in der Stadt ein reiches Bürgertum gibt.
Westlich und nordwestlich vom Zentrum erstreckt sich der riesige Hafen, der zu den größten des gesamten Mittelmeerraumes zählt. In diesem Bereich ist auch reichlich Industrie angesiedelt.
Südlich vom Zentrum und Hafen beginnt nach der Piazza Mazzini die Viale Italia, eine kilometerlange Uferpromenade mit zahlreichen Villen, Palästen, Gärten und Lokalen. An ihrem Südende liegt der noble Vorort Antignano, das bevorzugte Wohngebiet der städtischen Oberschicht.

Historische Bauten
Trotz der Kriegsschäden existieren noch einige „altehrwürdige" Bauwerke. Dazu zählt z.B. die Fortezza Vecchia am Hafen, die alte Festung, deren zentraler Turm Mastio di Matilde auf das 11. Jh. zurückgeht (Pisaner Anlagen), während seine letzten Erweiterungen erst 1530-31 angefügt wurden. Zu den altgedienten Bauwerken Livornos zählt ferner die Fortezza Nuova von 1590 am Nordwestrand der Kernstadt, über Jahrhunderte das Hauptbollwerk der Stadt.
Nur sehr bedingt kann dagegen der nach alten Plänen wieder aufgebaute Dom, an der Piazza Grande, zu den Sehenswürdigkeiten gerechnet werden, da der Fassade nicht mehr das einstige Flair zu eigen ist.
Aquarium: an der Viale Italia, moderner Bau; zu sehen: die Fische des tyrrhenischen Meeres, März-Sept Di-So 10-12, 15-18 Uhr;
Museum: Museo d'Arte Contemporanea: zeitgenössische Kunst, tgl. 10-12, 17-20 Uhr; Museo Civico, im Park der Villa Fabricotti: italienische Meister 15.-18. Jh., tgl. 10-13, 17-20 Uhr.

Information: APT-Hauptbüro Piazza Cavour 6, ✆ 0586898111; weitere Büros am Fährhafen, ✆ 0586210331, und Porto Mediceo, ✆ 0586895350.
Bahnhof: Information, ✆ 0586400456.
Markt: Mo-Fr vormittags, Sa ganztags, Piazza Cavalotti; Mo-Fr vormittags, Sa ganztags, Piazza Garibaldi.
Lokale Küche: Arselle (Muscheln), Battufoli (Rinderschmorbraten mit Polentaklö-

ßen), Bordationo (mit geröstetem Bauchspeck angemachte Polenta, gewürzt), Cacciucco (Fischsuppe), Stoccafisso (Stockfisch), Stufatino di vitellone con olive (Rinderschmorbaten mit Oliven).
Hotel: Stazione *, Viale Carducci 301, nahe Bahnhof, ✆ 0586402307; L'Amico Fritz *, Viale Carducci 180, ✆ 0586401297; 🖷 0586401149.
Camping: Miramare, Via del Littorale 220, 1 km südlich vom Vorort Antignano, direkt am Meer, ✆ 0586580402, 🖷 0586883338, 170 Stp., Restaurant, Strand, 1.5.-30.9.
Fahrradladen: Bicimania di Vaccari Simona, Str. Prov. Pisana 126, ✆ 0586425711; Sforzi, V. Bini 23, ✆ 0586887157.

Etappe 21:
Livorno – Orciano – Abzwg S. Luce (30 km)

Wer den Weg in die Südtoskana über weniger stark befahrene Straßen im Hinterland der Küste nehmen möchte, bekommt auf dieser Etappe Anschluß an entsprechende Routen. Sie bietet schöne Mittelgebirgslandschaft. Zu ihrem Reiz tragen ferner ein paar liebenswerte Dörfer bei, wo auch ausreichend Gelegenheit zur Rast gegeben ist. Zwei lange Steigungen sorgen dafür, daß man nicht ganz ohne Anstrengung über den „Parcours" kommt. Dagegen bereitet die Verkehrsszene helle Freude: taucht doch nur ganz gelegentlich ein Pkw oder Schulbus auf.

Sie beginnen am besten die Tour an der Piazza Giovanni Italia, das ist am Südrand des Hafens. Es geht dann in südöstlicher Richtung per Via Borgo dei Capuccini und Via Roma zunächst ein Stück am Meer entlang. Am Ende der Via Roma, an der Barriera Margherita, biegen Sie dann nach links in die Via di Levante ein. Nun geht es immer geradeaus Richtung Valle Benedetta. Zunächst wird die Schnellstraße überquert, dann geht es durch den Vorort Salviano, bald darauf ist man am Stadtrand. Anschließend steigen Sie in waldreicher Landschaft via Burchietto nach Valle Benedetta hinauf – 10 km kontinuierlich aufwärts, ca. 300 m Höhenunterschied. Ort und Kirche liegen ein wenig von der Hauptstraße entfernt. Nach einer wohlverdienten Rast können Sie nach anfänglichem „Ab und Auf" schließlich die lange Abfahrt nach Colognole genießen. Ca. 1,5 km südöstlich von diesem Ort werden kurz hintereinander die SS 206 (stark befahren) und die Autobahn A12 überquert. Sie sind nun in offener Getreideflur, die sanfte Hügel bedeckt.

Nach der Autobahnüberquerung erfolgt der steile Aufstieg zum ca. 3 km entfernten Orciano (großes Dorf, Läden, Lokal). Hier hält man sich Richtung S. Luce. Nach gut 5 km (via Pieve di Santa Luce), auf denen leichte „Aufs und Abs" mit flachen Stücken wechseln, trifft die Route ca. 1,5 km nördlich von **S. Luce** auf die Straße S. Martino – Pontedera, d.h. die Etappen 39 und 40.

Etappe 22:
Livorno – Rosignano Solvay – Vada – Cécina (36 km)

Diese Etappe führt am Tyrrhennischen Meer entlang von Livorno Richtung Süden. Früher muß das mal ein idyllisches Unternehmen gewesen sein. Heute müssen Sie auf langen Abschnitten (Antignano – Quercianella) reichlich Autoverkehr und Industrie (Rosignano Solvay) erleiden. Dagegen bereitet das Streckenprofil, sobald die Steigung im Anfangsbereich überwunden ist, eitel Freude. Sie können natürlich auch den Unbilden aus dem Weg gehen und für den Bereich Livorno – Cécina die Dienste der italienischen Eisenbahn in Anspruch nehmen.

Radler kommen noch am besten weg, wenn sie von der Piazza Giovanni Italia aus am Meer entlang über den Stadtteil Ardenza, wo es luxuriöse alte Villen zu bewundern gibt, und den Vorort Antignano aus der wilden Metropole Livorno hinausfahren und erst dann auf die SS 1 gehen. Letztere ist bis ca. 6 km südlich von Antignano stark befahren, wo dann der Hauptverkehrsstrom in die Schnellstraße abfließt.

Direkt hinter Antignano geht es ein langes Stück bergauf (ca. 3 km; über der zerklüfteten Küste), das ist die einzige anstrengende Steigung auf der Etappe. Auf der Abfahrt führt die SS 1 an dem kleinen Seebad Quercianella vorbei. Es geht dann noch einmal leicht bergauf zu dem recht schön gelegenen Städtchen Castiglioncella (malerische Küste). Danach gelangen Sie an dessen Südostrand in ebenes Terrain – der Rest der Etappe bleibt flach. Castiglioncella ist mit dem benachbarten Industriestädtchen Rosignano Solvay (umfangreiche Arbeitersiedlungen) zusammengewachsen. In diesem Bereich kommen Sie an ausgedehnten Chemiefabriken vorbei, deren Emissionen die Luft verpesten (Strand durch giftige Abwässer belastet). Erst ein paar Kilometer südlich, in Vada, sind Sie aus den schweren Belastungen wieder raus. Sie können den Streckenabschnitt Vada – Cécina entweder auf der belebten Hauptstraße zurücklegen oder in ruhigeren Bahnen auf Nebenstraßen via Marina di Cécina (dann im Zentrum von Vada nach rechts abzweigen!).

Cécina (20.000 Einw.)
Moderne Kleinstadt, Stadtzentrum autofrei, großzügig angelegt, Lokale bieten gute Möglichkeiten zur gemütlichen Rast. Ca. 3 km westlich erstreckt sich das Meer. Hier liegt an langem Sandstrand der kleine bescheidene Vor- und Badeort Marina di Cécina. Dort befinden sich auch die Übernachtungsmöglichkeiten, die man in Cécina vergeblich sucht.
Für die Küstenstrecke Cécina-Piombino bietet die Strada del Vino, die durch die „Berge und Hügel" im Hinterland führt, mit ihren malerischen alten Bergdörfern und -städtchen eine interessante Alternative. Allerdings ist letztere aufgrund ihrer häufig wechselnden „Aufs und Abs" anspruchsvoller. Verlauf der Weinstraße: Cécina (10 m) – Guardistallo (278 m) – Casale Maríttimo

(214 m) – Bibbona (80 m) – Bolgheri (96 m) – Castagneto Carducci (194 m) – Suvereto (90 m) – Campiglia Maríttima (12 m) – Piombino.

Information: Largo Fratelli Cairoli 17, Marina di Cécina, ✆ 0586620678.
Markt: Di vormittags, Centro.
Hotel: Azzura **, Via della Vittoria 3, am Nordrand des Strandes von Marina di Cécina, ✆ 0586620595; Miramare **, Via della Vittoria 31, ebenfalls Marina di Cécina, ✆ 0586620295.
Camping in Marina di Cécina: Mareblu, 3 km nördlich vom Zentrum, ✆ 0586629191, 🖷 0586629192, 280 Stp., unter Pinien, Restaurant, Freibad, 350 m vom Strand, 24.3.-20.10.; Delle Gorette, Via Campilunghi, ✆ 0586622460, 🖷 0586892297, 350 Stp., Mitte April bis Ende September; Bocca di Cécina, Via Guado alle Vacche 2, ✆ 0586620509, 🖷 0586621326 – weitere Campingplätze in Vada, 8 km nördlich.
Fahrradladen: M. Faucci, V. Gori 24, ✆ 0586685795.

Etappe 23:
Cécina – Donoratico (16 km)

Südlich von Cécina geht es recht ruhig auf der Küstenroute zu. Auch stören keine aufmüpfigen Steigungen den Rhythmus.

Sie durchfahren Cécina in Nord-Süd-Richtung. Ca. 4,3 km südlich vom Stadtzentrum wird die autobahnähnliche Schnellstraße überquert. Danach fahren Sie bis Donoratico immer dicht neben diesem Hauptautotrail der Region (stets 2-3 km vom Meer entfernt). Nach Osten hat man jenseits der fruchtbaren Schwemmlandebene stets Mittelgebirgsszene vor Augen.
Die Etappe endet auf dem Kreuz am Nordrand von Donoratico (links nach Castagneto Carducci/SS 329), rechts zur Marina di Castagneto, 2,5 km). Sie können die Fahrt durch Abstecher nach Marina di Bibbona (Strand) und Bolgheri (Mittelalterliches) anreichern.

Donoratico/Marina di Castagneto
Kleinstadt, ca. 2,5 km im Hinterland, in der Handel und Verwaltung für diesen Küstenabschnitt konzentriert sind. Dagegen ist für das Badevergnügen und Übernachtung/Gastronomie der benachbarte Küstenort Marina di Castagneto zuständig. Hinter dem langen Sandstrand reihen sich – im Schatten der Pinien – zahlreiche Lokale und Hotels; ein Betrieb, der stark auf einheimische Bedürfnisse zugeschnitten ist.

Information: Marina di Castagneto, Via della Marina 8, ✆ 0586744276, nur im Sommer.
Markt: Do vormittags, Via Veneto.
Hotel: Miramare *, Via del Tirreno 21, Marina di Castagneto, ✆ u. 🖷 0586744031; Il Bambolo *, Donoratico, Ortsteil Bambolo, ✆ 0586775055.
Camping in Marina di Castagneto: Belmare **, Via del Forte 1, ✆ 0586744092, 🖷 0586744264, 525 Stp. Restaurant, Strand; Continental **, Via 1 Maggio, ✆ u. 🖷

0586744014, 565 Stp., Restaurant, Strand, 1.4.-21.9.; International Etruria **, Via della Pineta, ✆ 0586744254, 📠 0586744494, 600 Stp., Strand, 1.4.-30.9.

Abstecher:
A9: Zur **Marina di Bibbona**

Ca. 8 km südlich von Cécina zweigt ein Sträßchen zum ca. 3 km entfernten Sandstrand Marina di Bibbona ab, eine gute Gelegenheit für ein paar schöne Stunden am Meer. Sie können in dem kleinen Fremdenverkehrsort übernachten (auch Camping). Publikum: einheimisch; an Lokalen kein Mangel.

Information: Via dei Melograni 2, ✆ 0586600699.
Hotel: Paradiso Verde **, Via del Forte 9, ✆ u. 📠 0586600022; Nina **, Via del Forte 7, ✆ 0586600039, 📠 0586600299.
Camping: Arcobaleno I u. II ***, Via Cavalleggeri 86, ✆ 0586600296, 📠 0586600801, 363 Stp., Restaurant; I Melograni *, Via dei Cipressi, ✆ 0586600195, 386 Stp., 1.4.-30.9.; Casa di Caccia **, Via del Mare 22, ✆ u. 📠 0586600000, 115 Stp., Restaurant, Strand, 15.3.-31.10.; Del Forte ***, Via dei Plantani 58, ✆ 0586600155, 📠 0586600123, 320 Stp., Restaurant, 1.4.-30.9.; Il Gineprino *, Via dei Platani, ✆ u. 📠 0586600550, 71 Stp., Restaurant, 1.4.-31.10.; La Rosa dei Venti ***, Via dei Cipressi 13, ✆ u. 📠 0586600725, 131 Stp., Restaurant, 1.4.-30.9.; Free Beach ***, Via die Cavalleggeri Nord 88, ✆ u. 📠 0586600388, 450 Stp., Restaurant, 29.3.-21.9.; Le Esperidi ***, Via die Cavalleggeri Nord 25, ✆ 0586600196, 📠 0586681985, 600 Stp. Restaurant, Strand, 20.3.-15.10.

A10: Auf der Zypressenallee nach **Bolgheri**

10,3 km südlich von Cécina zweigt nach links die Straße nach Bolgheri ab. Von Zypressen eingerahmt radeln Sie schnurstracks auf den schönen alten Ort (in 96 m Höhe) zu, der knapp 5 km von der Abzweigung entfernt ist.

> **Etappe 24:**
> Donoratico – Suvereto – Cura Nuova (41,5 km)

Wenn Sie nicht nach Elba wollen, sind Sie besser dran, wenn Sie in Donoratico ins Hinterland abbiegen und die Stahlstadt Piombino einfach „links liegen lassen". Das bringt schöne Landschaft, weniger Verkehr – allerdings auch eine lange Steigung.

Am Nordrand von Donoratico zweigt in südöstlicher Richtung die Straße (SS 329) nach Castagneto Carducci ab. Nach einem kurzen flachen Teil steigt die Straße stark an. **Castagneto Carducci** (km 6), populäres Ausflugsziel von Marina di Castagneto, liegt in 200 m Höhe. Die Straße führt mitten durch den mittelalterlich wirkenden Ort. Sie orientieren sich dann Richtung **Sassetta**, das 330 m hoch liegt. Dieser ebenfalls recht ansehnliche Ort (km 13) bietet sich für eine erste Einkehr an. Danach geht es in zahllosen engen und sehr kurzen Kurven durch ein ausgedehntes Waldgebiet – ziemlich die Höhe haltend. Schließlich gelangen Sie zu einem Weiler. Dort beginnt die lange Abfahrt nach **Suvere-**

to, das nur 90 m „hoch" liegt. Letzteres ist ein Mix aus Großdorf und Kleinstadt, bietet ausreichend Gelegenheit zur Einkehr und zum Einkauf von Lebensmitteln und Getränken (Supermarkt).

In Suvereto orientiert man sich Richtung Follónica/Montioni/Massa Maríttima. Sie fahren dann auf der restlichen Etappe in fast einsamer Gegend zwischen Wald und Wiesen. Die Strecke ist durchweg eben.

Knapp 16 km südöstlich von Suvereto trifft unsere fast verkehrsfreie Landstraße bei Cura Nuova auf die betriebsame SS 439 Follónica – Massa Maríttima.

Unterkunft in Sasseto und Suvereto
Sasseta: Agriturismo: Podere La Cerreta, Via Campagna Sud 143, ✆ 0565794352.
Suvereto: Agriturismo: Poggioserra di Ongaro Carlo, Poggioserra 115, ✆ u. 📠 0565828142.

Etappe 25:
Cura Nuova – Follónica (7 km)

Im Bereich von der Abzweigung Massa Maríttima/Cura Nuova können Sie wieder zur Küste zurückkehren oder endgültig ins Hinterland entschwinden: nach Massima Maríttima hinaufsteuern, danach Richtung Volterra/Siena fortsetzen.

„Etappe" 25 selbst ist nur ein ganz kurzes, flaches Stück (SS 439), das selbst bei gemütlicher Bewegungsweise in 20 Minuten abgehakt ist (nach 4,7 km am Stadtrand, nach knapp 7 km am Meer).

Follónica (22.000 Einw.)
An der weiten halbkreisförmigen Bucht des Golfo di Follónica; junge, relativ moderne Stadt, die erst im 19. Jahrhundert angelegt wurde, als man nach der Ausrottung der Malaria diese Region besiedelte. Kunsthistorisch bedeutsame Bauten sind nicht vorhanden – aber Hochhäuser und Fabriken. Ferner gibt es einen langen Sandstrand, der von Promenade, Lokalen und Hotels begleitet wird. Die Badegäste kommen fast alle aus dem Inland.
Wirtschaftlich baut die Stadt auf Zuckerindustrie, Handel und Tourismus (Sommersaison).

Information: Palazzo Tre Palme, Viale Italia, ✆ 056640177, 📠 056644308.
Markt: Mo-Fr vormittags, Piazza XXIV Maggio.
Hotel: Miramare **, Via Lungomare Italia 84, am Strand, ✆ u. 📠 056641521; Parrini ***, Viale Italia 103, ebenfalls am Strand, ✆ 056640293, 📠 056644017.
Camping: Pineta dal Golfo, Via delle Collachie 3, ✆ 056653369, 📠 0566844381, Restaurant, Strand, ganzj.; Tahiti, Viale Italia 320, 4 km nördlich vom Zentrum, ✆ 056660255, Stp. 400, Restaurant, Strand, 20.5.-30.9.
Fahrradladen: La Boutique della Bici, Via Colombo 28/d-28c, ✆ 056644046.

Kartenskizze Etappen 23 – 28

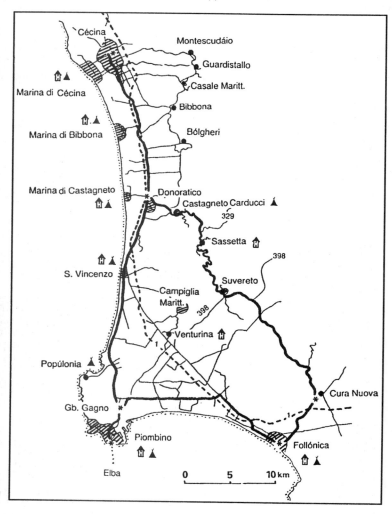

Etappe 26:
Follónica – Gabelung von Gagno (25 km)

Stark befahren, häufig nicht allzuweit vom Meer entfernt, flach, keine Städte und Sights entlang dem Weg – halt die kürzeste Verbindung zwischen der Maremma/Südtoskana und Elba. Auf dem zweiten Teil ist die Straße abschnittsweise in schlechtem Zustand. Auf den letzten 6 km kommt starker Verkehr auf.

Sie können zunächst ca. 4 km am Meer entlang radeln. Schließlich muß nach rechts abgezweigt und auf die Straße Follónica – Venturina gegangen werden. Kurz danach wird die autobahnähnliche SS 1 überquert. Danach verläuft die Route ca. 4 km parallel zur Schnellstraße. Auf der Höhe von Vignale wechseln Sie wieder über die SS 1 und fahren anschließend schnurgerade nach Westen (ehemaliges Sumpfgebiet). 10 km hinter der Abzweigung trifft man auf die SS 398, das bringt eine Menge Verkehr von der Schnellstraße, darunter reichlich Lastwagen. Es wird nach links abgebogen, 6 km südwestlich mündet diese Straße im Bereich von **Gagno** in die Straße Donoratico – Piombino. Die gesamte Strecke ist flach.

Fähre nach Portoferráio, Elba

> **Etappe 27:**
> Donoratico – Gabelung von Gagno (26,5 km)

Radler, die von Pisa/Livorno die Ferieninsel Elba ansteuern, bleiben in Donoratico in der Küstenebene und sind nach 31,5 km (Etappen 27, 28) nicht sonderlich aufregender Fahrt im Hafen von Piombino, um zu der begehrten Urlaubsinsel überzusetzen. Fast die gesamte Strecke ist eben, die wenigen Steigungen sind erträglich. Der Verkehr ist nicht übermäßig.

Sie fahren die Landstraße Donoratico – Piombino. Diese verläuft zunächst ein längeres Stück parallel zur Schnellstraße SS 1. Ca. 6 km südlich von Donoratico überqueren Sie die autobahnähnliche Nachbarstraße und nähern sich dem Meer. Kurz darauf wird das hübsche Städtchen San Vincenzo durchfahren.

San Vincenzo (7500 Einw.)
Am Meer, gepflegtes Städtchen im modernen Outlook, Läden und Übernachtungsmöglichkeiten, kilometerlanger Sandstrand.

Information: Via B. Alliata, ✆ 0565701533.
Markt: Sa vormittags, Piazza San'Acquisto.
Hotel: L'Etrusco **, Via Umbria 1, ✆ 0565701607, nur DZ, 1.4.-30.9.; Il Mulinaccio **, Via Caldanelle 2, ✆ 0565701556, ▤ 0565701951.
Camping: Park Albatros ***, Gemeindeteil Pineta di Torre Nuova, ✆ 0565701018, ▤ 0565703589, 800 Stp., Restaurant, 21.3.-7.9.

Danach bewegen Sie sich dicht am Meer mehrere Kilometer durch Pinienwald. Das letzte Stück bis zur Gabel von Gagno führt dann wieder durch offene Agrarlandschaft.

Abstecher:
A11: Nach Campiglia Maríttima und Venturina
Von S. Vincenzo erreichen Sie **Campiglia Maríttima** über Landstraße. Auf der 10,5 km langen Strecke geht es von 20 auf 320 m aufwärts. Das Bergstädtchen ist etwas fürs Auge. Danach rollen Sie nach **Venturina**, 4,5 km (Süden), hinunter. Hier warten zwei Thermalbäder – der ansonsten nicht sonderlich reizvolle Ort ist also etwas für die Gesundheit. Von der Therme Caldana im Nordwesten führt eine Landstraße zur Route der Etappe Donoratico – Gabelung von Gagno hinüber.

Hotels in Venturina:
I Cinque Lecci *, Via della Stazione 30, ✆ 0565851021; Terme di Caldana *, Via Aurelia Nord 16, ✆ 0565851400; Rossi **, Via Indipendenza 170, ✆ 0565851256.

A12: Nach **Populónia**
12,5 km südlich von S. Vincenzo zweigt nach rechts die Straße nach Populónia ab, der ehemaligen Etruskerstadt. Die Ausgrabungsstätte (Tombe Etrusche)

liegt am Meer. Zu sehen sind Gräber von verschiedener Bauart und Größe (Grabhäuser, Steinsärge, Grabhügel). Die Grabbeigaben befinden sich im lokalen Museum und in Florenz. Es wird durch das Gelände geführt. Populónia, das vom 9.-2. Jh. v. Chr. bestand, war ein Ort, in dem Metall verhüttet wurde. Das Erz kam aus Elba und Sardinien. Sie können den Besuch der archälogischen Stätte mit ein paar schönen Stunden am nahe gelegenen Strand verbinden. Vermeiden Sie Besuche an Sommerwochenenden, dann ist es hier einfach zu voll.

Etappe 28:
Gabelung von Gagno – Hafen Piombino/Elba (5 km)

Die Verkehrssituation ändert sich aus Richtung S. Vincenzo kommend schlagartig an der Gabelung von Gagno, hier kommt nämlich der ganze Schnellstraßenverkehr der SS 1 inkl. zahlreicher Lkw hinzu.
Sie müssen zunächst eine Steigung bewältigen und rollen dann an der Stadt Piombino vorbei zum Hafen hinunter (immer der Beschilderung Porto folgen!). Auf diesem Weg geht es auch an den riesigen Stahlwerken (linker Hand) vorbei.

Piombino (40.000 Einw.)
Das Schicksal dieser mittelgroßen Stadt wird von Stahlindustrie und einem großen Hafen bestimmt. Die Umwelt ist schwer belastet.
In das düstere Erscheinungsbild, das man beim Transit bekommt, paßt andererseits nicht ganz hinein, daß das Zentrum der Stadt recht passabel aussieht.
Der Hafen von Piombino ist das Sprungbrett zur Ferieninsel Elba. Von hier läuft aber auch recht viel Passagierverkehr nach Sardinien und Korsika.

Information: APT, Hafen, ✆ 0565224432.
Fähren: nach Portoferráio/Elba (mehrere Gesellschaften, häufig, Dauer der Überfahrt ca. 1 Std., Fahrrad 10 DM Zuschlag), Sardinien und Korsika.
Markt: Mi vormittags, Via Ferrer.
Hotel: Il Piave **, Piazza Nicolini 2, ✆ 0565226050, Roma **, Via S. Francesco 43, ✆ 056534341, 🗎 056534348; bessere Möglichkeiten auf Elba oder in den Küstenorten nördlich von Piombino.
Camping: Sant'Albinia **, 10 km nördlich von Piombino, 8 km südlich von S. Vincenzo, ✆ 056529389, 🗎 0565221310, 170 Stp., Restaurant, Strand 1 km, 1.5.-15.9.

Elba
Nur 10 km vom italienischen Festland entfernt, mit 243 km² die weitaus größte Insel des Toskanischen Archipels, zu dem auch Gorgona, Capráia, Pianosa, Gíglio, Giannutri und di Montecristo gehören. Seine 147 km lange Küste ist höchst abwechslungsreich gestaltet: steiler Fels, flache Buchten, kleine Felsstrände, lange Sandstrände. Die Insel ist sehr gebirgig, der höchste Gipfel erreicht 1019 m. Das Klima ist im Winter mild (Frost unbekannt!) und im

Sommer nicht übermäßig heiß. Die Vegetation enthält alles, was gemeinhin mit mediterraner Pflanzenwelt assoziiert wird. Dabei ist Elba in einzelnen Teilen landschaftlich sehr gegensätzlich. Es gibt Bereiche, die sehr karg sind, wo dürftige Macchia und Kakteen das Bild bestimmen, aber auch Landschaften, die sehr üppig sind. Ca. 30.000 Menschen sind auf Elba zu Hause. Inselhauptstadt und Hauptort ist Portoferráio, das 12.000 Einw. zählt. Andere wichtige Orte sind: Campo nell'Elba (4400 Einw.), Capoliveri (2600 Einw.), Marciana (2185 Einw.), Marciana Marina (1830 Einw.), Porto Azzuro (2930 Einw.), Rio Marina (2680 Einw.) und Rio nell'Elba (900 Einw.).
Elba lebt vom Tourismus (ca. 3 Mio. Übernachtungen pro Jahr, ein Drittel Ausländer), es existieren zahlreiche Lokale und Übernachtungsmöglichkeiten, auch im unteren Spektrum ist das Angebot – zumindest außerhalb der Hochsaison, in der die Preise stark nach oben schnellen, akzeptabel.

Lesetip:
Renato Bardi u.a., Das Elba. Zwischen Meer und Himmel. Ausgewählte Wanderungen für die Liebhaber von Trekking, Free Climbing, Mountain Bike, Portoferráio o.J., 70 S., darunter u.a. auch 8 Rundtouren für Mountainbiker, ca. 10 DM, nur vor Ort erhältlich.
Eva Gründel, Heinz Tomek, Elba (Reihe Reise-Taschenbücher), Köln 1994, 228 S., Dumont, 19,80 DM, auch vor Ort erhältlich.

Karte: Kompass, Elba, Blatt 650, 1:30.000, sehr detaillierte Karte, außer Straßen auch Wege, mit Höhenlinien, auch Wanderrouten, ausgesprochen nützlich, vor Ort erhältlich, ca. 11 DM.

Portoferráio (12.000 Einw.)
Inselhauptstadt, Hafenort, am Meer gelegen, von einer mächtigen Festung überragt. Ein schöner Ort mit reichlich Atmosphäre. Aber kein Badeort; wer ausgedehnten Sandstrand sucht, muß nach Marina di Campo, Porto Azzuro oder Prócchio gehen.
Man betritt die Altstadt durch ein mächtiges Tor. Letztere besitzt eine gemütliche Piazza, viele Läden und Lokale – und auch ein paar Bauwerke, die an jene Zeit erinnern, in der Napoleon 1814/15 nach seiner Niederlage gegen die vereinten Kräfte der europäischen Monarchien auf das Mini-Königreich Elba reduziert auf der Insel „verbrachte". Er fand sich damit bekanntlich nicht ab und kehrte alsbald nach Frankreich zurück. Wurde aber erneut geschlagen und mußte nun in die Verbannung auf die ferne Mini-Insel St. Helena.

Historische Bauwerke
Casa di Napoleone, an der Piazale Napoleon, Stadthaus und Winterresidenz des Korsen als Kaiser von Elba, Besichtigung möglich Di-Sa 9-17, So 9-12.30 Uhr.

Information: APT, Calata Italia 26, am Hafen, ✆ 0565914671, 🗎 0565916350.
Markt: Fr vormittags, Viale T. Tesei.
Hotel: Nobel**, Via Manganaro 72, ✆ 0565915217, 🗎 0565915515; Ape Elbana, Salita C. De' Medici, in der Altstadt, ✆ u. 🗎 0565914245.

Camping: La Sorgente **, Ortsteil Acquaviva, ✆ 0565917139, 45 Stp., 1.5.-30.10.; Acquavia **, Ortsteil Acquaviva, ✆ u. 🖷 0565915592, 100 Stp., 1.4.-30.9.; Scaglieri ***, Ortsteil Scaglieri, ✆ 0565969940, 🖷 0565969834, 110 Stp., geöffnet 1.4.-5.10.; Rosselba Le Palme ***, Ortsteil Ottone, ✆ 0565933101, 🖷 0565933041, 280 Stp., 22.4.-30.9.; Enfola ***, Ortsteil Enfola, ✆ 0565939001, 🖷 0565918613, 50 Stp., 1.4.-30.9. Ferner Campingplätze in: Porto Azzuro, Capoliveri, Lacona und Marina di Campo.

Radtouren auf Elba

Bei Ausdehnungen von 27,5 km in Ost-West- und 18,5 km in Nord-Süd-Richtung, 147 km Küstenlänge und durch den gebirgigen Charakter der Insel hervorgerufener Kleinräumigkeit, ergeben sich vielfältige Möglichkeiten für Radtouren. Begünstigt werden entsprechende Aktivitäten durch ein engmaschiges Straßen- und Wegenetz. Wir stellen hier 6 Etappen vor, durch die Elba in groben Zügen erfaßt werden kann. Diese Routen sind durch Abstecher ein wenig ergänzt worden. Im Anschluß wurden aus den Etappen zwei Rundtouren mittlerer Ausdehnung und eine große Rundfahrt zusammengestellt.

Ferner sind einige Strecken fürs Mountainbiking geeignet, die ich allerdings nicht anführe, für die Sie aber vor Ort Literatur bekommen (Renato Bardi u.a.).

Elba kann eigentlich zu allen Jahreszeiten beradelt werden. In der Hauptsaison müssen Sie die Straße allerdings mit zahlreichen Touristenautos teilen, deshalb sind Vor- und Nachsaison fraglos vorzuziehen. Sie können auch im November/Dezember oder März sonnige Tage erwischen, freilich kann dann immer mal ein Regentag dazwischen kommen.

Etappe 29:
Portoferráio – Prócchio (10,5 km)

Sie können die Etappe von der Piazza del Popolo starten und auf der Via Giosué Carducci stadtauswärts fahren – zunächst gen Westen, dann gen Südwesten, dann gen Süden. So gelangt man nach ca. 3 km an einen zweiten Kreisel, wo man sich Richtung Prócchio/Marina di Campo/Marciana hält. Danach beginnt ein langer Anstieg auf 150 m hinauf (bis km 6,5). Von der Höhe bestehen fabelhafte Ausblicke auf den Monte Capanne, 1019 m, den höchsten Gipfel der Insel, und die vielfältig gegliederte Küste.

Anschließend geht es in rauschender Abfahrt nach **Prócchio** (km 10,5) hinunter, das eine malerische Strandbucht (Sand) besitzt. Von Prócchio können Sie die Tour entweder entlang der Nordküste fortsetzen (Etappe 30) oder sich auf kurzem Weg (direkte Verbindung nach Campo di Marina, Etappe 31 in Gegenrichtung) an die Südküste begeben.

Kartenskizze Etappen 29 – 34

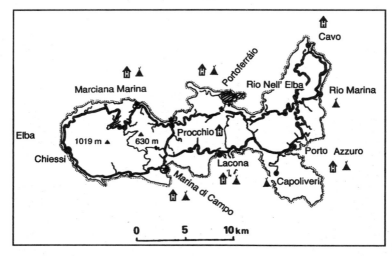

Elba, im Hafen von Portoferráio

> **Etappe 30:**
> Prócchio – Póggio – Marciana – Fetováia – Marina di Campo (42 km)

Man folgt in Prócchio der Beschilderung für Marciana. Es geht nun bis Marciana Marina am Meer entlang – mehrfach auf und ab, und am Schluß (ca. 1,5 km) nach Marciana Marina (km 6) abwärts. Letzteres liegt an einer langen Bucht und ist ein populärer Ferienort (Promenade, Jachthafen, Läden, Lokale etc.). Anschließend geht es schweißtriefend (teilweise 10 % Steigung) in südlicher Richtung kurvenreich durch üppige Vegetation nach **Póggio** (km 11,5) hinauf (350 m Höhenunterschied auf 5,5 km). Von diesem pittoresken Dorf besteht eine wunderschöne Aussicht auf die Bucht von Marciana Marina. Natürlich gibt es auch genug Gastronomie, um sich von den Strapazen des Aufstiegs erst einmal zu erholen.

Am Ortsende von Póggio geht es zunächst etwas bergab, vor dem Nachbardorf Marciana (km 13,5, in 355 m Höhe) aber wieder ein wenig bergauf. Die Straße führt nur am Rand dieses malerisch gelegenen Dorfs vorbei. Es lohnt sich, mal in den Ort hineinzugehen und den Blick vom Belvedere zu genießen, der nicht nur über die Steilküste gleitet, sondern sogar bis zu den Nachbarinseln Capráia und Gorgona reicht. Danach rollen Sie 8,5 km bergab. Bei km 22 verlassen Sie die gutbewachsene Nordküste und tauchen in die karge Flora der West- und Südwestküste ein. Bis Chiesi (km 26,5) steigt und fällt die Straße zweimal auf Grund von tiefen Bergrinnen. Die Route, auf der immer wieder nicht allzu schwere Aufstiege und Abfahrten wechseln, führt sodann über Pomonte (km 29) nach Fetováia (km 33, flacher Sandstrand). Dahinter muß man mal steiler und länger aufsteigen, um über Seccheto nach Cavoli zu gelangen. Erst bei km 39 beginnt die lange Abfahrt in die Ebene von Campo nell'Elba. Das letzte Stück vor **Marina di Campo** ist schließlich flach. Letzteres ist ein recht großer Ort mit einem langen Sandstrand, in dem der Tourismus stark vertreten ist.

Abstecher:

A13: Auf den **Monte Perone** (630 m)

Unterhalb von Póggio zweigt nach links ein schmales Sträßchen ab, das zum Monte Perone hinaufführt (Hinweis). Nach 4 km Kletterei von 324 auf 600 m sind Sie oben. Es lohnt sich, ein wenig auf der Höhe zu wandern. Z.B. können Sie auch per Wanderweg bis auf den Monte Capanne, 1019 m, gelangen. Sie setzen schließlich aber die Radtour mit einer großartigen Abfahrt nach Marina di Campo hinunter fort (schöne Ausblicke auf die Küste).

> **Etappe 31:**
> Marina di Campo – Prócchio (5 km)

Kurze Verbindung zwischen westlicher Süd- und westlicher Nordküste. Vom Profil her recht leicht.

Sie folgen von Marina di Campo der Beschilderung für Prócchio/Portoferráio in nördlicher Richtung. Die ersten 2,5 km bis Pila (10 m) sind flach – fruchtbares Tal. Danach steigt die Straße auf eine „Höhe" von ca. 50 m (km 3,5) hinauf, um anschließend bis **Prócchio** (km 5) zu fallen.

Etappe 32:
Marina di Campo – Porto Azzuro – Abzweigung Rio nell'Elba (27,5 km)

Am Nordrand von Marina di Campo zweigen Sie nach rechts für Porto Azzuro ab. Am Anfang steht der lange Aufstieg (stellenweise 9 %) durch das Valle di Filetto zum Monte Tambone (km 4, 261 m). Auf der Höhe bietet sich ein imponierender Ausblick auf die Küste mit den weit ins Meer hinausreichenden Halbinseln Stella und Calamita. Danach geht es in rasanter Fahrt nach Lacona (km 9) hinunter, das am Golfo della Lacona samt Sandstrand verstreut ist. Kurz darauf erreicht die Straße nach Porto Azzuro die noch größere Bucht Golfo Stella, an der sich weitere Strände befinden. 2,5 km östlich von Lacona verläßt die Straße wieder die Küste. Ca. 2 km hinter dem Wendepunkt treffen wir auf die Straße Portoferráio – Porto Azzuro, wo wir uns nach rechts Richtung Porto Azzuro halten. Auf leicht fallender Straße wird nach ca. 4,5 km wieder das Meer erreicht. Kurz darauf treffen Sie in dem sehr schön gelegenen Küstenort Porto Azzuro ein: lange Bucht, Strand, Städtchen, dahinter Berge.
Von Porto Azzuro bewegt sich die Route danach in nordöstlicher Richtung auf langem Aufstieg Richtung Rio nell'Elba. Nach ca. 4 km wird eine Höhe von ca. 140 m „erklommen", auf der man sich auf den nächsten 4 km, d.h. bis an die Abzweigung nach **Rio nell'Elba** (km 27,5) hält.

Abstecher:
A14: Nach **Capoliveri**
Ca. 2 km vor Porto Azzuro können Sie nach rechts abzweigend nach einem ca. 3 km langen Anstieg von 3 auf 167 m in das liebenswerte Bergdorf Capoliveri gelangen. Sie können den Exkurs auf dieses Ziel beschränken oder noch zusätzliche Streifzüge durch die südöstlich sich hinziehende Halbinsel unternehmen, allerdings müssen Sie dann in Kauf nehmen, daß nicht alle Wege asphaltiert sind.

Etappe 33:
Abzweigung Rio nell'Elba – Rio Marina – Cavo – Rio nell'Elba (20 km)

Sie lassen das pittoreske Dorf Rio nell'Elba links liegen und fahren zum Küstenstädtchen Rio Marina hinunter (km 2), dem man mehr als deutlich die ehemalige Bergmannssiedlung ansieht. Die Route führt durch den ganzen Ort hindurch und verläßt ihn dann Richtung Cavo, am Nordostende der Insel. Direkt hinter

Rio Marina steigt die Straße zunächst einmal, hier kommen Sie auch an ehemaligen Verladerampen des stillgelegten Eisenerzbergbaus vorbei. Danach schlängelt die Route bis Cavo (km 10) immer „ein Stückchen über dem Meer" an der Küste entlang.
Von Cavo führt die Etappe durch Hinterland inmitten von Bergen in 242 m Höhe hinauf (La Parata), bevor sie am Schluß nach **Rio nell'Elba** (178 m) hinein abfällt.

Etappe 34:
Abzweigung Rio nell'Elba – Magazzini – Portoferráio (16,5 km)

An der Gabelung (in 137 m Höhe) unterhalb von Rio nell'Elba biegen Sie nach rechts für Volterraio ab. Es wird nun mehrere Kilometer steil bergauf gekraxelt. Die Höhe wird zwischen zwei steilen Felsblöcken erreicht (312 m, km 2,5). Die Mühen des Aufstiegs werden durch einen schönen Rundblick über den gesamten Ostteil der Insel entgolten. Danach geht es steil zum Küstenort Magazzini (km 6,5) hinunter. Anschließend radeln Sie in der Küstenebene gen Westen. Bei km 9,5 mündet unsere Route in die Straße Porto Azzuro – Portoferráio. Sie halten sich nach rechts. Bald darauf wird der erste große Kreisel vor Portoferráio (km 13) erreicht. Bis zum Eingang in die Altstadt durch die Porta a Mare sind es dann nochmals 3,5 km.

Rundtour durch Westelba: Portoferráio – Prócchio – Marciana Marina – Chiessi – Marina di Campo – Prócchio – Portoferraio, Etappen 29-30-31-29 (68 km)

Rundtour durch Ostelba: Portoferráio – Porto Azzuro – Rio Marina – Cavo – Rio nell'Elba – Magazzini – Portoferráio, Strecke Portoferráio-Abzw. Rio nell'Elba plus Etappen 33-34 (60 km)

Große Elba-Rundtour: Portoferráio – Prócchio – Marciana Marina – Chiessi – Marina di Campo – Lacona – Porto Azzuro – Rio Marina – Rio nell'Elba – Magazzini – Portoferráio, Etappen 29-30-32-33-34 (116,5 km).
Eine landschaftlich großartige Rundtour, von der man allerdings nicht viel hat, wenn sie an einem Tag „runtergerissen" wird. Zwei oder drei Tage sollten es schon sein.

Etappe 35:
Cura Nuova – Massa Maríttima – Saline di Volterra (66 km)

Reich an Steigungen, deshalb mittelschwer. Zwei sehr gegensätzliche Hälften: erster Teil ab Massa Maríttima menschenleer, keine Dörfer, tiefer Wald, zweiter

Teil Industrie, offene Landschaft/Getreidefluren, mehrere größere Orte. Auf jeden Fall eine Tour, die Spaß macht. Für den Abschnitt Massa Maríttima – Castelnuovo sollten Sie sich mit Essen und Getränken eindecken. Verkehr: über weite Strecken schwach.

Sie setzen die Tour aus Suvereto oder Follónica kommend im Knotenpunkt Cura Nuova in nordöstlicher Richtung (SS 439/Hinweis Massa Maríttima) fort. Die Straße ist relativ stark befahren. Die ersten 8 km sind leicht. Dann setzt der starke Anstieg nach Massa Maríttima ein. Auf den nächsten 3 km fließt viel Schweiß.

Massa Maríttima (380 m, 10.000 Einw.)

Kleinstadt im mittelalterlichen Gewand, hoch oben, an Berghang angelehnt. Heimliche Hauptstadt der Maremma, Bischofssitz, beliebtes Ausflugsziel der Badeurlauber des Raumes Follónica-Marina Grosseto.

Über lange Zeit wurde die Ökonomie der Stadt vom Bergbau bestimmt. Diese Epoche ging 1985 definitiv zu Ende. Heute setzt man auf den Tourismus: Ressource ist die hochinteressante Architektur aus Romanik und Gotik.

Massa Maríttima besteht aus der romanischen Unterstadt, der ganz alten Stadt oder Città Vecchia, und der Oberstadt oder neuen Stadt, der Città Nuova, die freilich auch schon knapp 700 Jahre alt ist.

Herz und Zentrum der Unterstadt und meistbesuchter Teil der Stadt überhaupt ist die Piazza Garibaldi, an der sich der Dom, die Hauptattraktion von Massa Maríttima, und die beiden Rathäuser, der Palazzo del Podestá (1225) und der Palazzo Comunale (1250), befinden. Von hier gehen die Via della Libertà, die geschäftigste Straße der Stadt, und die Via Moncini, die Verbindung zur Oberstadt, ab.

Historische Bauten

Dom: Spätromanisch, Baubeginn 1228, aber Abschluß der Arbeiten erst 1304. Später wurde aber noch einiges hinzugefügt bzw. verändert, so kam der Marmor-Tabernakel erst 1448 hinzu und bestand ursprünglich ein offener Dachstuhl, der erst im 17. Jh. eingewölbt wurde.

Die Fassade dieser Langhauskirche mit Querschiff ist mittels Säulen, Bögen und Skulpturen reich und kunstvoll gegliedert. Das Innere des Doms ist durch zahlreiche Reliefs ausgeschmückt. Hinter dem Hauptaltar befindet sich der Sarkophag des Hl. Cerbone (gest. 1324), dessen Namen der Dom ja auch führt.

Museen

Museo della Miniera, früherer Bergwerksschacht, 700 m lang, außer den alten Arbeitsgeräten und Maschinen auch eine Sammlung von Mineralien, im Sommer 10-12.30, 15.30-19 h, im Winter 10-12, 15-16 h (Februar geschlossen), wöchentlicher Ruhetag Mo.

Museo Archeologico, Pinacoteca e Museo del Risorgimento, im Palazzo del Podestà: Malerei, Archäologisches, 10-12.30, 15.30-19 h, im Winter aber nur bis 17 Uhr, Mo Ruhetag.

Information: Via Norma Parenti 22, ℂ 0566902756.
Markt: Mi vormittags, Piazza del Mercato, Sa vormittags, Piazza E. Socci.
Hotel: Cris *, Via degli Albizzeschi, nahe Piazza Cavour, zum gleichnamigen Restaurant gehörend, ℂ 0566903830, 🕮 0566940261; Duca del Mare **, Via D. Alighieri 1/2, ℂ 0566902284, 🕮 0566901905; Il Girifalco **, Via Massetana Nord 25, Ausfahrt Richtung Siena, ℂ u. 🕮 0566902177.
Camping: an der Küste, in Follónica.
Fahrradladen: Luciano Sumin, Valpiana, Zona Ind., ℂ 0566919111.

Von Massa Marittima geht es zunächst in nordöstlicher Richtung – Orientierung Siena – steil bergab, dann folgt ein flaches Stück. Nach knapp 4 km Fahrt wird nach links für Volterra (SS 439) abgezweigt (nach rechts Siena, SS 441). Auf den nächsten 16 km kommen Sie durch viel Wald und ganz selten mal an Häusern/Siedlungen vorbei – insgesamt eine großartige Mittelgebirgslandschaft. Bald nach der Abzweigung geht es eine lange Steigung hinauf, der auch eine schöne Abfahrt folgt.

26,5 km hinter Massa Marittima kehren Sie in Castelnuovo di Valle di Cécina (km 37,5), einer Kleinstadt, in die Zivilisation zurück. Hier kann auch die wohlverdiente Ruhepause eingelegt werden.

Von nun an führt die Route wieder durch offene Agrarlandschaft. Auf den nächsten 25 km wird in hügeligem Terrain die Tour durch häufig wechselnde Aufstiege und Abfahrten bestimmt.

3 km nördlich von Castelnuovo kommen Sie an eine Gabel, wobei beide Straßen Richtung Volterra führen. Es ist interessanter, die rechte Variante zu fahren: Sie rollen in letzterem Fall durch das riesige geothermische Kraftwerk Larderello zur gleichnamigen Arbeitersiedlung hinunter und steigen anschließend wieder auf. Diese Klettertour führt 2,5 km hinter der Abzweigung durch Montecérboli, ein großes Dorf, aufwärts.

Bei km 52,5 passiert die SS 439 Pomarance. Es lohnt sich, einen Abstecher in das ein wenig von der Hauptstraße abgesetzte Provinzstädtchen einzulegen. 7 km nördlich rollen Sie ins Tal der Cécina hinunter, der Sie nun ein Stück, d.h. bis kurz vor **Saline di Volterra**, folgen.

Etappe 36:
Saline di Volterra – Volterra – Castel S. Gimignano (25,5 km)

Mehrere lange Steigungen, anstrengend – landschaftlich jedoch ein Genuß. Attraktion: die Altstadt von Volterra. Verkehr: erträglich. Proviant plus Getränke: erforderlich für Route ab Volterra; es ist aber auch überaus angenehm, beim Aufstieg nach Volterra immer wieder einmal einen Erfrischungsschluck aus der veloeigenen „Getränkekiste" zu nehmen.

Kartenskizze Etappen 35 – 37

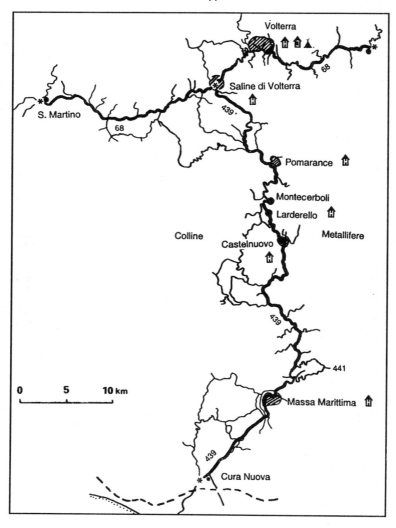

Saline di Volterra ist ein kleiner, übersichtlicher Ort, man folgt dem Hinweis für Volterra, das im Nordosten hoch über dem Tal liegt.
Die gesamte Strecke bis Volterra, 9 km, steigt kontinuierlich – von 72 auf 544 m. Auf den letzten 3 km ist ein steiler Schlußanstieg (von 190 auf 544 m) zu bewältigen.

Volterra (544 m, 13.000 Einw.)
Stadt auf einem breiten Bergrücken, überragt von einer massigen Burg, einst für die Medici zur Kontrolle der Bevölkerung errichtet. Rauhes und karges Umland, in dem Getreide angebaut wird und Schafe weiden.
Die mittelalterliche Altstadt ist recht interessant (wenn auch nicht anheimelnd!), und das lokale Etruskermuseum gehört zum besten, das es in diesem Bereich gibt. Das bringt in der Saison viele Touristen in die Stadt, wenn auch nicht in der Größenordnung von Siena und San Gimignano. Im wesentlichen handelt es sich um Ausflugstourismus, das spiegelt sich u.a. darin wieder, daß das Übernachtungsangebot relativ bescheiden ist. Es ist aber sicher nicht die Ursache dafür, daß die kulinarische Szene vergleichsweise schwach ist.
Seit dem 8. Jh. v. Chr. bestand auf dem Boden der heutigen Stadt eine Siedlung namens Velatri, die immerhin so groß war, daß sie sich zu den zwölf Bundesstädten der Etrusker zählen konnte. Sie war von einer ausgedehnten Stadtmauer umgeben, die mit ihren 7 km erheblich länger war als die der mittelalterlichen Stadt, die 3,2 km maß. Unter den Römern wurde die Stadt reichlich verändert, z.B. erhielt sie Thermen und ein Amphitheater. Letzteres wurde in den 1950er und 1960er Jahren wieder freigelegt.
Im Mittelalter war Volterra längere Zeit freie Comune. Die Selbständigkeit ging 1361 durch die Niederlage gegen Florenz verloren. Mehrere Aufstände wurden von den fremden Herren blutig niedergeschlagen. 1472 ließ Lorenzo il Magnifico zur Vergeltung die Stadt total ausplündern. In den folgenden Jahren wurde als permanente Drohgebärde eine riesige Festung auf dem höchsten Punkt der Stadt angelegt.

Historische Bauten
Auf Grund der relativ geringen Größe gehört Volterra zu jenen Städten, die man nach der Methode des spontanen Herumstreifens erschließen kann, irgendwann kommt man auf jeden Fall auch an den touristischen Renommierbauwerken vorbei.
Den Stadtmittelpunkt nimmt die Piazza dei Priori ein, die von den gewichtigsten Bauwerken Volterras eingerahmt ist. Dieses Attribut nimmt insbesondere der wuchtige Palazzo dei Priori für sich in Anspruch, das 1208-57 errichtete älteste Rathaus der Toskana, das übrigens für den Palazzo Vecchio von Florenz Modell stand. Auch heute sind hier Bürgermeister und Stadtverwaltung ansässig. Gegenüber vom Palazzo dei Priori steht der Palazzo Pretorio, im 13. Jh. aus ehemaligen Privatpalästen und Wohntürmen zusammengefügt, in dem bis 1511 der Capitano del Popolo residierte.

Information: Via G. Turazza, ⓒ 058886150.
Hotel: Villa Nencini ***, Borgo San Stefano 55, ⓒ 058886386, 🗎 058880601; Sole ***, Via dei Cappuccini 10/A, ⓒ u. 🗎 058884000.
Jugendherberge: Ostello, Via Don Minzoni, ⓒ 058885577, nahe Etruskermuseum.
Camping: Le Balze **, Via di Mandringa 11, Ortsteil Le Balze, ca. 1 km von der Altstadt entfernt, ⓒ 058887880, 70 Stp., 1.4.-15.10.
Fahrradladen: Free Bike di Bientinesi Antonella, V.S. Lino 87, ⓒ 058888020.

Hinter Volterra (SP 68, Richtung Siena) können Sie zunächst einmal wieder abfahren, bevor erneut ein starker Anstieg zu bewältigen ist. Danach hält die Straße bis Castel S. Gimignano ziemlich die Höhe, wobei sie jedoch mehrere Steigung enthält, die relativ kurz und leicht sind. Kurz hinter dem großen Dorf **Castel S. Gimignano** (Lokale, Supermarkt) trifft die Etappe 36 an der Abzweigung der Straße nach S. Gimignano auf die Etappen 44 und 45.

Etappe 37:
Saline di Volterra – San Martino (23 km)

Leichte Strecke durch das Tal der Cécina Richtung Cécina. Landschaft gefällig, aber nicht spektakulär. Der Verkehr ist eher mäßig.

Sie rollen auf der SP 68 stets das Tal der Cécina abwärts, das meist ziemlich schmal ist. Die Orientierung ist leicht: immer Richtung Cécina. An der Route liegen nur wenige Orte. 22,8 km hinter Saline di Volterra und 6,8 km vor Cécina zweigt nach rechts die Hinterlandroute für Livorno und Pisa ab – Hinweis Riparbella.

Etappe 38:
San Martino – Cécina (7 km)

Letztes Stück der Radelroute durch das Cécina-Tal von Volterra Terme nach Cécina, kurze flache Strecke.

Kurz hinter der Abzweigung nach Riparbella (Etappe 39) biegen Sie von der SS 68 nach links in die kürzere Direktverbindung nach Cécina ein. Bis zum Zentrum sind es etwa 20 Minuten.

Wer auf der Küstenroute nach Livorno will, bleibt jedoch besser auf der SS 68, die ca. 2 km nordwestlich von **Cécina** in unsere Route Cécina – Livorno mündet. Dadurch spart man ca. 2 km und vermeidet eine Stadtdurchfahrt.

Kartenskizze Etappen 38 – 41

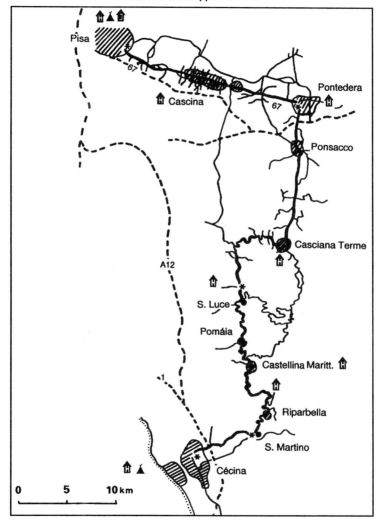

Etappe 39:
San Martino – Riparbella – Castellina Maríttima – Pomáia – S. Luce – Abzweigung S. Luce (28 km)

Baustein in der Verbindung Pisa – Volterra. Reizvolle Fahrt durch Mittelgebirge. Ein langer strapaziöser Anstieg, diverse kürzere Anstiege, aber andererseits auch eine Reihe rauschender Abfahrten. Autoverkehr über weite Abschnitte schwach. En route: ein paar große Dörfer, aber nichts Spektakuläres. Schön: immer was zum Trinken griffbereit zu haben.

Aus Richtung Volterra gesehen, zweigt Etappe 39 im Bereich von San Martino nach rechts ab: Hinweis Riparbella. Ohne Übergang geht es gleich bergauf – 12 km, von 37 m auf 375 m hinauf (großartiger Ausblick auf Küstenland und Meer). Dieser Teil der Route führt über die stattlichen Orte Riparbella (km 4, 216 m) und Castellina Maríttima (km 14, 375 m). Danach kommt die heiß ersehnte lange Abfahrt – bis Pomáia (km 18). Anschließend wechseln bis **San Luce** mehrfach leichtere Auf- und Abstiege. Letzteres ist ein großes Dorf auf einer Anhöhe (Einkehrmöglichkeiten vorhanden).

Sie verlassen S. Luce Richtung Casciana T. Ca. 1,5 km nördlich endet die Etappe 39 an der Abzweigung nach Orciano (Etappe 21).

Silhouette von San Gimignano

> **Etappe 40:**
> Abzweigung S. Luce/Orciano – Casciana Terme – Pontedera (31 km)

Strecke mit zwei sehr unterschiedlichen Abschnitten: dünn besiedelte Gebirgslandschaft am Anfang, dicht besiedelte Ebene am Ende. Angenehm der gemütliche Provinzkurort Casciana Terme auf halbem Weg. Die Steigungen sind nicht übermäßig schwer, die Etappe als Ganze ist abwechslungsreich. Verkehr bis Casciana Terme dünn, danach reichlich.

Start ca. 1,5 km nördlich von S. Luce. Erstes Ziel ist Casciana Terme. Die Strecke ist durchweg ausreichend ausgeschildert. Sie radeln zunächst am Rand hügeliger, sanfter Getreidefluren – auf den Kuppen Gehöfte. Nach ca. 5,5 km wird nach rechts abgebogen (Hinweis Casciana T.), anschließend ist ein längerer Aufstieg (ca. 3 km) zu bewältigen. Auf der Höhe zweigt nach links ein Sträßchen zum nahegelegenen Dorf S. Ermo ab, das von Rebenfeldern umgeben ist. Die Landschaft wird jetzt rauher, z.T. Wald). Weiterer Verlauf: ca. 700 m abwärts, an Gabelung nach rechts, flaches Stück, ca. 700 m aufwärts und schließlich lange Abfahrt nach Casciana Terme hinunter.

Casciana Terme
Kleiner Kurort, alles überschaubar, Atmosphäre: Gemütlichkeit der Provinz. Schon zur Römerzeit und auch im Mittelalter wurden diese Heilquellen zur Behandlung von Gicht und Rheuma genutzt. Danach wurde die kleine Therme für längere Zeit vergessen. Um 1800 wurde sie schließlich wiederentdeckt.
Zentrum: Piazza Garibaldi mit Kurhaus, Lokalen und Hotels.

Information: Comune, ✆ 0587645158.
Markt: Do vormittags, Piazza Mazzini.
Hotel: Morelli *, Via della Vittoria 14, ✆ 0587646160, geöffnet 1.4.-31.10.; Baldini *, Piazza Garibaldi 42, ✆ 0587646038; Vittoria Italia **, Via Roma 1, ✆ 0587646138, 🗎 0587646212; Tosca **, Via XX Settembre 39, ✆ 0587646301, geöffnet 1.5.-31.10.; Stella **, Piazza Garibaldi 16, ✆ u. 🗎 0587646221.

Von Casciana Terme geht es Richtung Ponsacco/Pontedera (d.h. nach Norden) weiter – nun auf verkehrsreicher Straße. Zunächst fahren Sie ein schmales Tal abwärts, danach befindet man sich bis Pontedera in weiter Ebene. 11,2 km hinter Casciana Terme wird Ponsacco (am Rand) passiert, ein Provinzstädtchen mit einem ansprechenden Zentrum. Entlang der Straße fallen die zahlreichen Möbelausstellungen auf.

5 km nördlich, an der Peripherie von Pontedera, geht es am ersten Kreisel geradeaus. Danach können Sie auf dem Radweg neben der Via Roma fast bis ins Zentrum um den Corso Giacomo Matteotti einfahren. Am Ende dieser langen Straße geht es nach rechts, um die Bahngleise zu unterqueren. Auf der anderen Seite fahren Sie sodann geradeaus weiter ins Zentrum.

Pontedera

Industriestadt mit großen Neubauvierteln, andererseits aber auch einer recht sehenswerten Altstadt, in deren autofreier Kernzone (Piazza Andrea da Pontedera; Hauptgeschäftsstraße Corso Giacomo Matteotti) sich Fußgänger und City Biker tummeln.

Information: Comune, ℰ 0587299111.
Markt: Fr vormittags, Centro.
Hotel: Armonia ***, Piazza Duomo 11, ℰ 058752240, 🖹 058754079; La Rotonda ***, Via Dante 52, ℰ 058752287, 🖹 058755580; La Pace ***, Via Belfiore 4, ℰ 058752339, 🖹 058752414.
Camping: In Pisa, 23 km.
Fahrradladen: Iacopini, Foresto Cicli, V. Pisana 52, ℰ 058752649.

Etappe 41:
Pontedera – Pisa (21,5 km)

Durch die dichtbesiedelte Arno-Ebene, ein paar ansehnliche Kleinstädte, arg viel Verkehr. Für die letzten 15 km, d.h. ab Cascina, existiert jedoch auch ein separater Radweg, der beschauliches und abgasfreies Radeln ermöglicht. Zahlreiche Einkehrmöglichkeiten entlang der SS 67.

Die SS 67 bringt Sie von Pontedera nach Pisa, die Orientierung ist leicht, Sie folgen immer der Beschilderung für Pisa. Die gesamte Strecke ist flach (im Norden das Panorama der Pisaner Berge), der Verkehr ist stark. Nach ca. 7,5 km geht es durch Cascina (35.000 Einw., Möbelindustrie, kein Tourismus), eine mittelgroße Stadt mit einem recht gut erhaltenen alten Zentrum. Der Raum zwischen Cascina und Pisa ist sehr dicht besiedelt, das hat zur Folge, daß Sie auf den letzten 14 km fast ständig durch Ortschaften kommen.
Sie treffen an der Brücke Ponte alla Bochette auf den Arno-Fluß (östlicher Stadtrand von Pisa). Sich immer im Bereich des linken Flußufers haltend, wird nach ca. 4 km die Ponte Mezzo im zentralen Bereich der Altstadt von Pisa erreicht (s. Stadtskizze Pisa).

Alternative: per Radweg
Eine wunderschöne Alternative zur „wilden" SS 67 bildet auf den letzten 15 Straßenkilometern der Radweg (meist feiner Schotter) am Arno entlang von Cascina nach Pisa. Da der Fluß ein paar Schleifen hat, ist diese Route aber mehrere Kilometer länger.
Sie zweigen auf dem Kreuz in Cascina nach rechts Richtung Uliveto T./Lucca ab. Vor dem Fluß wird nach links/Westen in den Radweg nach Pisa eingebogen. Letzterer – zumeist feiner Schotter – verläuft häufig nicht allzuweit vom Fluß entfernt (das ist als Orientierungshilfe zu merken!). Große Abschnitte sind auf schmalem Damm angelegt, streckenweise auch daneben. Es existieren Markierungen, die aber lückenhaft sind. Dennoch werden erfahrene Radwande-

rer die Orientierung behalten. Die gesamte Strecke ist flach, zumeist befinden Sie sich in offener Landschaft und haben feine Ausblicke auf die Monte Pisano – und noch schöner: die Alpi Apuane, beide im Norden –, nach Süden weite Ebene. Kurz vor der Ponte alla Bochette, noch an der östlichen Peripherie von **Pisa**, endet der Radweg. Es wäre schön, wenn die Stadtverwaltung sich aufraffen könnte, einen Radelstreifen bis ins ca. 4 km entfernte Zentrum anzulegen.

Etappe 42:
Pontedera – S. Miniato – Empoli (31,5 km)

Zweiter Teil der Route Pisa – Florenz. Trotz benachbarter autobahnähnlicher Schnellstraße sind Sie nicht allein auf der SS 67. Ein Glück, daß die Herausforderung des Streckenprofils nicht allzu groß ist. Höhepunkt der Tour ist der Besuch der Altstadt von S. Miniato, auf einem Hügel hoch über dem Arno-Tal. Wer diesen Abstecher wegläßt, hat eine leichte Tour, ansonsten muß man auf der gesamten Etappe lediglich für den Aufstieg nach S. Miniato wirklich Kräfte mobilisieren.

Sie verlassen Pontedera im Nordosten auf der SS 67 Richtung Empoli/Firenze. Die Route hält sich stets am Rand des Arno-Tals. Die ersten 3 km sind flach. Danach wechseln „Aufs und Abs", die aber nie extrem sind. Die SS 67 führt über La Rotta, Castel di Bosco, Capane, Angelica, S. Romano, Ponte a Egola, S. Miniato Basso (km 18,5), alles große Dörfer bzw. Kleinstädte. Im Zentrum von S. Miniato Basso zweigt nach rechts die Straße nach S. Miniato ab. Nach 2 km anstrengenden Aufsteigens treffen Sie in Schweiß gebadet in dem schönen Bergort ein.

San Miniato

Kleinstadt, in Bergeshöhe, unterhalb der Ruine einer Stauferburg aus dem Jahr 1218, von der nur noch ein ehemaliger Befestigungsturm (restauriert) steht. Viel Sehenswertes aus mittelalterlicher Bauwelt:

Dom Santa Maria Assunta e San Gennesio: aus dem 12. Jh., im 15. Jh. im Osten erweitert, Frührenaissance-Portal, Fassade ein wenig jünger, Kircheninneres aber im 19. Jh. bei der Neugestaltung barockisiert, der Campanile mit einem Wehrgang.

Palazzo Comunale: Im 14. Jh. erbaut, später mehrfach verändert, so moderne Fassade, aber im Ratssaal Fresken aus der Entstehungszeit, u.a. „Muttergottes mit Engeln und Tugendallegorien" von Cenni di Francesco.

Es lohnt sich, den anstrengenden Aufstieg zum Burgberg zu unternehmen, Sie dürfen einen großartigen Ausblick auf die Stadt und das Umland erwarten.

Kartenskizze Etappen 42 – 44

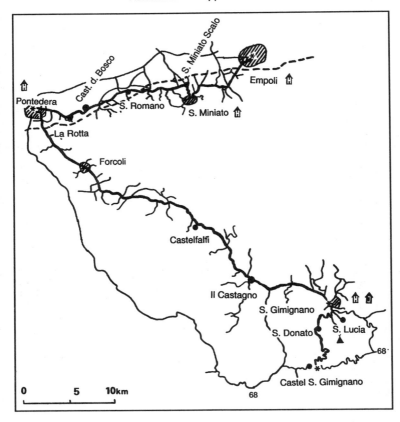

> **Markt:** Di vormittags, Piazza Dante.
> **Hotel:** Da Elio **, Via Tosco-Romagnola Est, ✆ 057142010, 🖷 057143590.
> **Fahrradladen:** Cicli Daccordi, V. Tosco-Romagnola Est 345, ✆ 057142744.

Die Etappe wird in nordöstlicher Richtung mit der ca. 2,5 km langen Abfahrt nach Scala fortgesetzt. Dann sind Sie wieder auf der SS 67. Über Ponte Elsa wird nach 8 km auf nun wieder federleichter Strecke **Empoli** erreicht.

> **Etappe 43:**
> Pontedera – Forcoli – Castelfalfi – San Gimignano (51,5 km)

Zwei Wege führen von Pontedera nach Florenz: der erste bringt Sie durch das Arno-Tal (Etappen 42 & 9), der zweite durch tiefes Hinterland (Etappen 43 & 5). Etappe 43 ist eine schöne Tour durch dünnbesiedelte, waldreiche Mittelgebirgslandschaft. Ein paar Dörfer sorgen für ein wenig Abwechslung und befriedigen nach einer gewissen Zeit aufkommende Wünsche nach „Essen & Trinken". Im zweiten Abschnitt existieren mehrere Steigungen, so daß die Etappe zumindest teilweise mit dem Attribut mittelschwer zu charakterisieren ist. Der Verkehr ist angenehm schwach.

Aus dem Zentrum fahren Sie Richtung Siena stadtauswärts. Kurz nachdem die Era überquert wird, hält man sich auf der Kreuzung nach rechts Richtung Castelfalfi. Auf den nächsten Kilometern geht es auf ebener Strecke die Täler von Era und Roglio aufwärts. Einziger größerer Ort auf diesem Abschnitt ist Forcoli (Bars, Läden).

Ca. 13 km hinter Pontedera verlassen Sie die weite Ebene nach links für Castelfalfi. Die Route folgt nun längere Zeit einem Bach durch enges Tal. Die gemütliche Fahrt geht schließlich zu Ende: auf dem letzten Abschnitt vor Castelfalfi (272 m) sind nämlich zwei lange Steigungen zu bewältigen.

Die Hauptstraße führt am Ort vorbei (alter Kern, schöner Ausblick von der Burg, Restaurant in der Burg, Alimentari im Dorf).

Von Castelfalfi bis San Gimignano ist man in toskanischer Hügellandschaft; velomäßig heißt das: häufiger Wechsel zwischen Aufstiegen und Abfahrten, wobei die Komponente Aufstieg einen größeren Anteil hat. Die Route führt über S. Vivaldo, Il Castagno und Pieve di Cellole (Beschilderung ausreichend). Auf dem letzten Abschnitt können Sie zunächst 4 km „downhill" genießen, bevor Sie nach 1 km Schlußanstieg an der Nordseite von **San Gimignano** eintreffen.

> **Etappe 44:**
> San Gimignano – Castel San Gimignano (12,5 km)

Erster Abschnitt der populären Radelrouten San Gimignano – Volterra und San Gimignano – Siena. Durch ländliche Szene, mäßig befahren. Lediglich ein Dorf an der ganzen Strecke – San Donato auf halbem Weg. Streckenprofil: auf und ab.

Sie verlassen das Städtchen vom Südtor Richtung Volterra (Südwesten). Am Anfang geht es bergab. Aber schon kurz darauf muß ein längeres Stück geklettert werden. Dann folgt eine Passage „down hill", bevor der lange Schlußanstieg ansteht. Kurz vor **Castel San Gimignano** mündet die Etappe 5 in die SP 68, die von Volterra nach Colle di Val d'Elsa führt.

> **Etappe 45:**
> Castel San Gimignano – Colle di Val d'Elsa – Monteriggioni – Siena (35 km)

Zweiter Abschnitt der populären Touren Volterra – Siena bzw. San Gimignano – Siena. Mehrere Steigungen unterbrechen die überwiegend recht leichte Strecke. An der Strecke sind zwei ausgesprochen sehenswerte Orte: die Altstadt von Colle di Val d'Elsa und die mächtige Festung Monteriggioni.
Der Rest: Ackerfluren, Wald, Wiesen. Im Bereich um Colle di Val d'Elsa und nach Siena hinein starker Verkehr, der weitaus größere Teil der Etappe jedoch erträglich.

Hinter Castel San Gimignano fahren Sie auf Hochfläche gen Osten. Nach ca. 4 km führt die Straße ins Tal hinunter, um einen Bach zu überqueren. Danach geht es sofort wieder auf Hochfläche hinauf, wo Sie ca. 3 km bleiben. Es folgt schließlich die rauschende Abfahrt entlang der pittoresken Altstadt von Colle di Valle d'Elsa ins „neue" Zentrum hinunter. Ein Abstecher in die Oberstadt sei wärmstens empfohlen.

> **Colle di Val d'Elsa** (223 m, 16.500 Einw.)
> Mischung aus hektisch-moderner Unterstadt in der Ebene (inkl. Industrie) und fast verkehrsfreier geruhsamer Altstadt, die sich lang über einen ca. 100 m höher gelegenen Bergrücken hinzieht.
> In der insgesamt ausgesprochen interessanten Oberstadt, die sich aus den Vierteln Castello, im Osten, und Borgo, im Westen, zusammensetzt, verdienen, hervorgehoben zu werden:
> der Palazzo Campana (1539, manieristischer Stil, große Fenster, Säulen, Balkon) durch dessen Torbogen man in das von hohen Mauern umgebene Castello, eintritt;
> der Dom (erbaut 1603-1630, Fassade aber erst 1803, marmorne Kanzel aus der Renaissance) sowie die ihn umgebenden Palazzo Pretorio (Archäologisches Museum, viele Exponate aus etruskischer Zeit) und Palazzo dei Priori (Museum);
> das nahegelegene Teatro di Varii, im Castello;
> die Kirche Santa Caterina (15. Jh.), im Zentrum von Borgo,
> und Porta Nuova, am Westrand von Borgo.
>
> **Information:** Pro Loco, Via Campana 18, ℂ 0577912111, 📄 0577912270.
> **Hotel:** Olimpia *, Via A. Diaz 5, Unterstadt, ℂ 0577921662; Il Nazionale **, Via Garibaldi 20, Unterstadt, ℂ 0577920039, 📄 0577920168.
> **Jugendherberge:** in Siena, 24 km (Etappenende).
> **Camping:** in S. Lucia bei S. Gimignano, 16 km, und Monteriggioni, 11 km.
> **Fahrradladen, Reparatur:** Antichi, Via F. Livini 1, Unterstadt.

Die Route läuft durch das Zentrum von Colle di Valle d'Elsa. Hinter der Haupt-Piazza geht es nach links Richtung Siena ab (ausgeschildert). Stadtauswärts muß ein wenig geklettert werden. Ansonsten ist aber die Strecke bis Monteriggioni (km 9), der gewaltigen Festung hoch über der Straße, im Streckenprofil leicht zu fahren.

> **Monteriggioni** (274 m)
> Mächtiges Kastell (gut erhalten), aus dessen 570 m langer Rundmauer 14 wuchtige Türme herausragen. Dieses Riesenexemplar mittelalterlichen Festungsbaus wurde 1203 zur Verteidigung Sienas angelegt. In seinem Inneren verliert sich ein kleiner Ort, dessen Piazza ein paar Läden und Lokale umgeben.
>
> **Information:** Pro Loco, Piazza Roma.
> **Markt:** Do vormittags, Castellina Scalo.
> **Hotel:** Serafino ***, Via dell'Abbadia 2, Ortsteil Tognazza, © 0577318242, 🗎 0577318388.

Es geht nun auf der SS 2 weiter, über die erheblich mehr Verkehr läuft. Vor **Siena** sind noch zwei Steigungen zu nehmen, nach der zweiten sind Sie am Nordrand der Stadt. Sie folgen dann dem bekannten Symbol „Centro". Auf dem Weg in die Altstadt steht noch einmal ein Anstieg an (s. Stadtskizze).
Start in Gegenrichtung: wie Etappe 3, dort beschrieben.

Alternative: Castel San Gimignano – Colle di Valle d'Elsa – Scorgiano – Siena (37 km)
Alternative zu Etappe 45 zweiter Teil. Zwar länger, aber sehr ruhig und streckenweise ausgesprochen idyllisch. Nur ein paar Dörfer en route, außerdem viel Wald. Hinter Scorgiano (km 10 hinter Colle di Valle d'Elsa) steht eine längere Steigung an, über die muß man nun mal drüber. Der Rest erfordert keine sonderlichen Anstrengungen. Etwas Proviant erweist sich als angenehm, da auf dem zweiten Teil (ab Scorgiano) keine Möglichkeiten zum Einkehren existieren.

> **Etappe 46:**
> Siena – Pianella – Radda in Chianti – Castellina in Chianti (47 km)

Schöne Tour ins Chianti-Land. Höhepunkt der Etappe die Dorf-Städtchen Gaiole, Radda und Castellina. Wald, Weinberge – immer mal exotische Fleckchen: alte Gehöfte, geschmückt von Zypressen. Profil: chianti-mäßig, hügelig, also auch ein paar Steigungen. Verkehr: erträglich.

Ca. 100 m südöstlich vom Bahnhof wird nach links Richtung Arezzo abgebogen. Ca. 700 m südöstlich von der Abzweigung wenden Sie sich nach links und überqueren die Bahnlinie. Sie sind dann auf der SS 408 (Beschilderung Montevarchi), die nach Pianella führt. Sie sind in unterer Chianti-Hügellandschaft – auf den 12 km von Siena (322 m) nach Pianella (225 m) geht es mehrfach „auf und ab".

Kartenskizze Etappen 45 – 48

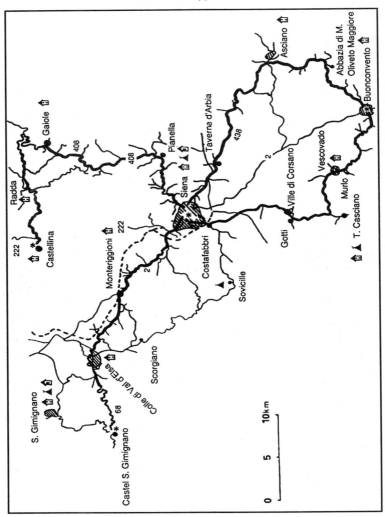

In Pianella bleiben Sie auf der SS 408 (Richtung Gaiole, Norden), während nach Osten die Route nach Castelnuovo Berardenga/Arezzo abzweigt.

Die SS 408 verläuft bis Gaiole (km 28) in waldreicher Landschaft durch verschiedene Bachtäler aufwärts (kein „richtiger" Anstieg).

Gaiole in Chianti (360 m, 2900 Einw.)
Großes Dorf, weder uralte Bauten noch übermäßig modernisiert, nicht sonderlich vom Chianti-Massentourismus berührt, recht passabel. Der Ort lebt primär vom Weinbau, die hiesigen Produkte kann man in mehreren Enoteca-Lokalen erwerben. In der Umgebung gibt es einige interessante Burgen/Schlösser, die im Rahmen von Rundtouren erkundet werden können.

Information: Pro Loco, Via Ricasoli 50, ✆ 0577749411.
Markt: Mo nachmittags, 14tägig, Via Ricasoli.
Hotel: La Pineta *, Ortsteil Monteluco TV, ✆ 0577734051.

Rundtouren (Skizze s. nächste Seite)
R6: Gaiole – Radda – Mollinacio – Gaiole (24,5)
R7: Gaiole – Montevarchi – Moncione – Il Prato – Gaiole (48 km)
R8: Gaiole – Castelnuovo Berardenga – Gaiole (49 km)
R9: Gaiole – Radda – Panzano – Greve – Lucolena – Cavriglia – Gaiole (84 km)
R10: Gaiole – Radda – Castellina – Vagliagli – Gaiole (53,5 km)

Direkt hinter Gaiole steht die erste größere Steigung auf dem Programm. Anschließend fahren Sie ein Stück bergab bis zur Abzweigung nach Radda (km 32,7). Nun geht es auf starkem Anstieg Richtung Villa hinauf. Danach beginnt eine Abfahrt, die am Rand von Radda vorbeiführt und erst ein Stück unterhalb endet.

Radda in Chianti (530 m, 1500 Einw.)
Hübscher Ort auf einem Bergrücken, zwischen den Tälern der Arbia und der Pesa. Der mittelalterliche Ortskern um den kleinen Marktplatz ist in gutem Zustand. Ziele für den Bummel sind vor allem die Kirche San Nicola und der Palazzo. Ein Genuß sind aber auch die weiten Blicke über Chianti-Land.
Radda wird von vielen Touristen besucht, ist daher reichlich mit Gaststätten und Enoteca-Lokalen bestückt.

Information: Pro Loco, Piazza Ferrucci 1, ✆ u. 🖷 0577738494.
Hotel: Il Girarrosto *, Via Roma 41, ✆ 0577738010.
Bauernhöfe: Sehr viel Agriturismo in der Umgebung.
Fahrradladen: Siena, 25 km (per Nebensträßchen/Schotterwege).

Nach der Abfahrt geht es auf der Fahrt nach **Castellina** ein langes Stück leicht aufwärts. Die letzten 2 km dürfen Sie zunächst noch einmal abwärts rollen, bevor der kurze Schlußanstieg erfolgt.

Rundtouren um Gaiole

Foto rechts: Siena, Dom

> **Etappe 47:**
> Siena – Asciano – Buonconvento (44 km)

Zunächst durch die sanften Hügel der nördlichen Crete, eine karge Landschaft aus Getreidefeldern und Weiden, ab und an eine Mulde mit Wasserreservoir, das nur während der Regenmonate gut gefüllt ist. Der zweite Teil – nun südliche Crete – ist stellenweise noch karger. Im Umfeld des Klosters Abbazia di Monte Oliveto Maggiore befinden sich bizarre Erosisonschluchten. Zur Bereicherung der landschaftlich abwechslungsreichen Fahrt tragen die gemütlichen Städtchen Asciano und Buenconvento sowie das Kloster Abbazia di Monte Oliveto Maggiore bei.
Im ersten Abschnitt mittelschwere Steigungen, im zweiten richtig schwere Aufstiege, also eine Etappe, die es in sich hat.

Ca. 100 m südöstlich vom Bahnhof wird nach links Richtung Arezzo eingebogen. Sie folgen zunächst ein Stück der Bahnlinie Siena-Chiusi (Richtung Südosten). Nach ca. 4 km unterfahren Sie ein Straßenkreuz. Ca. 1,5 km dahinter ist nach rechts Richtung Taverne d'Arbia abzubiegen, das kurz danach auftaucht: erst ein Neubauviertel, dann der alte Ort. Sie orientieren sich jetzt und fortan an der Beschilderung für Asciano. Kurz hinter Taverne d'Arbia (186 m) beginnt die Crete: Lehmhügel, die zur Sommerzeit von ausgedehnten Getreidefelder bedeckt sind, an denen aber auch die Erosion reichlich gewirkt hat. Es wechseln Aufstiege und Abfahrten. Zum Schluß geht es auf langer Abfahrt nach Asciano (km 26) hinunter.

> **Asciano** (200 m, 6200 Einw.)
> Kleinstadt, recht gepflegt, gemütliche Altstadt sowie ein wenig Neustadt drumherum. Genug Möglichkeiten zum Einkehren. Gute Verbindungen Richtung Siena (Bahn, Bus) und Chiusi/Lago Trasimeno (Bahn). Ziemlich beliebt als Radelziel von Siena und Umgebung. Sehenswert: die Kirche Sant'Agata (vermutlich aus dem Anfang des 12. Jh.) sowie drei Museen.
>
> **Information:** Corso Matteotti 18, ✆ 0577719510.
> **Markt:** Sa vormittags, 14tägig, Via Amendola.
> **Hotel:** Il Bersagliere ***, Via Roma 41, ✆ 0577718629.

Packen Sie an warmen Herbst- oder Frühlingstagen in Asciano noch Getränke in die Gepäcktaschen, damit können Sie die Rast nach den steilen Anstiegen auf dem Weg nach Buonconvento genüßlicher gestalten.

Die Route zweigt am nordwestlichen Ortsrand von Asciano (200 m), d.h. vor der Einfahrt in das Städtchen, nach rechts ab, Buonconvento ist ausgeschildert. Zunächst langer starker Anstieg, dann 700 in der Höhe, dann steile Abfahrt (15 %) und erneut aufwärts. 8 km südlich von Asciano biegt man nach rechts ein für Buonconvento. 1 km hinter der Abzweigung geht es links zum nahegelegenen Kloster Abbazia di Monte Oliveta Maggiore. In diesem Gebiet befindet man sich in fantastischer Landschaft: eine wilde Schlucht, ausgedehnte Wälder (viel Eiche). Von km 39 bis 43 kann wieder abgefahren werden. Der letzte Kilometer vor Buonconvento ist flach.

Buonconvento (147 m)
Ansehnliches Städtchen, das allerdings vom starken Verkehr der SS 2 behelligt wird. Immerhin ist aber das kleine Zentrum verkehrsfrei und bietet Bar und Caffè für eine gemütliche Rast.
Buonconvento gehörte in die Riege der Bollwerke (13. Jh.), die der Stadtrepublik Siena vorgelagert waren. Die Stadtmauer ist ein Produkt jener Zeit.
Für Touristen, die ein sehr spezifisches Interesse an der Geschichte toskanischer Malerei haben, ist das Museo d'Arte Sacra della Val d'Arbia, Via Socini 17, ein Besuch wert, ist hier doch u.a. „die Madonna mit dem Kind" zu sehen, die zu den hervorragendsten Werken des jungen Duccio gezählt wird.

Information: Comune, Via Soccini 32, ✆ 0577806012, 0577806016, 🖷 0577807212.
Bahnstation: Strecke Grosseto-Siena, recht häufig Regionalzüge, die Fahrräder mitnehmen.
Markt: Sa vormittags, Piazza Gramsci.
Hotel: Roma **, Via Soccini 14, ✆ 0577806021, 🖷 0577807284.

Abstecher
A15: Abbazia di Monte Oliveto Maggiore
Ca. 9 km hinter Asciano, 1 km hinter der Abzweigung nach Giovanni d'Asso, zweigen Sie von unserer Route nach links ab. Das Kloster ist nur wenige hundert Meter entfernt. Der ausgedehnte Gebäudekomplex, der sich über eine Bauzeit von über 100 Jahren herausgebildet hat (Refektorium 1387-90, Wehrturm 1393, Kirche 1400-17, großer Kreuzgang 1426-43, Bibliothek 1513-14), beeindruckt als Gesamtanlage, ist aber eher bescheiden in den Details. Große Kunst ist jedoch der Freskenzyklus von Lucca Signorelli (ab 1497) im großen Kreuzgang, der das Leben des Hl. Benedikt erzählt.
Kloster Monte Oliveto Maggiore wurde 1319 gegründet; der Lebensstil, der hier noch immer herrscht, ist von benediktinischer Askese geprägt.

Etappe 48:
Buonconvento – Vescovado – Ville di Corsano – Costafabbri – Siena (47 km)

Schöne Tour durch die Zentraltoskana – meist auf der Höhe. Zwischen Vescovado und Ville di Corsano ausgedehnte Wälder. Von Ville di Corsano bis Costafabbri mit Getreidefelder bedeckte Hügel (inkl. Waldfetzen, zahlreichen Hecken und Gehöften auf Anhöhen). Recht häufig Steigungen, davon aber nur eine wirklich schwere (vor Bibiana). Einige Dörfer an der Route, zur Genüge Einkehrmöglichkeiten. Bis Costafabbri wenig Verkehr, dann aber um so mehr.

Vom Zentrum Buenconvento fährt man in westliche Richtung (Orientierung Bibiana/Murlo). Nach einer kurzen Einrollphase durch Äcker und Rebenfelder beginnt der steile Aufstieg nach Bibiana (500 m sogar 14 %). Dort halten Sie sich Richtung Murlo/Vescovado. Kurz vor Vescovado lohnt es sich, den kleinen Abstecher zum nur wenig von der Hauptstraße entfernten **Murlo** (mittelalterlicher Ort ganz von Mauerwall eingeschlossen, Einkehrmöglichkeit) zu unternehmen. In Vescovado (km 17), einem großen Dorf, hält man sich Richtung Casciano di Murlo. Ca. 8 km westlich wendet man sich an der Gabel nach rechts/Norden. Nur wenig südlich liegt übrigens der kleine Kurort Casciano di Murlo, wo sich auch ein Campingplatz befindet.

Von der Abzweigung gelangen Sie auf einer durch häufige „Aufs und Abs" gespickten Route via Ville di Corsano (Supermarkt, Bar) und Costafabbri nach **Siena**.

Start in Gegenrichtung: Von der Westseite des Campo fahren Sie auf der Via di Fontebranda über Porta Fontebranda zur Schnellstraße Strada di Pescáia hinunter, die zur Superstrada und zur SS 73 führt. Sie halten sich zuerst Richtung Grosseto und dann Richtung Roccastrada (s. Stadtskizze). Nach der Einbiegung in die SS 73 geht es nach Costafabbri hinauf. Dort gelangen Sie an eine Gabelung, an der nach links die Straße Richtung Murlo abzweigt (entsprechender Hinweis).

Etappe 49:
Buonconvento – Montalcino (14 km)

Zwischenstück für Touren von Siena zu den grandiosen Bergstädtchen der Südosttoskana, die da heißen Montalcino, Pienza, S. Quirico d'Orcia, Montepulciano und Chianciano. Auf der zweiten Hälfte langer Anstieg (Weinberge), deshalb recht anstrengend. Nebenstraße, aber in der Hauptsaison seit ein paar Jahren in wachsendem Maß durch Touristenautos frequentiert.

Ca. 2 km südlich von Buonconvento wird vom Abgas-Trail der SS 2 nach rechts auf die Landstraße nach Montalcino abgezweigt. Die nächsten 4 km sind von einem kleinen Anstieg abgesehen noch flach. Dann wird es ernst – Aufstieg von 146 auf 567 m auf ganze 8 km verteilt. Glücklich, wer genug Flüssigkeit und leckere Snacks in der Gepäcktasche hat. Ca. 1 km östlich von Montalcino treffen Sie auf die Straße Montalcino-Torrenieri. Es wird nach rechts eingebogen, bis zum Zentrum von Montalcino sind es noch gut 1,5 km.

Montalcino (567 m, 5600 Einw.)
Hoch über karger Landschaft, ein weiteres malerisches Städtchen hinter hohen Festungsmauern.
Man kann davon ausgehen, daß auf diesem Hügel schon die Etrusker und Römer zu Hause waren. Im Mittelalter war dieser Flecken stets im Span-

nungsfeld zwischen Florenz und Siena. 1260 kam es nach der Schlacht von Montaperti in den Besitz der Sienser, die hier ein weiteres Festungsbollwerk in ihrem Vorfeld anlegten. Als im 16. Jahrhundert Kaiser Karl V. ihre demokratische Republik zerschlug, flohen viele nach Montalcino, wo sich noch vier Jahre eine Rest-Republik gegen die Flut des Absolutismus verteidigte.

Montalcino war vor Jahrzehnten noch ein Geheimtip, ist aber jetzt vom Tourismus erfaßt, freilich ist der Fremdenstrom immer noch weitaus schwächer als etwa in San Gimignano oder Montepulciano. Die Zahl der Läden mit Touristentrödel, Caffès und Bars ist mittlerweile recht groß. Dazu zählt auch eine Reihe von Enoteca-Lokalen, die den „Brunello", den erstklassigen Rotwein des Weinbaugebietes Montalcino, anbieten.

Interessant ist die Stadt als Ganzes, weniger einzelne Bauten. Einen solchen Flecken erschließt man sich am besten durch „planloses Herumstreifen" und gelegentliche Weinproben und Kaffeepausen.

Information: Ufficio Turistico Communale, Costa del Municipio 8, ℂ 0577849331.
Markt: Fr vormittags, Viale della Libertà.
Hotel: Il Giardino **, Via Cavour 4, ℂ 0577848257; Il Giglio ***, Via Soccorso Saloni 5, ℂ 0577848167;

Etappe 50:
Montalcino – Torrenieri – San Quirico d'Orcia – Pienza – Montepulciano – Abzweigung Chianciano Terme/Sarteano (48 km)

Eine der schönsten Etappen im Toskaner Land: Zusammenballung faszinierender, mittelalterlich dreinschauender Bergstädtchen: Montalcino, San Quirico d'Orcia, Pienza, Montepulciano, Chianciano. Von der Streckenlänge eigentlich leicht an einem Tag zu absolvieren, aber Sie tun sich keinen Gefallen, wenn Sie das Programm im Eiltempo abwickeln. Lassen Sie sich Zeit, genießen Sie die malerischen alten Städtchen, ihre beeindruckenden Bauwerke, ihren guten Wein, die landschaftliche Schönheit der Region. Streckenprofil: toskanische Verhältnisse, auf und ab, aber dennoch nicht sonderlich schwer. Für das leibliche Wohl ist in allen Orten „en route" reichlich gesorgt.

Sie verlassen Montalcino (567 m) in Richtung Siena. Nach ca. 1,5 km hält man sich nach rechts für Torrenieri/S. Quirico/Pienza. Es geht dann ins Asso-Tal hinunter. Bei km 8 fahren Sie geradeaus (Torrenieri) über das Kreuz, kurz danach wird Torrenieri erreicht, eine ziemlich unscheinbare Kleinstadt. Auf dem Kreuz im Zentrum wird nach rechts abgebogen (Stazione), kurz danach werden die Bahngleise überquert, und anschließend wird am Friedhof vorbei aufgestiegen – ein längeres Stück. Danach dürfen Sie auf der einsam-beschaulichen Landstraße in der freundlichen Hügellandschaft abfahren, bevor der lange Anstieg nach S. Quirico bewältigt werden muß.

Kartenskizze Etappen 49 – 55

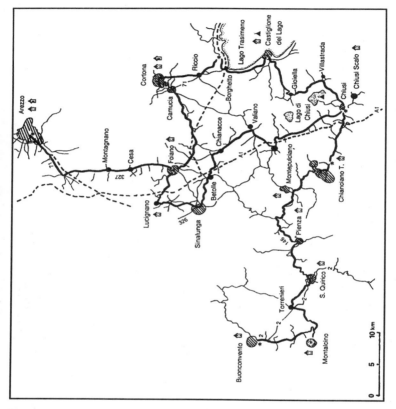

San Quirico d'Orcia (409 m)
Altes Städtchen auf Hügel, ummauert, in jüngerer Zeit recht viel restauriert, nicht so stark besucht wie Montalcino, Pienza oder Montepulciano.
Sehenswert: Die Kollegiatkirche (romanisch, einschiffig, ab Ende des 12. Jh. erbaut, Querschiff 1298, Turm 1798-1806), der Palazzo Chigi (1679, im 2. Weltkrieg beschädigt) und die Kirche S. Maria Assunta (romanisch).

Information: Ufficio Turistico Comunale, Via Dante Alighieri 33, ✆ 0577897211, geöffnet 1.6.-30.10.

Markt: Di vormittags, Via Dante Alighieri.
Hotel: Kein Niedrigpreis-Hotel; ansonsten Palazzuolo ***, Via Santa Caterina 43, ℂ 0577897080, 📠 0577898264.

Abstecher
A16: Römerbad Bagno Vignoni
Sie können diese Etappe durch den Besuch des ehemaligen Römerbades Bagno Vignoni bereichern. Darüber hinaus könnte dieser Trip ferner noch ein Stück ins Vorland des Monte Amiata ausgedehnt werden, z.B. den hübschen Bergort Castiglione d'Orcia mitnehmen.
San Quirico wird in südöstlicher Richtung verlassen (SS 2, Richtung Roma), es geht zunächst einmal kurvenreich bergab. Ca. 5 km südlich von San Quirico zweigt nach rechts ein Sträßchen zum nahe- und etwas höher gelegenen kleinen Kurort Bagno Vignoni ab.

Bagno Vignoni
5,5 km südlich von San Quirico, idyllischer kleiner Kurort, schon von den Römern genutzt. Es existiert noch ein großes Außenbecken aus dem Jahr 1262, das aber seit ein paar Jahren nicht mehr genutzt werden darf. Durch Tarkowskys Film „Nostalgia" wurde es auch einem großen internationalen Publikum bekannt.

Hotel: Le Terme ***, ℂ 0577887150, 📠 0577887497; Posta Marcucci ***, ℂ 0577887112, 📠 0577887119; in den Hotels kann gekurt werden.

Sie setzen die Tour von San Quirico aus auf der SS 146 fort. Das nächste hochkarätige Reiseziel, Pienza, ist lediglich 9,5 km entfernt. Nach mehreren mäßigen „Aufs und Abs" kommt schließlich der 3,5 km lange Schlußaufstieg in das populäre Touristenziel Pienza. Bevor Sie mit der Besichtigung beginnen, sollten Sie sich zunächst einmal bei herzhaftem Pecorino-Käse und vorzüglichem Vino Nobile di Montepulciano von den Anstrengungen der Kraxelei erholen.

Pienza (491 m, 2300 Einw.)
Renaissance-Städtchen, wie Montepulciano in Bergeshöhe, weitgehend von massiger Stadtmauer umschlossen.
Bis ins 15. Jh. stand hier das unscheinbare Dorf Corsignano. Dann wurde in diesem unbekannten Flecken Enea Silvio Piccolomini geboren, der es zu Reichtum brachte, das Leben genoß und schließlich sogar zum Papst aufstieg. Ihn trieb Ehrgeiz und Bauwut dazu, den kleinen Ort völlig umzukrempeln und eine kleine Modellstadt der Renaissance anlegen zu lassen mit weiter Piazza, großem Palazzo, stattlichem Rathaus, Kathedrale und Kloster.

Information: Piazza Pio II, ℂ 0578749071.
Markt: Fr vormittags.
Hotel: kein Niedrigpreis-Hotel, ansonsten Il Falco **, Piazza Dante Alighieri.

Es geht auf der SS 146 weiter gen Osten. Das nächste malerisch gelegene Bergstädtchen, Montepulciano, ist 12,5 km entfernt. Es geht zunächst einmal ein längeres Stück hinunter, aber im Gegenzug gleich wieder hinauf. Danach bleibt die SS 146 ziemlich auf der Höhe (in gewissen Schwankungen). Sie führt am alten Montepulciano vorbei, das ca. 1,5 km entfernt ist. Für den Besuch dieses interessanten Reiseziels bedarf es also eines Abstechers.

Montepulciano (605 m, 13.800 Einw.)
Altes Städtchen, auf einem Berg angelegt, von einer mächtigen Stadtmauer eingeschlossen, Zentrum eines Weinbaugebietes, in dem der Rotwein Vino Nobile di Montepulciano gekeltert wird.
Montepulciono wurde einst von Etruskern aus Chiusi (6. Jh. v. Chr.) gegründet. In der Römerära hieß es Mons Politianus, daraus ist der heutige Name hervorgegangen. Ab 1208 war es eine selbständige Stadtgemeinde, die während Mittelalter und Renaissance zumeist mit Florenz „verbündet" war (mehr abhängig als frei). 1495-1511, als die Medici aus der Arnometropole vertrieben waren, „kooperierte" Montepulciano auch mal mit Siena. 1561 löste es Chiusi als Bischofsstadt ab.
In jüngerer Vergangenheit bekam es dank seiner hochkarätigen Renaissancebauten Anschluß an den Toskana-Tourismus, das hat viel Leben und Gastronomie gebracht.
Montepulciano ist in seiner Hülle mittelalterlich, die repräsentativen Bauwerke stammen jedoch überwiegend aus der Renaissance.
Sie können fast alle touristisch gefragten Bauwerke sehen, wenn Sie von der Porta al Prato im „tiefen" Norden auf der Achse Viale Sangallo/Via di Graciano del Corso/Via di Poggiolo/Via Ricci/Piazza Grande/Via San Donato zur Porta delle Farine im „hohen Süden" hinaufsteigen. Auf eine besondere Zusammenballung von Sights treffen Sie an der Piazza Grande, in der Oberstadt, die von Palazzo Comunale (Rathaus, mächtiger Bau mit hohem Turm, 15. Jh., kann bestiegen werden, Mo-Sa 8-13.30 Uhr), Palazzo Ricci, Duomo (Baubeginn 1594, Fassade unvollendet), Palazzo Contucci (1594, für den Kardinal Giovanni M. del Monte, späterer Papst Julius III., Architekt Sangallo), Palazzo Tarugi (1520, Architekt Sangallo) und Palazzo d. Capitano del Popolo (14. Jh., Fenster- und Türbögen im Sieneser Stil) umgeben ist.
Der Stadtrundgang kann durch eine Kurzwanderung zur ein Stück unterhalb der Südstadt gelegenen Wallfahrtskirche S. Biagio (1518-40, Architekt Sangallo; Finanzier: der superreiche Familienclan Ricci) ergänzt werden, einem Renaissance-Sakralbau von absolutistischer Dimension mit einem mächtigen Kuppelturm. In der benachbarten Trattoria kann Rast eingelegt werden.

Information: Via Ricci 9, ✆ 0578758687.
Markt: Do vormittags, Piazzale Lo Sterto.
Hotel: La Terrazza **, Via Piè al Sasso 16, ✆ 0578757440, neben dem Dom; Il Marzocco ***, Piazza Savonarola 18, ✆ 0578757262.
Camping: in Sarteano, 19 km.

Sie kehren nach dem Besuch von Montepulciano auf die SS 146 zurück und setzen die Tour in Richtung Osten fort. Der Abschnitt bis Chianciano Terme, ca. 9 km, ist nicht schwer, wenn auch mehrere Anstiege enthalten sind. Etwas länger ist der Anstieg vor Alt-Chianciano. Die SS 146 läuft am alten Ort vorbei. Durch Neustadtgebiet abfahrend erreichen Sie nach ca. 2 km die Abzweigung für den Kurbezirk (nach rechts, aufwärts). Unsere Route führt dagegen geradeaus Richtung Chiusi weiter. Sie endet am Ostrand des Stadtbezirkes Chianciano T. an der Abzweigung der Straße nach Sarteano.

Chianciano/Chianciano Terme (475 m, 7400 Einw.)
Eines der meistbesuchten Thermalbäder Italiens (jährlich 1,5-2 Mio. Besucher), zahlreiche Hotels und Lokale, üppige Kurparks, allerlei Einrichtungen für Freizeitaktivitäten (Bocciabahnen, Minigolfanlagen, Tennisplätze, markierte Spazierwege) und reichhaltiges Kurort-Kulturprogramm.

Die Heilwässer von Chiancano waren bereits den Etruskern bekannt und damals schon genutzt. Auch in römischer Zeit und im Mittelalter gab es hier Kurbetrieb – freilich in vergleichsweise bescheidener Dimension.
Der Aufstieg zum Massenkurbetrieb war jedoch das Ergebnis der 60er und 70er Jahre unseres Jahrhunderts. Die chiancianischen Quellen versprechen Heilwirkungen gegen Leber- und Gallenleiden, Herz- und Gefäßkrankheiten sowie Störungen des Verdauungsapparates.

Stadtgeografie
Der „Ort Chianciano/Chianciano Terme" besteht aus zwei sehr unterschiedlichen Teilen: dem langezogenen, total modernen Kurbezirk/Therme ohne jeden Charme im Süden und dem kompakten, recht reizvollen alten Wohnstädtchen im Nordosten, die durch ein langgestrecktes Viertel moderner Allerweltsbauten verbunden sind.

Historische Bauten
In Alt-Chianciano existieren auch ein paar Bauwerke aus dem gängigen Kanon von Sehenswürdigkeiten: die Kollegiatskirche S. Giovanni Battista (1229 erbaut, 1809 restauriert), die Kirche della Compagnia (1517), der Palazzo del Podestà und der Uhrturm mit dem Mediciwappen.

Rundtouren
Man ist gegenwärtig auch daran interessiert, die Region als Radelgebiet populär zu machen. In der gut aufgemachten Broschüre „Radtouren in der Toskana zwischen dem Valdichiana und dem Val d'Orcia" werden 12 Rundtouren vorgestellt. Radler, die im Raum zwischen Chiusi und Montepulciano eine Weile bleiben, können hieraus eine Reihe von Ergänzungen zu unserem Netz entnehmen.

Information: Piazza Italia 67, Kurviertel, ✆ 057863167, 🗎 057863277, detaillierter Stadtplan erhältlich.
Markt: Mi vormittags, Via della Pace.

Hotel (zahlreich, von 1* bis 4**** Sterne): Da Giancarlo *, ✆ 057831230; Montemario *, ✆ 057831100, Silva *; ✆ 057830162, alle im Nordosten.
Camping: in Sarteano, 10 km, und Lago di Chiusi, 14 km.
Fahrradladen: Via Risorgimento, Altstadt.

Etappe 51:
Chianciano Terme/Abzweigung Sarteano – Alt-Chiusi (10,5 km)

Das kurze Verbindungsstück für Touren von der Südtoskana in die Osttoskana und nach Nordwest-Umbrien.

Orientierung: Chiusi. Auf der in diesem Abschnitt ziemlich stark befahrenen SS 146 zunächst ein längeres Stück mehr oder weniger abwärts, schließlich vor Chiusi (= Alt-Chiusi) ein wenig aufwärts.

Chiusi (398 m, 9100 Einw.)
Kleinstadt, die aus zwei Teilen besteht: einem recht großen neueren Teil namens Chiusi Scalo in der Ebene (Bahnhof, Hauptgeschäftsstraße, Hotels), einem mittelalterlichen Teil, Chiusi Alto, hoch über der Ebene auf dem Plateau eines breiten Tuffsteinhügels, der von einem Stadtwall umringt ist. Chiusi Scalo und Chiusi Alto (= Chiusi) sind 2,5 km voneinander enfernt.
Chiusi ist eine etruskische Gründung. Es war auch in der Römerzeit eine respektable Siedlung. Der Grundriß der heutigen Altstadt folgt etruskisch-römischen Vorgaben. Im Mittelalter war Chiusi im 12. Jh. von Orvieto, im 13. Jh. von Siena abhängig. Es war nur 1334-1355 freie Comune.
Chiusi Alto ist auf jeden Fall recht sehenswert. Hauptattraktionen sind der Dom (12. Jh., Stil: Basilika; auch Dommuseum) und das Etruskermuseum, das gut bestückt ist.
4 km nordöstlich von Chiusi liegt der Lago di Chiusi, ein kleiner See, in dem gebadet werden kann und wo auch Camping möglich ist.

Information: Via Porsenna 67, ✆ 0578227667.
Markt: Di vormittags, Piazza XX Settembre, Di vormittags, Chiusi Scalo.
Hotel: La Rosetta *, Via Mameli 57, Chiusi Scalo, ✆ 057820077.
Camping: Pesce d'Oro, direkt am See/Lago di Chiusi, ✆ 057821403, einfach; La Fattoria, oberhalb vom See, ✆ 057821407, 15.6.-15.10, einfach.

Ausflug
A17: **Lago di Chiusi**
Von Alt-Chiusi führt ein Sträßchen zum See hinunter, das bis kurz vor dem See mit Etappe 52 identisch ist. Sie biegen dann nach links ab, die Straße endet bei einem Campingplatz/Restaurant am See (ca. 5 km).

Etappe 52:
Chiusi – Castiglione del Lago (21 km)

Fahrt durch ländliche Szene von Chiusi zum Lago Trasimeno, einem schön gelegenen See, an dem es sich gut ein paar Tage ausspannen läßt. Nebenstraße, an der mehrere stattliche Dörfer liegen, die nicht allzu sehr befahren ist. Auf der ersten Hälfte „ab und auf", im Schlußteil flach.

Sie verlassen Alt-Chiusi (378 m) Richtung Villastrada (Abfahrt). Kurz vor diesem Ort verläuft die Straße ziemlich nahe zum Lago di Chiusi, bevor ein Aufstieg erfolgt. Von Villastrada (343 m, km 7,6) geht es via Vaiano (350 m) nach Gioiella (366 m, km 12,6). Von hier führt eine Landstraße via Mad. del Vitellino nach **Castiglione del Lago**, dem bedeutendsten Ort am Trasimenischen See.
Zum Streckenabschnitt Chiusi – Villastrada – Gioiella existiert als Alternative die Route Chiusi – S. Guiseppe – Porto – Gioella.

Exkurs:
Valle Chiana
Weites Tal, das sich vom Lago di Chiusi bis Arezzo erstreckt. Unter den Etruskern und Römern war dies dank eines ausgeklügelten Kanalsystems eine blühende Agrarlandschaft. Danach verfiel alles, heraus kam ein riesiger malariaverseuchter Sumpf, unbesiedelt, die Menschen legten ihre Dörfer/Städte auf den

Siena, Il Campo

Bergen am Rand des Tales an. Vor hundert Jahren wurde das Chiana-Tal erneut von der Agrar-Technologie domestiziert. Sumpf und Malaria sind wieder passé, die Chiana ist wieder unter dem Pflug. Toskanaweit steht sie als Lieferant des von Bifteca-Essern begehrten Chiana-Rindes hoch im Kurs.

Etappe 53:
Chiusi – Sinalunga – Lucignano – Foiano (52 km)

Durch die landschaftlich nicht gerade spektakuläre, aber agrarisch gewichtige Region der Chiana, aus der das berühmte Beefsteak des Chiana-Rindes kommt. Langes Stück durch total ländliche Szene. Nur auf den ersten und letzten Kilometern stört starker Verkehr.

Sie fahren von Alt-Chiusi auf der SS 326 Richtung Arezzo. Am Anfang steht die Abfahrt ins Chiana-Tal nach S. Guiseppe. Danach ist die Strecke flach. In Acquaviva (km 15) geht es nach rechts ab für Valiano. Ca. 5 km nordöstlich, direkt nachdem Sie den Chiana-Kanal überquert haben, wird nach links eingebogen. Hinweis: Chianacce. Es geht dann ca. 8 km auf fast verkehrsfreier Landstraße am rechten Ufer der kanalisierten Chiana abwärts. Dann biegen Sie nach links ein für Betolle. Zu diesem recht großen Ort muß aufgestiegen werden. Abschließend geht es dann via Guazzino nach Sinalunga (ausreichend ausgeschildert).

Sinalunga (364 m, 11.500 Einw.)
Städtchen in einem Ölbaumwald. Alles vorhanden, was eine ausgiebigere Ruhepause gemütlich macht – Läden, Lokale. Reizvoll die zentrale Piazza mit verschiedenen Kirchen.

Information: Piazza Garibaldi 5, ✆ 0577630364, 0577631071.
Bahn: Zugverbindung nach Siena und Chiusi, zumeist Fahrradmitnahme möglich.
Markt: Di vormittags, Piazza Garibaldi.

Der letzte Abschnitt der Etappe bringt Sie per Umweg über das architektonisch sehr interessante Mini-Städtchen Lucignano nach Foiana della Chiana, das Sie andererseits aber auch auf einer viel kürzeren Strecke direkt erreichen können. Beide Strecken sind dank brauchbarer Ausschilderung ohne Orientierungsprobleme zu bewältigen.

Lucignano (400 m)
Wie die benachbarten Städtchen auf einem Hügel angelegt, die mittelalterliche Architektur beeindruckend, eine Besonderheit: elliptischer Grundriß des Centro Storico. Sehenswerte Bauwerke: Kirche Collegiata S. Michele (1594, Stil: Renaissance, einschiffig, Hochaltar von Adrea Pozzo), Palazzo Pretorio (13. Jh., restauriert, heute Museum, interessantester Raum die Cancelleria, das ehemalige Gericht).

Markt: Do vormittags, Via Matteotti.
Hotel: Nuovo Lady Godiva *, Ortsteil Pieve Vecchia, ca. 2 km östlich, ✆ 0575836336, 🖷 0575836888.

Foiano di Chiana (318 m)
Nach verbreitetem Muster: Kleinstadt auf Hügel, ehemals Festung, Stadtmauern. Genug Stoff für einen Streifzug: Rathaus, Kirche, Läden, Lokale. Am Rathaus weist eine Tafel auf Benedetto da Foiano hin, der 1527-1530 zu den engagiertesten Verteidigern der demokratischen Republik gegen die Machtansprüche des Papsttums zählte. Nach der Niederlage wurde er von letzterem gefangengenommen und umgebracht.
Von Foiano lassen sich viele schöne Ausflüge unternehmen. Ziele: Lucignano, Rapolano Terme, Sinalunga, Trequanda, Torrieta di Siena, Montepulciano, Cortona, Lago di Chiusi.

Information: Comune.
Markt: Mo vormittags, Centro.
Hotel: La Luna in Gabbia *, Piazza S. Domenico, ✆ 0575648247, 🖷 0575648702.

Etappe 54:
Foiano – Camucia – Cortona – Borghetto/Lago Trasimeno (32,5 km)

Letzter Abschnitt der Tour von Florenz zum Trasimenischen See. Highlight: die Bergstadt Cortona mit einem der schönsten Altstadtkerne der Toskana. Die Etappe könnte als leicht bezeichnet werden, wäre da nicht der gewaltige Aufstieg nach Cortona. Erster Teil stark befahren, zweiter Teil ruhig.

Man verläßt Foiano Richtung Perúgia/Cortona. Auf den folgenden 15,5 km bis Camucia ist im ersten Abschnitt eine Steigung zu bewältigen. Nach der Abfahrt kommt ein langes flaches Stück; die Straße ist ziemlich stark frequentiert. Anschließend geht es von Camucia 5 km steil bergauf in langen Serpentinen nach Cortona.

Cortona (494 m, 23000 Einw.)
Auf einem Bergsporn hoch über dem fruchtbaren und betriebsamen Valle di Chiana, ein Kleinod in Sachen „Stadtbaukunst des toskanischen Mittelalters".

Cortona zählt zu den ältesten Städten der Toskana, war einst als „Curtuns" einer der Hauptorte der Etruskerregion. Von dem damaligen Stadtwall existieren noch Reste als Teil der heutigen Stadtbefestigung (u.a. bei der Porta Colonia, dem Nordtor). In römischer Zeit war Cortona allerdings unbedeutend. Im Jahr 450 wurde die Stadt schließlich durch die Goten zerstört. Über ihren Wiederaufbau ist wenig bekannt, sie wird erst im 11. Jh. wieder urkundlich erwähnt. Im 12. und 13. Jh. war sie längere Zeit eine politisch selbständige Bürger-Stadtrepublik. Danach befand sie sich nach kurzer Besetzung durch

Arezzo unter der Herrschaft der Casalis. Ab 1411 gab Florenz in Cortona den Ton an. 1538 kam die Stadt zum Herzogtum Toskana.

Historische Bauten

Man muß nicht unbedingt mit einem Stadtplan in der Hand suchenden Blickes durch Cortona schleichen. Auch bei munter-chaotischem Durchstreifen der engen Straßen, Gassen und Treppen wird in der räumlich ziemlich kleinen Stadt schon bald auch die letzte Hauptattraktion „ausfindig gemacht" sein. Letztere liegen vor allem um die Piazza della Repubblica (im Nordwesten), so der Palazzo Comunale, der Palazzo del Popolo, der Palazzo Pretorio und der Palazzo Fierli-Petrella. Fast benachbart sind ferner der Palazzo Mancini, ca. 100 m nordöstlich, sowie der Dom Santa Maria und das Museo Diocesano, ca. 100 m nördlich. Von der Piazza della Repubblica führt in südwestlicher Richtung die Via Nazionale, die hübsche Hauptgeschäftsstraße, zur Piazza Garibaldi am Südrand von Cortona, wo Sie einen weiten Blick in die Chiana-Ebene werfen können. Noch besser wird die Aussicht, wenn man Fortezza Medicea anvisiert, d.h. zum Gipfel der Stadt (651 m) hinaufkraxelt. Die Route führt an dem Komplex der populären Wallfahrtskirche Santa Margherita vorbei.

Museen: Museo dell'Accademia Etrusca, Piazza Signorelli 9; Museo Diocesano, gegenüber vom Dom.

Information: APT, Via Nazionale 72, ✆ 0575630352.
Markt: Sa vormittags, Piazza Signorelli.
Hotel: Athens *, Via S. Antonio12, obere Altstadt, ✆ 0575630508, 🖷 0575604457; Italia **, Via Ghibellina 5, nahe Piazza della Repubblica, ✆ 0575630264, 🖷 0575630564.
Jugendherberge: Ostello per la Giuventù San Marco, Via Maffei 57, östlich der Piazzale Garibaldi, ✆ 0575601292, 1.3.-31.10.
Camping: nächste Plätze am Lago Trasimeno.
Fahrradservice: Via Nazionale 78.

Sie verlassen Cortona Richtung Perúgia (per Nebenstraße) – auf den ersten Kilometern eine rauschende Abfahrt; dann am Rand der Ebene entlang. Hinter Ricco wendet man sich nach links für Perúgia. Durch einen Wald von Ölbäumen nähert man sich einem Bereich, von dem ein schöner Blick über den **Lago Trasimeno** besteht. Bald darauf, 5 km südöstlich von Ricco, landen Sie an einer Gabelung, in der es links nach Passignano (Etappe 81), rechts nach Castiglione del Lago (Etappe 83) geht. Hier kann man in die Rundtour um den Lago Trasimeno einklinken.

Etappe 55:
Foiano – Pieve al Toppo – Arezzo (29 km)

Fahrt durch das nördliche Chiana-Tal Richtung Arezzo, bis auf den Schlußteil vollständig flach. In diesem Teil dichter besiedelt und mehr Verkehr als auf Etappe 53. Orte ausgesprochen unauffällig.

Die SS 327 führt bis Pieve al Toppo immer am Ostrand des Chiana-Tales entlang (Orientierung: Arezzo). Sie kommen durch Cesa (km 8), Montagnano (km 11,5) und Alberoro. Ca. 19 km nördlich von Foiano mündet die SS 327 in die SS 73. Der Verkehr wird nun noch stärker.

Die aus Richtung Monte S. Savino kommende SS 73 führt direkt ins Zentrum von Arezzo. Die ersten 5 km sind eben. Danach steigt die Straße leicht an.

Auf den letzten 4 km fahren Sie durch die nicht gerade einladenden Vorstadtbezirke von Arezzo.

Innenstadt Arezzo

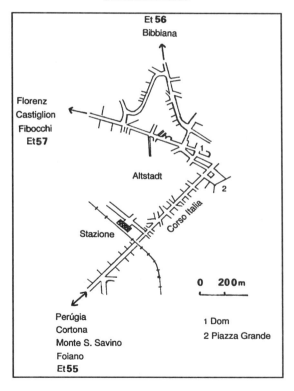

Arezzo (296 m, 90.000 Einw.)
Provinzhauptstadt, passable Altstadt, genügend Sehenswürdigkeiten für ein volles Tagesprogramm – nach mehreren Seiten ungestüme Ausbreitung von Industrie- und funktionalen Wohnvierteln.
Die ausgedehnte Altstadt erstreckt sich nördlich vom Bahnhof hügelan (ca. 2 x 2 km). Die schweren Zerstörungen in der Endphase des 2. Weltkrieges sind längst behoben.
Hauptachse und schönste Straße der Altstadt ist der Corso Italia. An seinem Nordostende steht die Pieve di S. Maria, ein romanischer Kirchenbau, an dessen Rückseite sich die Piazza Grande ausbreitet, der Hauptplatz der Stadt, den restaurierte mittelalterliche Häuser umranden.
Die Verlängerung des Corso Italia endet am weiträumigen Stadtpark, der „Grünen Lunge" von Arezzo. Südwestlich davon erhebt sich der mächtige Dom. Hauptattraktion der Stadt ist allerdings die Kirche San Francesco an der Via Cavour, einer westlichen Seitenstraße des Corso Italia, denn hier befindet sich hinter dem Hochaltar der weltberühmte Freskenzyklus der Kreuzlegende von Piero della Francesca. Dieser Künstler wurde lange Zeit unterschätzt, gilt aber heute als einer der bedeutendsten Renaissancemaler überhaupt.

Information: APT, Piazza Risorgimento 116, ℂ 057523952, Mo-Fr 9-12.30, 16-18, Sa 9-12.30 Uhr; Informationsbüro, Bahnhofsvorplatz, Öffnungszeiten wie APT.
Markt: Mo-Fr vormittags, Piazza San Agostino, Sa vormittags, Area Eden.
Lokale Küche: Arista di maiale (gebratene Schweinelende), Arrosto di Agnello (Lammspieß), Carciofi all'Aretina (Artischocken mit Schinken und Fleisch gefüllt), Fagioli all'Aretina (Bohnen mit Öl, Knoblauch, Tomaten), Pappardelle all'Aretina (Bandnudel in Entensoße), Rocchi di sedano (Selleriekroketten in Fleischsauce).
Hotel: La Toscana *, Via M. Perennio 56, ℂ 057521692; Astoria *, Via Guido Monaco 54, ℂ 057524361, 🖷 057524362; Chimera *, Via Veneto 46, ℂ 0575902494; San Marco *, Via Verga 4; ℂ 0575903322; Ceco **, Corso Italia 215, ℂ 057520986, 🖷 0575356730.
Jugendherberge: Ostello Villa Severi, Via F. Redi 13, südöstlicher Stadtrand, ℂ u. 🖷 057529047, privat, internationaler JH-Ausweis nicht erforderlich.
Camping: in Bucine, 25 km nordwestlich.
Fahrradladen: City Bike, V. Cenci 16, ℂ 057524541; Tenticiclismo, V. Minicio 3/5, ℂ 0575901612; Cicli Motor, V. Einstein 85, ℂ 0575380672.

Etappe 56:
Arezzo – Anghiari – Bibbiena – Poppi – Dicomano – Borgo San Lorenzo (142 km)

Abwechslungsreiche Gebirgstour. Highlights: die Städtchen Anghiari, Sansepolcro (Abstecher), Dicomano, Bibbiena und Poppi. Sehr lange Etappe, die Sie besser über zwei Tage verteilen. Eine Reihe langer Steigungen, aber genauso viele lange Abfahrten. Gesamtcharakter: mittelschwer.

Sie verlassen Arezzo in nördlicher Richtung/SS71/Bibbiena (s. Stadtskizze Arezzo). Bei ca. km 7, d.h. in Ponte alla Chiassa, wird nach rechts für Anghiari abgebogen. Die Strecke bleibt noch ca. 4 km flach. Dann müssen Sie zum Schéggia-Paß, 575 m, hinauf – 6 km (zunächst enges Tag) immerzu aufwärts. Auf der Höhe (im Wald) stehen zwei Lokale, eines bietet auch preiswerte Übernachtung. Es folgen eine lockere Abfahrt, ein Stück Tal und schließlich der nicht allzu lange Aufstieg nach Anghiari, an dessen beschaulicher Altstadt aber die Straße nur vorbeiführt.

Anghiari (429 m)
Von der Tiberebene gesehen höchst pittoresk. Die Erwartungen werden durchaus erfüllt: Häuser dicht gedrängt, enge Gassen, Treppenwege – Bauten aus Mittelalter und Renaissance.

Information: Corso Matteotti 103, ⓒ 0575749279.
Markt: Mi vormittags, Piazza Baldaccio.
Hotel: La Schéggia *, auf dem Schéggia-Paß, ⓒ 0575723066, mit Restaurant; Paris *, Ortsteil Motina, 4 km nördlich, ⓒ 0575789222, 📄 0575789239; La Meridiana ***, Piazza IV Novembre 8, ⓒ u. 📄 0575788102.

Abstecher:
A18: Nach Sansepolcro
Unterhalb von Anghiari zweigt nach rechts die Straße nach Sansepolcro ab. Nach einer kurzen Abfahrt bewegen Sie sich in der weiten fruchtbaren Tiberebene, in der sich auch Sansepolcro befindet, das ca. 7 km von Anghiari entfernt ist.

Sansepolcro (320 m)
Provinzstadt mittlerer Größenordnung, große Altstadt, deren Zentrum die geräumige Piazza Torre di Berta bildet. Letztere wird durchquert von der Via XX Settembre, Sansepolcros lebhafter Hauptgeschäftsstraße.
Hauptsehenswürdigkeiten dieser schönen alten Stadt, die abseits der Hauptströme des Toskana-Tourismus liegt, sind der Dom S. Giovanni Evangelista, in der Via Matteotti, und das städtische Museum, in der Via Aggiunti, in dem einige Werke des bedeutenden Renaissance-Malers Piero della Francesca, der aus Sansepulcro stammte, ausgestellt sind.

Information: Piazza della Repubblica 2, ⓒ 0575740536.
Markt: Di, Sa vormittags, Porta del Ponte, Sa vormittags, Via XX Settembre.
Hotel: Da Ventura **, Via Aggiunti 30, ⓒ u. 📄 0575742560; Orfeo **, Viale A. Diaz 12, ⓒ 05757742061; Taverna **, Via Anconetana 27, ⓒ u. 📄 0575742575.
Fahrradladen: Leonardi Racing, V. del Prucino 2/9, ⓒ 0575740550.

Sie zweigen ein wenig unterhalb von Anghiari – die pittoreske Altstadt im Seitenblick – nach links für Caprese Michelangelo (Hinweis) ab: zunächst ein paar

Kilometer auf ebener Strecke, danach aber ein langer Aufstieg mit einem schönen Blick auf den Tiber-Stausee. Der zweite Abschnitt zwischen Anghiari und Caprese Michelangelo, einschließlich der weit verstreuten Teile der letzteren Comune, ist durch häufigen Wechsel von „auf und ab" zu charakterisieren. Der Gemeindeteil mit dem Geburtshaus von Michelangelo liegt fast ganz am Ende. Letzteres steht ein Stück oberhalb der Straße und ist durch einen ausgeschilderten Abzweig zu erreichen.

Caprese Michelangelo (653 m)
Großgemeinde, weit gestreut, in schöner Mittelgebirgslandschaft. Daß sich hier das Geburtshaus Michelangelos befindet, wirkt sich touristisch nur wenig aus, der Ort ist einfach zu weit weg von den Zentren toskanischen Fremdenverkehrs. Camping, Lokale, Alberghi vorhanden.

Hotel: Buca di Michelangelo, Via Roma 51, ✆ 0575793921, 🗎 0575793941.
Jugendherberge: Ostello Michelangelo, Ortsteil Fragaiolo, ✆ 0575792092, 🗎 0575793994, 1.5.-30.9.
Camping: Michelangelo, Ortsteil Zenzano, ✆ 0575793886, 🗎 0575791183, 15.3.-31.10.

Sie kehren nach der Besichtigung zur Hauptstraße zurück und fahren Richtung Chiusi d. Verna/SP 54 zum ca. 1 km entfernten Ortsteil Lama hinunter. Danach wird Ihr Fahrgefühl über 7 km vom Erlebnis eines Anstiegs von ca. 450 auf fast 900 m hinauf bestimmt. Die Route bleibt dann ca. 2 km auf einem Plateau, bevor eine Abfahrt (1,5 km) folgt. Danach geht es erneut stark ansteigend nach Chiusi della Verna hinauf, einem großen Dorf, wo alles existiert, was für eine ausgiebige Rast erforderlich ist (Alberghi im Ort, Camping Verna, Ortsteil Vezzano 31, ✆ 0575532121, 1.4.-30.9.).

Die Kraxelei geht erst kurz hinter dem langgestreckten Bergort zu Ende. Danach können Sie eine herrliche Abfahrt durch tiefen Wald mit Ausblicken auf Bibbiena, tief unten im Arno-Tal, auf sich wirken lassen (über 20 km, von 950 auf 450 m, nach 11 km mal für 1,5 km durch einen Aufstieg unterbrochen). Die SS 208 führt am Ostrand der Altstadt von Bibbiena vorbei und mündet schließlich in die SS 71.

Bibbiena (425 m)
Recht große Altstadt – auf einem Hügel. Recht viele Läden und Lokale. Mittelpunkt: Piazza Tarlati mit Glockenturm. Weiter Blick übers Arno-Tal zum Nachbarstädtchen Poppi, 6 km nördlich.

Information: Via Berni 25, ✆ u. 🗎 0575593098.
Markt: Do vormittags, Piazza della Resistenza.
Hotel: Brogi ***, Piazza Mazzoni 7, am Fuß der Altstadt, ✆ u. 🗎 0575536222; Borgo Antico, Via B. Dovizi 18, Altstadt, ✆ 0575536445, 🗎 0575536447.
Fahrradladen: Viale Garibaldi 33.

In Bibbiena geht die erholsame Fahrt auf einsamer Straße zunächst einmal zu

Ende. Das nächste Stück, auf der SS 71 nach Poppi 6 km, ist reichlich frequentiert. Das verhindert den unbeschwerten Genuß des schönen Tals. Die Route führt durch den „neuen" Teil von Poppi.

Poppi (437 m)
Im Flußtal die Neustadt (Poppi Scalo), stark vom Durchgangsverkehr belastet, das ökonomische Zentrum; auf einem Hügel über dem Tal thronend die Altstadt, klein, in sich geschlossen, die schönste Altstadt des Casentino (= oberes Arno-Tal). Am Bild der alten Stadt hat sich seit dem 16. Jh. kaum etwas geändert. Hauptstraße ist die Via Cavour, die beidseitig von Arkaden gesäumt wird. Sie beginnt an der Piazza della Repubblica, dem populären Treffpunkt. Sehenswert ist die kleine Kirche Abbazia di San Fidele. Kaum Touristen.

Information: Comune.
Markt: Di vormittags, Ponte a Poppi.
Hotel: Casentino **, Piazza della Repubblica 6, ℅ 0575529090, 🖹 0575529067, einstiges Wirtschaftsgebäude des Schlosses.
Camping: Il Capanno *, Ortsteil Capanno, ℅ 0575518015, 1.7.-30.9.; Parco Puccini *, Ortsteil Pucini, ℅ 0575556006, 🖹 0575556157, 1.6.-30.9.

Bald darauf, 3 km hinter Poppi Scalo, fahren Sie geradeaus (SS 310/Stia), während nach links die Straße nach Firenze abgeht. Stia (440 m), 10 km hinter Poppi, ist ein gemütliches Städtchen. Im Zentrum halten Sie sich nach rechts Richtung Londa, 28,7 km. Anschließend beginnt der 14 km lange Aufstieg zum Valico Croce a More, 955 m. Von der Paßhöhe – wie gewohnt – im Gegenzug eine nicht minder lange Abfahrt. Wirklich zum Genießen, denn die Straße ist fast verkehrsfrei. Sie kommen auf der Abfahrt ziemlich bald an einer Pizzeria vorbei und passieren ferner das malerisch gelegene Dorf Fornace (weit auseinander liegende Gehöfte, terrassierte Felder). In Londa (226 m), am rauschenden Wildbach, zwischen Berge eingezwängt, kleiner Stausee, Läden und Lokal, ist man über 28 km hinter Stia wieder in der Zivilisation. Danach folgen Sie zunächst dem Torrente Moscia ca. 2 km abwärts und anschließend dem Fiume Sieve 3,5 km aufwärts, bis Dicomano erreicht wird.

Dicomano (162 m, 4700 Einw.)
Alter Marktflecken, Kleinstadtmilieu, sehr einheimisch. Große Piazza. Dort auch wie vielerorts in der Toscana eine Casa Popolo, ein Volkshaus. Früher waren diese Kommunikationszentren der KPI Orte, wo Schulungen und Parteiversammlungen im Vordergrund standen, heute, wo diese Häuser zumeist der PDS gehören, sind sie mehr Bar und Jugendtreff – die Partei will anziehend sein.

Information: Comune, Piazza della Repubblica 3, ℅ 0558385407, 🖹 0558385423.
Markt: Sa vormittags, Piazza della Repubblica.
Agriturismo: Azienda Agrituristica Il Cavaliere, Frascole 27 Vico, ℅ 0558386340, 🖹 0558387970.

Kartenskizze Etappen 56 & 57

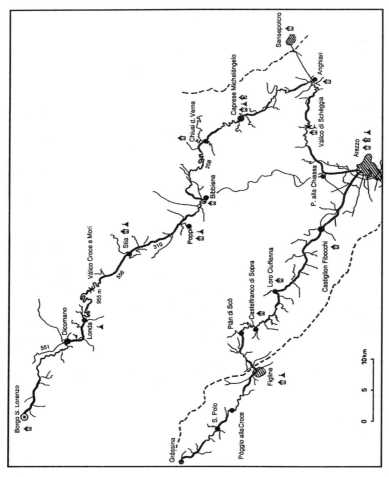

Es ist ratsam, die stark befahrene SS 551 von Dicomano nach Borgo S. Lorenzo zu meiden und statt dessen auf ruhigem Sträßchen via Sagginale zu fahren. Sie biegen zu diesem Zweck hinter der Piazza nach links ab, fahren am Stadion vorbei, überqueren den Fluß und wenden sich dann nach rechts – aufwärts. Für die nächsten 12 km heißt die Orientierung Sagginale, danach Borgo S. Lorenzo.

Abstecher
A19: Nach Vicchio.
Ca. 8 km hinter Dicomano können Sie zum nahegelegenen Vicchio abzweigen, das auf dem anderen Ufer liegt (ein Stück abgesetzt).

> **Vicchio** (203 m, 6500 Einw.)
> Betriebsames Städtchen, viel Kleinindustrie. Im kollektiven Kulturgedächtnis ist Vicchio dagegen der Ort, aus dem die berühmten Künstler Giotto (ganz genau: Bauernhof bei Vicchio) und Beato Angelico stammten. Im gleichen Atemzug wird darauf hingewiesen, daß hier mal der Bildhauer Cellini 12 Jahre zu Hause war. An Giotto erinnert ein Denkmal im Stadtzentrum, an Cellinis einstigem Wohnhaus ist eine Gedenktafel angebracht. Seit 1991 existiert das Museo Beato Angelico, das sakraler Kunst gewidmet ist, aber auch Gegenwartskunst ausstellt.

Information: Pro Loco, Piazza Giotto 15, ✆ 0558490107, 🖷 055844009.
Markt: Do vormittags, Piazza 6 Marzo.
Hotel: Da Lido *, Piazza Via Veneto 5, ✆ 055844050.
Camping: Comunale Vecchio Ponte **, Via Costoli 10, ✆ 0558448638, 20 Stp., Juni bis September; Valdisieve, Ortsteil Caldeta, ✆ 055844256, 80 Stp.

Loro Ciufenna

Etappe 57:
Arezzo – Piàn di Scò – Figline Valdarno – S. Polo in Chianti – Gràssina
(73 km)

Auf relativ ruhigen Nebenstraßen, durch reizvolles Mittelgebirge von Arezzo nach Florenz. Ein paar hübsche Gebirgsstädtchen, aber auch ein Abschnitt ärmlicher Industrielandschaft (um Figline). Ab und an mal eine Steigung – aber nur ein langer schwerer Anstieg (hinter Figline).

Die Route verläßt Arezzo im Nordwesten Richtung Castiglion Fibocchi (s. Stadtskizze Arezzo). Bei km 8 wird auf der Ponte Buriano der Arno überquert. Dann geht es zunächst ein Stück kräftig aufwärts, dann leicht rauf und runter bis Castiglion Fibocchi (km 11, Großdorf). Auf den nächsten 7 km ist das Streckenprofil fast eben. In San Giustino Valdarno (km 18, Großdorf) orientiert man sich an Loro Ciuffena, das knapp 10 km entfernt ist – eine leicht zu radelnde Strecke. Dieser Ort liegt wild-romantisch zu beiden Seiten eines reißenden Gebirgsbaches, der vom 1300 m hohen Monte Lori herunterkommt. Sie nehmen nun Malva und Piàn di Scò als Orientierungspunkt. Auch die Strecke bis Piàn di Scò (km 42) ist leichte Kost. Dort zweigen Sie im Zentrum nach links ab und rollen nun via Vaggio nach Figline Valdarno hinunter. Das letzte Stück ist flach, vor Figline Valdarno (km 49) geht es über den Arno. Sie halten sich fortan an Gràssina/S. Polo.

Figline Valdarno (126 m)
Kleinstadt, in einer reichlich umweltbelasteten und ausgepowerten Industrie- und Bergbauregion. Dem bejahrten Zentrum läßt sich dennoch ein gewisser Charme nicht absprechen. Auch in der Hochsaison sind Sie hier gänzlich unter Einheimischen, der Ort steht ja in fast keinem Reiseführer. Local sights: Piazza Ficino mit Kirche S. Maria; Palazzo Pretorio (14. Jh.) und Kirche S. Romolo a Gaville (romanisch).

Information: Pro Loco, Piazza Salvo d'Acquisto 58, ✆ 055951569, 🖹 055953112.
Markt: Di vormittags, Piazza M. Ficino.
Hotel: Torre Guelfa *, Piazza M. Ficino 50, ✆ 0559155733, 🖹 0559544995.
Camping: Norcenni Girasole Club ****, Via di Norcenni 7, 3 km vom Stadtzentrum, ✆ 055959666, 🖹 055959337, 300 Stp., Restaurant, Sauna, beheiztes Freibad, gepflegte Anlage, genug Schatten, 20.3.-31.10.
Fahrradladen: Biciclette F. Chioccioli, P. D'Aquisto 16/18, ✆ 0559544871.

Der Weg nach Florenz führt danach durch die Chianti-Hügel. Direkt hinter Figline beginnt ein kraftraubender ca. 7 km langer Aufstieg (von 125 auf 496 m; streckenweise bis 12 % Steigung) bis kurz hinter Poggio alla Croce. Danach geht es erst einmal steil nach S. Polo (230 m, großes Dorf) hinunter, bevor neuerlich zu klettern ist – jedoch nur ein kurzes Stück, und auch nur 62 Höhenmeter. Auf der folgenden Abfahrt landen Sie in Capanuccia (111 m). Der letzte Abschnitt bis Grássina führt dann den Erma-Bach abwärts. In **Grássina** setzen Sie den Weg nach Florenz auf der Etappe 1 (Gegenrichtung) fort.

Exkurs:
Monte Amiata
Im Südosten der Toskana nimmt das uralte Vulkanmassiv Monte Amiata (40 km lang, 25 km breit), 1738 m hoch, topografisch eine zentrale Position ein. Auch klimatisch setzt es als Wasserreservoir wichtige Akzente. Große Teile des Gebirges sind von Buchen- und Kastanienwäldern bedeckt. Das gibt ihm ein völlig anderes Aussehen als den Nachbarregionen im Norden und Südwesten. Das Straßennetz ist recht dicht, die Qualität der Straßen recht gut, so daß sich viele schöne Touren ergeben können. In der waldreichen Gebirgslandschaft liegt eine Reihe von Dörfern und Städtchen, so daß für Abwechslung gesorgt ist. An Übernachtungsmöglichkeiten besteht übrigens kein Mangel, da dieses Gebiet recht viele einheimische Touristen anzieht, im Sommer Leute, die Kühle und Frische suchen, im Winter Skisportfreunde. In den Herbstwochen trifft man auch auf zahlreiche Pilzsucher, denn diese Region ist in ganz Mittelitalien für ihre Steinpilze (Porcini) berühmt.

> **Etappe 58:**
> Abbadia San Salvatore – Abzweigung Seggiano (10 km)

Erster Teil der Rundtour durch die mittlere Lage des Monte Amiata. Diese Etappe kann durch den Aufstieg zum Gipfel des Monte Amiata ergänzt (gekrönt!) werden. Damit handelt man sich allerdings eine Menge zusätzlicher Kletterei ein.

Abbadia San Salvatore (829 m, 7000 Einw.)
Dieses gemütliche Bergstädtchen in Reichweite zum Monte Amiata war über viele Jahrhunderte wegen seines Quecksilber-Bergbaus von überregionaler Bedeutung. Diese Epoche ging in den 70er Jahren durch die Schließung der Minen zu Ende. Heute sucht man im Fremdenverkehr Fuß zu fassen, dafür bestehen recht gute Bedingungen: z.B. ist es hier, wenn in großen Teilen der Toskana die Sommerhitze tobt, angenehm frisch. Ferner eignet sich die waldreiche Umgebung gut zum Wandern und Radeln (wenn Sie starke Steigungen ertragen können!).
Abbadia San Salvatore ist seit langer Zeit eine Bastion der Linken. Das hing damit zusammen, daß sich die Kommunisten sehr engagiert für bessere Arbeitsbedingungen in den Minen einsetzten. Dies brachte ihnen bei Wahlen etwa 80 % der Stimmen. Diese Tradition wirkt nach, wenngleich heute die PDS nicht mehr diese überwältigenden Mehrheiten einfährt.
Hauptsehenswürdigkeit des Städtchens ist die Abbazia San Salvatore, ein 743 gegründetes Benediktinerkloster, das im Mittelalter riesige Ländereien besaß. Es existiert noch die Kirche (1036 geweiht, das Innere 1229 und 1590

> restauriert, einschiffig, mit Querschiff, Krypta vorromanisch, ihre Kapitele zumeist lombardisch-kubisch, einige auch byzantinisch).
>
> **Information:** APT, Via Mentana 97, ℂ 0577778608; Pro Loco, Piazza F. lli Cervi, ℂ 0577778324.
> **Markt:** Do vormittags, 14tägig, Via della Pace.
> **Hotel:** Cesaretti *, Via Trentino 37, ℂ 0577778192; San Marco **, Via Matteotti 19, ℂ 0577778089; Roma **, Via Matteotti 32, ℂ 0577778015; Olimpia **, Via Trieste 30, ℂ 0577778250; Garden, Via Asmara 32, ℂ 0577778050.
> **Camping:** Campeggi Amiata ***, Castelpiano, Via Roma 15, ℂ u. 🕾 0564955107, 124 Stp., auch 8 Bungalows, ganzj.
> **Fahrradladen:** Bici & Bike, V. Adua 33, ℂ 0577776469.

In Abbadia San Salvatore (829 m) halten Sie sich Richtung Vetta Amiata.
Auf den nächsten 8,5 km geht es kontinuierlich stark bergauf (Laubwald). Bei km 8 zweigt nach links die Straße zum Monte Amiata ab, während wir unsere Route geradeaus fortsetzen. Es geht weiter bergauf. Nach ca. 1 km wird eine Gabelung erreicht, an der sich die Richtungen Seggiano und Castel del Piano trennen. Ende von Etappe 58.

Abstecher:
A20: Zum **Monte Amiata**
8 km oberhalb von Abbadia S. Salvatore zweigt nach links die Straße zum Gipfel des Monte Amiata ab. Es geht weiter durch dichten Laubwald aufwärts. Nach 5 km endet die Straße in ca. 1600 m Höhe bei Hotels/Restaurants (Talstation eines Skilifts). Von hier können Sie das letzte Stück zum Gipfel hinauf wandern, auf dem über Fels eine Madonna aus Stahl thront mit Stoff-Fetzen behangen, die Glück bringen sollen. Ganz in der Nähe befindet sich ein Hüttenlokal.

Etappe 59:
Abzweigung Seggiano – Seggiano – Montalcino (35 km)

Eine ausgesprochen reizvolle Tour durch den Norden des Monte Amiata-Gebirges. Attraktionen des Unternehmens sind das uralte Bergstädtchen Montalcino und das alte Kloster Sant'Antimo. Abfahrten und Aufstiege wechseln häufig. Der Verkehr ist nicht stark. Es gibt en route mehrere Einkehrmöglichkeiten. Dennoch ist es ausgesprochen angenehm, bei längeren Aufstiegen Getränke oder etwas Obst zur Hand zu haben.

An der Abzweigung beginnt eine rasante Abfahrt, die erst nach 10 km tief unten in dem Städtchen Seggiano (491 m) endet. Danach fahren Sie zunächst auf der SS 323 bis Ost Ansidonia (6,2 km, eine Steigung en route). Dort geht es nach links ab für Montalcino. Auf dem Weg nach Castelnuovo dell'Abate (km 25) geht es zunächst abwärts und dann aufwärts. Die Etappe schließt mit dem langen Schlußanstieg nach **Montalcino** – 10 km, von 348 auf 557 m.

Kartenskizze Etappen 58 – 63

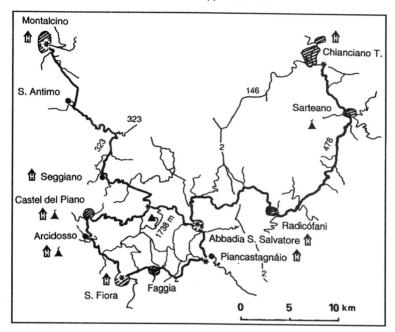

Abstecher:
A21: **Abazzia di Sant'Antimo**
Im Bereich von Castelnuovo dell'Abate zweigt nach links ein Sträßchen zu dem etwa 1 km entfernten Kloster Sant'Antimo ab: sehr alt, die Kirche gilt als einer der bedeutendsten romanischen Sakralbauten Italiens. Das Kloster soll unter Karl dem Großen um 800 von Benediktinern gegründet worden sein. Im 12. und 13. Jh. war der Abt einer der mächtigsten Feudalherren Mittelitaliens. Die Abtei wurde aber 1462 aufgelöst. Die Bauten begannen zu verfallen. Als sich Anfang des 20. Jh. Guiseppe Partini an die Restaurierung machte, existierten nur noch die romanische Klosterkirche aus dem 12. Jh., das Refektorium und Reste des Kreuzganges.

> **Etappe 60:**
> Abzweigung Seggiano – Castel del Piano – San Fiora (22 km)

Diese Etappe setzt die Amiata-Rundtour fort. Charakteristika: viel Wald, drei alte Städtchen mit Caffès und Bars. Die Straße ist in gutem Zustand, auf dem zweiten Abschnitt etwas mehr Verkehr. Mehrere starke Steigungen.

Von der Gabelung steigen Sie noch ca. 2 km bis Prato d. Macináie (1385 m), eine weitere Gabelung (links zum Monte Amiata). Hier beginnt eine 9 km lange, steile kurvenreiche Abfahrt, die erst am Rand des schön gelegenen Städtchens Castel del Piano (637 m) endet. Sie radeln dann weiter Richtung Süden nach Arcidosso (679 m, passable Kleinstadt), das nur 4 km entfernt ist. Nach dem Stadtbummel wird die Tour Richtung S. Fiora fortgesetzt. Zunächst steht ein langer Aufstieg auf dem Programm. Auf dem letzten Stück fällt die Straße. San Fiora, 8 km südöstlich von Arcidosso, ist eine gemütliche Kleinstadt.

> **Santa Fiora** (687 m, 3000 Einw.)
> Fast beschauliches altes Städtchen, nicht so stark im Verkehrs- und Touristenstrom wie Abbadia S. Salvatore. Enge Straßen und Gassen, in der Kirche Santa Fiora Reliefs von Andrea della Robbia. Die touristischen Fazilitäten und die Gastronomie machen Santa Fiora zu einem guten Standort für Rundtouren im Raum zwischen Montalcino und Pitigliano.
>
> **Information:** Pro Loco, Piazza Garibaldi, ✆ 0564977124.
> **Markt:** Do vormittags, 14tägig, Viale Libertà.
> **Hotel:** Castagneto *, Via dei Minatori 1, Ortsteil Bagnolo, ✆ 0564953006; Il Pratuccio **, Via F. Roselli 70, Ortsteil Bagnolo, ✆ 0564953005, geöffnet 1.6.-30.9.; Fiora **, Via Roma 8, ✆ 0564977043; Eden **, Via Roma 1, ✆ 0564977033; Il Fungo **, Via dei Minatori 10, ✆ 0564953025.
> **Camping:** Lucherino, bei Monticello Amiata ***, ca. 10 km westlich von Arcidosso, ✆ 0564992975, 50 Stp., Restaurant, 1.5.-20.9., und in Castel del Piano.

> **Etappe 61:**
> San Fiora – Piancastagnáio (12 km)

Dritter und vorletzter Abschnitt der Amiata-Rundtour. Wie gehabt viel Wald und Wiesen, ein paar ansprechende Dörfer, in denen genug Gastronomie existiert.

Hinter San Fiora (687 m) wird zuerst aufgestiegen, dann rollen Sie nach Faggia Bagnolo (km 7,2) hinunter. Danach wird wieder bis Tre Case geklettert. Der letzte Abschnitt dieser schönen waldreichen Tour durch mittlere Höhenlage am Monte Amiata endet nach leichtem Schlußabschnitt vor den Toren des Bergstädtchens Piancastagnáio (772 m).

Piancastagnáio (772 m)
Städtchen, von einer mittelalterlichen Stadtmauer umschlossen, früher von dem mächtigen Fort der Feudalaristokratie der Aldobrandeschi kontrolliert, das in den 1960er Jahren teilweise wiederhergestellt wurde. Im Zentrum befindet sich die Piazza Matteotti, an der das mittelalterliche Rathaus steht. Von hier ist es nicht weit zu der sehenswerten kleinen Kirche Santa Maria Assunta.
Unterhalb von Piancastagnáio sieht man große Dampfwolken aus der Erde aufsteigen, hier wird aus Erdwärme Energie gewonnen.

Information: Pro Loco, Viale Gramsci 1, ✆ 0577786024.
Hotel: Anna *, Viale Gramsci, ✆ 0577786061; Ragno d'Oro **, Viale Gramsci 231, ✆ 0577786058; Del Bosco ***, Via Grossetana 41, ✆ 0577786090; Capriolo ***, Via Grossetana, ✆ 0577786611.
Camping: Nächste Plätze: Lucherino, ca. 10 km westlich von Arcidosso, 1.5.-20.9., und Camping Amiata, Via Roma 15, ✆ 0564955107, in Castel del Piano, 124 Stp., ganzjährig.

Etappe 62:
Piancastagnáio – Abbadia San Salvatore (4,5 km)

Kurzes Zwischenstück, das die Rundtour in mittlerer Höhenlage um den Monte Amiata schließt.

Die Tour beginnt am Nordwestrand von Piancastagnáio (772 m) – Hinweis **Abbadia S. Salvatore**. Die nächsten 4,5 km verlaufen Höhe haltend. Bei klarem Wetter besteht ein weiter Ausblick auf das Vorland des Monte Amiata.

Rundtour um den Monte Amiata: Abbadia S. Salvatore – Castel del Piano – Arcidosso – S. Fiora – Piancastagnáio – Abbadia S. Salvatore (Etappen 58-60-61-62, 48,5 km). Eine schöne Tagestour, reichlich mit Steigungen gespickt, viel Wald, interessante Städtchen und Dörfer, genug Einkehrmöglichkeiten, verkehrsmäßig erträglich.

Etappe 63:
Abbadia San Salvatore – Radicófani – Sarteano – Chianciano Terme (44,5 km)

Fahrt durch totales Hinterland, erholsam ruhig, wenig von den Charakteristika „toskanischer Landschaft". Sights im üblichen Sinne: wenige. Rastplätze ausreichend. Schwierigkeitsgrad: ca. mittel.

Auf den ersten 4,5 km leichtes Anrollen bis Zaccaria, wo nach rechts abgebogen wird – Orientierung: Radicófani. Es geht dann ein längeres Stück kräftig abwärts. Es folgt schließlich ein anstrengender Aufstieg, der noch einmal von einer Abfahrt unterbrochen wird, bevor der abschließende Anstieg nach Radicófani (km 19,4; großes Bergdorf; Läden, Lokale) in 700 m Höhe alle Kräfte beansprucht. Man verläßt diesen Rastplatz Richtung Chiusi/SS 478. Am Anfang steht eine lange Abfahrt. Auf halber Strecke muß noch einmal geklettert werden. Die ganze Strecke von Radicófani bis Sarteano, insgesamt 17,6 km, ist fast verkehrsfrei, die Gegend ist fast unbesiedelt, die Landschaft erholsam grün. In Sarteano (Kleinstadt, mittelalterliches Erscheinungsbild, Läden, Lokale, Camping) wird Richtung Chianciano Terme von der Straße nach Chiusi abgezweigt. Auf diesem Weg ist bald hinter dem Ort eine lange Steigung zu überwinden, bevor Sie ca. 7 km nordwestlich von Sarteano kurz vor **Chianciano Terme** auf die Straße Chiusi – Chianciano Terme (SS 146) treffen, wo Etappe 63 endet.

Etappe 64:
S. Fiora – Castell'Azzara – Sorano – Pitigliano – Manciano (64,5 km)

Ausgesprochen abwechslungsreiche Strecke durch den „tiefen" Süden der Toskana. Zugleich erster Teil der Verbindung vom Monte Amiata zur Maremmaküste und Halbinsel Argentario. Absolute Hits der Tour: die über tiefen Schluchten angelegten Orte Sorano und Pitigliano. Auch Manciano gefällt. Überwiegend verkehrsarme Nebenstraßen.

Sie verlassen S. Fiora im Südosten – Schild für Castell'Azzara. Nach einer 4 km langen Abfahrt folgt ein ebenfalls langer Aufstieg (Ausblicke auf den Monte Amiata). Danach hält man bis Castell'Azzara in etwa die Höhe trotz verschiedener „Aufs und Abs".

Castell'Azzara (815 m)
Kleinstadt, mittelalterliches Outfit, fernab der Trampelpfade des Toskana-Tourismus und auch nur wenig vom Monte-Amiata-Fremdenverkehr der Römer berührt, ein Flecken, wo Sie auf tiefste südtoskanische Provinz treffen.

Information: Pro Loco, Via Dante Alighieri 38, ✆ 0564951651.
Hotel: Zara **, Via San Martino 7, ✆ 0564951035.
Agriturismo: Cornacchino, Ortsteil Cornacchino, ✆ 0564951582.

Bei der Ortsdurchfahrt in Castell'Azzara hält man sich Richtung Sorano (unscheinbares Schild kurz vor der Einfahrt in die Altstadt!). Es geht anschließend in rasender Abfahrt in ein weites Becken hinunter. Die Strecke ist ein Stück flach (Ackerflur), dann folgt ein leichter Anstieg, danach verläuft sie wieder flach. 3 km vor Sorano geht es eine längere Strecke bergab. Sie landen in einer tiefen Schlucht mit steilen Felswänden. Auf dem letzten Kilometer geht es steil nach

Sorano hinauf. Der Blick auf den wild-romantisch über der tiefen Schlucht angelegten Ort ist fantastisch.

Sorano (379 m)
Äußerlich sieht dieser Ort auf dem steilen Fels über der Lente unglaublich wild-schön aus. Wer hier aber dauerhaft leben muß, sieht das total anders: der Flecken ist arm, am Fels nagt die Erosion, der Untergrund ist unstabil, immer wieder müssen Häuser aufgegeben werden. Der Südhang von Sorano hat schon Elemente von Geisterstadt.
Dieser Flecken ist seit der Etruskerzeit besiedelt. Das belegen verschiedene in den Tuff hineingegrabene Friedhöfe in der Umgebung. Im Mittelalter hatte er strategische Bedeutung. Die Orsini, die die Aldobrandeschi verdrängten, ließen hier nach 1291 ein Fort anlegen.

Information: Pro Loco, Piazza Busati, ✆ 0564633099.
Markt: Di, Fr vormittags, Piazza Dante.
Hotel: Agnelli **, S. Qurico, Via della Repubblica 9, 6,5 km südöstlich, ✆ u. 🖷 0564619015.

Sie orientieren sich bei der Ortsdurchfahrt an der Beschilderung für Pitigliano. Es geht zunächst weiter aufwärts. Danach verläuft die Route ein Stück auf einem Plateau. Es gibt noch eine Abfahrt, bevor ein kurzer Anstieg nach Pitigliano hinaufführt, das sich ebenfalls in exponierter Lage befindet.

Pitigliano (313 m)
Die Lage auf dem breiten bunten Tuffsteinfelsen läßt das Städtchen wie im Bilderbuch erscheinen. Dieser alte Flecken bietet viel Atmosphäre. Pitigliano ist zwar in praktisch jedem Reiseführer als malerisch rubriziert, da es aber weit weg ist von den großen Touristentreffs, ist es sehr einheimisch geblieben.
Der Ort hatte früher eine recht große jüdische Gemeinde (ca. 10 % der Bevölkerung), heute sind es nur noch einige wenige Familien. Die alte Synagoge ist vor ein paar Jahren wieder herausgeputzt worden.
Kommunikationszentrum der Stadt ist die Piazza della Repubblica, an der der Palazzo Orsini (14. Jh.) steht, von dem der gleichnamige Adelsclan im Mittelalter Pitigliano beherrschte. Ein Teil des Ex-Palastes dient heute als Museum. Im Felsfundament der Stadt befinden sich zahlreiche Keller, die als Werkstätten, Ställe oder auch als Weinkeller fungieren. Unter den lokalen Rot- und Weißweinen sind die koscheren jüdischen Weine auf jeden Fall eine Originalität.

Information: Via Roma 6, ✆ 0564614433.
Markt: Mi vormittags, Piazza delle Fiere.
Hotel: Guastini **, Via Petruccioli 4, ✆ 0564616065, 🖷 0564616652; Corano **, ca. 4 km Richtung Manciano, ✆ 0564616112, 🖷 0564614191.

Kartenskizze Etappen 64 & 65

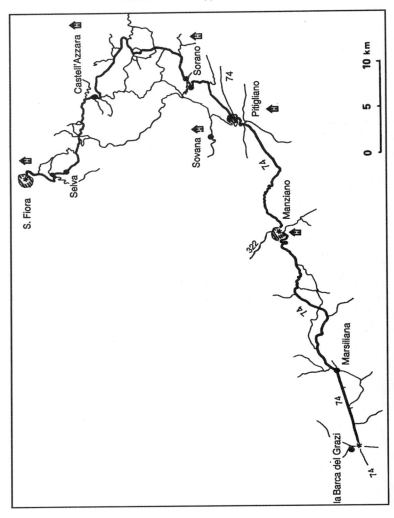

Die Straße führt an der Altstadt vorbei. Sie halten sich Richtung Albínia. Am Ortsende geht es steil bergab und anschließend steil bergauf. In diesem Bereich haben Sie einen grandiosen Blick auf die über steil aufragenden Tuffsteinfels angelegte Stadt. Sie fahren dann ein Stück über Plateau (Rebenfelder). Danach wechseln Abfahrten und Aufstiege (relativ leicht). Zum Schluß muß man ein längeres Stück steigen.

Manciano (444 m, 5000 Einw.)
Auf einem Bergrücken, größer als Pitigliano, aber nicht so fantastisch gelegen – und erheblich größere neuere Ortsteile. Keine Postkartensehenswürdigkeiten, kein Tourismus. Aber gut bestückt mit allem, was hungrige und müde Radwanderer so brauchen.

Information: Pro Loco, Via Roma 2, ✆ 0564629218.
Markt: Sa vormittags, Via Martiri della Libertà.
Hotel: Miravalle *, Via Antonio Gramsi 47, ✆ 0564620245, ansonsten nur 3***-Hotels.
Camping: Poggio Alle Querce, Ortsteil Ciabatta/Momtemerano, ✆ 0564602568, 14 Stp., ganzj.

Abstecher:
A22: Nach **Sovana**
Wer es bis nach Pitigliano gebracht hat, sollte auch das nahegelegene Sovana besuchen, 8 km nordwestlich, auf einem schmalen Sträßchen gut zu erreichen. Dieser unscheinbare Ort hatte einst unter den Etruskern und später wieder im Mittelalter große Bedeutung. Einiges hat die Jahrhunderte des Verfalls überdauert: die Kirche Santa Maria (romanisch, über 1000 Jahre alter Altarbaldachin), der massive Dom (romanisch-gotisch, bemerkenswert: das Portal, die Reliefs der Kapitelle), der Palazzo Pretorio, die Loggia del Capitano. Richtig geheimnisvoll sind die zahlreichen etruskischen Grabhöhlen in der Umgebung (in den Tuff geschnitten, mit Scheintüren, Fassaden und Ornamenten geschmückt. Leicht zu erreichen ist die Nekropole an der Straße nach San Martino, 2 km.

Hotel: Scilla, Via del Duomo, ✆ 0564616531, 📠 0564614329.

Etappe 65:
Manciano – La Barca del Grazi (29,5 km)

Fortsetzung der Fahrt zur Küste. Recht viel Verkehr, wenige Orte an der Strecke.

Die Route in Manciano führt auf der SS 74 Richtung Albínia stadtauswärts. Zunächst geht es mehrere Kilometer stark bergab. Sie bleiben etwa 10 km in Gebirgslandschaft. Die letzten 19 km bis **La Barca del Grazi** sind eben.

Etappe 66:
La Barca del Grazi – Albínia – Abzweigung Porto Ércole (13,5 km)

Tour durch die Küstenebene auf die Halbinsel Argentario. Vollständig flaches Streckenprofil, für jedermann geeignet.

Vom Knotenpunkt fahren Sie auf der SS 74 nach Albínia. Im Zentrum geht es nach rechts – Richtung Porto S. Stéfano.

Albínia
Kleinstadt, sehr weiträumig und modern angelegt. Alles vorhanden, was für eine Rast und die Ergänzung der Getränke und des Proviants erforderlich ist. Der Bahnhof Albínia liegt an der Linie Grosseto – Roma, es bestehen häufige Verbindungen, darunter auch genug Züge, die Fahrräder mitnehmen.

Information: Via Aldi 31, ✆ 0564871146.
Markt: Fr vormittags, Piazza del Mercato.
Unterkunft: in Porto San Stéfano, Etappe 67.
Camping: Il Gabbiano, ✆ 0564870202, 0564870068, 📄 0564863335, 0564870470, 150 Stp., Restaurant, Strand 100 m, Ostern-30.9.; Oasi, ✆ 0564870482, 📄 0564871588, 240 Stp., Restaurant, Strand 100 m; International Argentario, ✆ 0564870302, 📄 0564871380, 423 Stp., Restaurant, beheiztes Freibad, Strand, Ostern-30.9.; Village Il Veliero, ✆ 0564820201, 📄 0564821198, 200 Stp., Restaurant, Strand; sowie 8 weitere Plätze.

Talamone, Jachthafen

Nordwestlich vom Albínia (Richtung Porto S. Stéfano) wird die autobahnähnliche Schnellstraße überquert. Danach bewegen Sie sich auf die Tómbola d. Gianella zu. Sie fahren dann ca. 9 km auf diesem schmalen Landstreifen zwischen Meer und Laguna di Orbetello, bis Sie auf der Halbinsel Argentario eintreffen. An diesem Punkt verzweigt sich die Straße: geradeaus Porto S. Stéfano, nach links **Porto Ércole**.

Kartenskizze Etappen 66 & 67

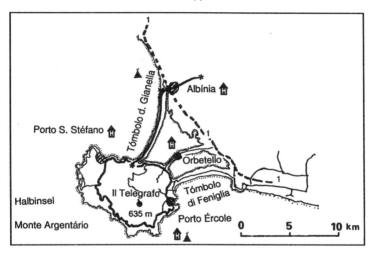

Etappe 67:
Gabelung S. Stéfano/Porto Ércole – Porto S. Stéfano – Belvedere – Porto Ércole – Gabelung Porto Ércole/Porto S. Stéfano (32 km)

Rundtour durch die gebirgige Halbinsel Argentario. Anspruchsvolle Route. Ein langer steiler Aufstieg, eine extrem steile Abfahrt. Längeres Stück im zweiten Abschnitt Schotterpiste. Zwischen Porto San Stéfano und Porto Ércole keine Einkehrmöglichkeit, versorgen Sie sich spätestens in Porto San Stéfano mit etwas Proviant.

Von der Gabelung am Südwestende des Tómbolo d. Gionella zweigt in westlicher Richtung die Straße nach Porto S. Stéfano ab. Nach knapp 4 km sind Sie dort – eine Steigung en route. Bei der Abfahrt nach Porto S. Stéfano hinunter bietet sich ein malerischer Anblick.

Porto San Stéfano
Hauptort der Halbinsel Argentario, schöne Lage. Am langen Hafenkai ankern in der weiten Bucht Fischerboote und Jachten. Hier fahren auch die Fähren zu der nahegelegenen Insel Gíglio ab. Seit vor etwa vier Jahrzehnten Susanna Agnelli, die Schwester des millionenschweren langjährigen Fiat-Bosses Giovanni Agnelli, hier ein Feriendomizil anlegen ließ, ist Porto San Stéfanos Status deutlich angestiegen – im Klartext: der Ort ist exklusiver und teurer geworden.

Information: APT, Corso Umberto 55, 1. Stock, ✆ 0564814208, 🖷 0564814052, auch Vermittlung von Zimmern.
Markt: Mo-Sa vormittags, Via IV Novembre.
Unterkunft: Pensione Weekend *, Via Martiri d'Ungheria 3, ✆ u. 🖷 0564812580.
Camping: siehe Albínia/Tómbolo d. Gianella.

Die Etappe streift das Städtchen nur am Ostrand. Es geht Richtung Belvedere, einen hochgelegenen Aussichtspunkt (gelbes Schild, das auf Panoramaweg verweist), nach Süden in das gebirgige Innere der Halbinsel hinauf. Nach 4 km „Schweiß und Mühe" sind Sie oben. Auf der Gabelung halten Sie sich geradeaus. Es geht dann steil zur Südküste hinunter – im Westen ist die Insel Gíglio zu sehen.

Die Route bewegt sich dann ca. 10 km mehr oder weniger dicht zur Südküste Richtung Porto Ércole – auf und ab, ein langes Stück besteht aus Schotter. Schließlich geht es nach Porto Ércole hinunter. Sie fahren durch den oberen Ortsteil (Blick auf Hafen und Promenade) und anschließend zur Küste hinunter. Das letzte Stück vor der Gabelung am Südwestende des Tómbolo di Gianella ist flach.

Porto Ércole
Zweiter Hauptort der Halbinsel Argentario, ebenfalls schön gelegen, Jachten im Hafen, lang: Kai/Promenade, hoch über allem die gewaltigen Festungskomplexe aus der Zeit der spanischen Fremdherrschaft (16./17. Jh.). Nach Norden schließt sich der lange Sandstrand des Tómbolo di Finiglia an.

Information: Pro Loco, Via Arcidosso, ✆ 0564831019.
Markt: Mo vormittags, San Rocco.
Hotel: La Conchiglia *, Via della Marina, ✆ 0564833134.
Camping: Feniglia, auf dem Tómbolo di Feniglia, ✆ 0564831090, 🖷 0564867175, 140 Stp., sehr einfach, Sandstrand, 1.4.-30.9.

Abstecher:
A23: Nach Orbetello
5 km nördlich von Porto Ércole biegen Sie nach rechts ab und gelangen auf schmalem Landstreifen in die schön anzusehende Lagunenstadt.

Orbetello (15.000 Einw.)
Mitten in der Lagune, mit dem Festland und der Halbinsel durch Straße verbunden. Während der spanischen Herrschaft (16./17. Jh.) war die Stadt von einer hohen Schutzmauer umgeben, von der nur noch Teile existieren – aber immerhin noch die drei großen Tore. Die Laguna di Orbetello ist ein Vogelparadies, dies gilt insbesondere für die Wintermonate, wenn zu den ständigen Bewohnern zahlreiche Klimaflüchtlinge von jenseits der Alpen hinzukommen.

Information: Piazza della Repubblica, ✆ 0564861226, 📠 0564867252.
Bahnhof: auf dem Festland, ca. 3 km nordöstlich: Fahrradmitnahme in Regionalzügen nach Grosseto und Rom möglich.
Markt: Mo-Fr vormittags, Via Marsala, Sa vormittags, Centro-Via Caravaggio.
Hotel: Piccolo Parigi *, Corso Italia 169, Zentrum, ✆ 0564867233, 📠 0564867211.

Abstecher:
A24: Auf den **Monte il Telégrafo**
Ca. 2 km nach der Abzweigung nach Orbetello zweigt nach links die Straße auf den Monte il Telégrafo ab, das ist ein ca. 10 km langer Aufstieg von Meereshöhe auf 635 m; angenehm, wenn Sie auf dem schweißtreibenden Anstieg auf schattenloser Straße Getränke stets griffbereit haben. Sie sind am Ziel, wenn Sie vor den Fernmeldeeinrichtungen stehen. Nicht zu verachten: der Rundblick.

Etappe 68:
Manciano – Triana – Arcille (78 km)

Die Etappen 68 + 69 ergeben eine alternative Route zu 65 + 72 + 70 von Manciano nach Grosseto/Mariammaküste. Der Trip via Triana und Roccalbegna ist eigentlich interessanter, Sie müssen dann aber einige Kilometer mehr fahren. Alles Nebenstraße, dünner Verkehr.

Für diese Route ist ein häufiger Wechsel von Aufstiegen und Abfahrten charakteristisch. Man verläßt Manciano in nordwestlicher Richtung (Scansano/Montemerano). Zunächst dürfen Sie einmal abfahren. Sie klettern dann im Bereich von Montemerano (km 6), wo nach rechts auf ein Landsträßchen abgezweigt wird. Im Umfeld des Nachbarortes Saturnia geht es erneut in eine Steigung – links der Ort, rechts die Therme. Danach kann auf einer langen Abfahrt entspannt werden, um schließlich mit neuen Kräften sich nach Semproniano (km 27, 601 m hoch, Kleinstadt, auf dem Berg, angenehmer Rastort) hinaufzuschaffen. Auch auf den folgenden 10 km bis Triana geht es zur Sache, denn es müssen nochmal 160 m an Höhe zugelegt werden. Nach diesen langen Anstiegen wird man die 6 km Abfahrt von Triana (767 m) nach Roccalbegna (522 m) als großen Genuß empfinden. Auch der Blick auf das in die Jahre gekommene Städtchens unter dem gewaltigen Felsen macht Spaß. Der anschließende Anstieg nach S. Caterina ist lediglich ein Intermezzo, zumal dann eine endlose

Abfahrt durch interessante Landschaft einsetzt, die erst nach 16 km in Baccinello (180 m) zum Stillstand kommt. Der Schlußabschnitt, die 14 km bis Arcille, ist angenehm leicht.

> **Roccalbegna** (522 m)
> Mittelalterliches Städtchen, im Monte Labbro, unterhalb eines gewaltigen Kalkfelsens, wild-romantische Lage. Man sieht dem Ort die Armut an, aber er hat Flair: enge Gassen, Stadtmauer, Stadtturm Torre Civica mit Glockenturm, Kirche Peter und Paul, am Hauptplatz gegenüber vom Rathaus (13 Jh., romanisch, Fresken), ein kleines Museum (Tryptichon von Ambrogio Lorenzetti, 14. Jh.) – und ausreichend Gastronomie zur Rast.
>
> **Information:** Pro Loco, Via XXIV Maggio 25, ℭ 0564989032.
> **Hotel:** La Pietra *, Via XXIV Maggio 19, ℭ 0564989019.
> **Agriturismo:** Caprarecce, Podere (Gut) Caparecce, ℭ 0564980252.

Alternative:
Zu den beiden hier vorgestellten Strecken Manciano-Grosseto (Etappen 65-72-70 und 68-69) gibt es als weitere radelnswerte Alternative die Strecke Manciano-Scansano-Grosseto auf der SS 322, landschaftlich schön, verkehrsmäßig nicht allzu sehr frequentiert. Auf halbem Weg bietet das sehenswerte Städtchen Scansano gute Bedingungen für eine längere Ruhepause.

Exkurs:
Maremma
Die weite Küstenebene im Raum von Grosseto und das ausgedehnte Hinterland bis zum Monte Amiata, die Maremma, waren bis ins 19. Jh. eine Elendsregion, in der die Menschen von Malaria und Hunger gepeinigt früh starben. Auf riesigen Weideflächen grasten halbwilde Schafe und Rinder, die von ebenfalls nicht übermäßig „zivilisierten" Schäferhunden und Cowboys à la Maremma gehütet wurden. Diese Zeit ist dank enormer Investitionen in den Agrarsektor nur noch Legende. Die weiten Schwemmlandflächen im Küstenbereich werden intensiv bebaut. Aber die ausgedehnten Hügelländer zum Monte Amiata hin sind nach wie vor nicht gerade vom Wohlstand überwältigt, in vielen Orten hält die Landflucht an. Für Radwanderer ist diese dünnbesiedelte Region mit ihren vielen Hügeln, alten Dörfern, kleinen mittelalterlichen Städtchen und Weinbergen ein Paradies – zumal das Straßennetz überaus dicht und der Verkehr schwach ist.

> **Etappe 69:**
> Arcille – Istia d'Ombrone – Grosseto (14 km)

Letzter Abschnitt der Strecke Manciano – Triana – Grosseto. Eintritt in die Küstenebene, auf den letzten Kilometern sehr starker Verkehr.

Kartenskizze Etappen 68 – 72

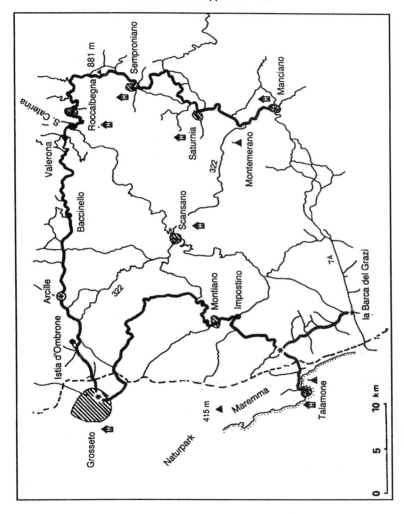

Sie orientieren sich bis zum Rand der Hauptstadt der Maremma immer an der Beschilderung „Grosseto", danach folgen Sie dem bekannten Symbol für „Centro".

Ca. 3 km südwestlich von Arcille geht es auf die SS 322, die nach Grosseto hineinführt. 2,5 km hinter der Einmündung wird der Ombrone überquert. 5 km weiter westlich unterfahren Sie die Autobahn, die auf einer riesigen Brücke durch das westliche Umland von Grosseto stelzt. Es geht dann schnurstracks auf die nahe Stadt zu.

Grosseto (10 m, 69.000 Einw.)
Zentrum der Südwesttoskana (= Provincia Grosseto), die im wesentlichen mit der kultur-geografischen Region Maremma identisch ist. Grosseto besitzt einen alten Kern, der von einem mächtigen Stadtwall umgeben ist, und weiten neueren Teilen, die nach allen Seiten an ihn anschließen.
Focus der Altstadt ist die schöne Piazza Dante Alighieri, an der die wichtigsten Bauwerke Grossetos stehen, der Dom und das Rathaus. Nach mehreren Seiten laufen um diesen Platz, auf dem sich abends die „ganze Stadt" trifft, hohe Arkaden.

Historische Bauten
Dom San Lorenzo (erbaut 1294-1302): Fassade im 19. Jh. umgestaltet (historisierender Stil), auch im Innern bei der Restaurierung im 19. Jh. einige Veränderungen. Hervorzuheben: Marmoraltar, im linken Querschiff (1474), Taufbecken, beide von dem Bildhauer Antonio Ghini.

Information: APT, Via Fucini 43/c ang. Via Trieste, nahe Bahnhof, ✆ 0564454510, 0564454527, ✉ 0564454606; Hauptbüro der Provinz, reichlich Informationsmaterial, u.a. detaillierter Stadtplan mit Provinzplan auf der Rückseite und Spezialplan „I sentieri della Maremma" von Touring Club Italiano, der zahlreiche Mountainbikerouten enthält, sowie Unterkunftsverzeichnis für die Provinz; Ufficio Turistico Comune di Grosseto, Corso Carducci 1/a, nahe Dom, Altstadt, ✆ 0564488207, längst nicht so gut ausgestattet.
Bahnhof: Information, ✆ 056422331
Markt: Mo-Sa vormittags, Piazza del Mercato.
Lokale Küche: Acquacotta (Gemüsesuppe), Agnello alla cacciatora (Lamm auf Jägerart), Cinghale in agrodolce (Wildschwein), Papardelle alla lepre (Bandnudel in Hasensoße), Zuppa di pesce (Fischsuppe), Zuppa di tartaruga (Schildkrötensuppe).
Hotel: Casa dello Studente, Via Spartaco Lavagnini, ✆ 056422403, ✉ 0564415633; Appennino *, Ecke Viale Mameli 1/Viale Matteotti, nahe Bahnhof, ✆ 056423009, ✉ 0564416134; Mulinacci *, Via Mazzini 78, Altstadt, ✆ 056428419; Roselle *, Via Senese 236, ✆ 0564451739; San Lorenzo ***, Via Piave 22, ✆ 056427918, ✉ 056425338.
Camping: in Marina di Grosseto, 11 km westlich.
Fahrradladen: Bicisport Di Barbano Marisa, Via Roma 24, ✆ 0564415230; Tomasini, Via Nepal, ✆ 0564455006.

> **Etappe 70:**
> Grosseto – Montiano – Abzweigung Talamone (28,5 km)

Tour durch Hinterland südöstlich von Grosseto und zugleich der erste Teil unserer Route von Grosseto zur Halbinsel Argentario. Ansprechende Hügellandschaft. Abwechslungsreich: auf und ab.

Sie folgen vom Zentrum der Beschilderung „Roma". 4,5 km südöstlich wendet sich unsere Route an der Autobahnauffahrt Richtung Scansano/Nordosten. Ca. 2 km hinter der Abzweigung ist nach rechts für Montiano abzubiegen. Bis zu diesem Ort sind es 18 km, auf denen mehrfach Aufstiege und Abfahrten wechseln. Diese Agrarregion ist sehr dünn besiedelt.
Hinter Montiano (261 m, großes Dorf auf Hügel, Einkehrmöglichkeit) halten Sie sich Richtung **Talamone**. Es geht nun zur Küste hinunter, wobei mehrfach Steigungen die Abfahrt unterbrechen. Ca. 9 km südwestlich von Montiano endet die Etappe an der Abzweigung nach S. Donato/la Barca del Grazi.

> **Etappe 71:**
> Abzweigung Talamone – Talamone – Abzweigung Talamone (15 km)

Sie können hier die Fahrt nach Albínia/Argentario fortsetzen oder noch den Abstecher zu dem kleinen Seebad Talamone unternehmen. Im letzteren Fall kommt man aber auf jeden Fall zur Abzweigung Talamone zurück. Profil der Etappe: Küstenebene, leicht.

3 km südwestlich von der Abzweigung überqueren Sie die autobahnähnliche Schnellstraße und landen in Fonteblanda. Dort zweigt man nach rechts für Talamone ab. Es wird kurz danach die Bahnlinie überquert, anschließend geht es auf flacher Strecke an der Küste entlang zum ca. 4 km entfernten Seebad Talamone. Es bieten sich Ausblicke auf die Küste der Halbinsel Argentario. Die Route endet vor dem auf einem Hügel angelegten Ort. Sie kehren auf demselben Weg zur Abzweigung Talamone zurück.

Talamone (5000 Einw.)
Der Hauptort ist auf einem Hügel über Hafen und Promenade angelegt. Wenn nicht gerade Saison ist, geht es recht beschaulich zu. Vom kleinen Jacht- und Bootshafen hat man einen wunderschönen Ausblick auf die benachbarte Halbinsel Argentario.

Information: Via Cala di Forno 7, ✆ u. 🕮 0564887245; P.le del Porto, ✆ 0564887245, 0564866193.
Unterkunft: keine niedrigpreisig-preiswerten Hotels;
Camping: Village Camping Talamone, ca. 1 km östlich, ✆ 0564887026, 🕮

0564887170, 340 Stp., auch Bungalows, schöne Lage, aber an verkehrsreicher Straße, 1.4.-30.9.

Etappe 72:
Abzweigung Talamone – La Barca del Grazi (9 km)

Fortsetzung der Tour von Grosseto zur Halbinsel Argentario. Kurz, flach, schnell durchfahren.

Es wird an der Gabelung 9 km südwestlich von Montiano nach links – S. Donato – eingebogen. Danach geht es 9 km schnurgerade durch die fruchtbare Ebene. Im Bereich von La Barca del Grazi trifft Etappe 72 auf die Straße Manciano – Albínia/SS 74 (zugleich auch Knotenpunkt für die Etappen 65, 66 und 72.

Etappe 73:
Grosseto – Fatt. il Lupo (20,5 km)

Im Verbund mit Etappe 74 alternative Route zur Küstenstrecke Grosseto – Castiglione d. Pescáia – Follónica. Flach, wenig befahrene Nebenstraßen. Von Kanälen durchzogene fruchtbare Schwemmlandebene. Nach Osten und Norden Blick auf Berge und ein paar malerische Bergdörfer.

Sie fahren per Via Etruria/Via Nazaro Sauro (und Hinweis Castiglione d. Pescáia) in nordwestlicher Richtung aus Grosseto hinaus. Bei km 10 ist nach rechts abzubiegen (Richtung Buriano). Dann fahren Sie 10,5 km immer ziemlich geradeaus gen Norden, bis die Landstraße bei der **Fatt. il Lupo** auf die Straße von Grosseto nach Follónica trifft.

Etappe 74:
Fatt. il Lupo – Follónica (25,5 km)

Zweiter Teil der Inland-Tour Grosseto – Follónica. Ebenfalls flach, aber stärker befahren als Etappe 73.

8 km nordwestlich von der Fatt. il Lupo fahren Sie mehrere Kilometer ziemlich dicht zur autobahnähnlichen Schnellstraße. Hier ist man auch in Nachbarschaft zur Bahnlinie Grosseto – Follónica. Von letzterer werden Sie übrigens bis an den Stadtrand von Follónica begleitet. Über weite Strecken hat man rechts und links der Route Berge, in denen mehrere Dörfer liegen, in die von unserer Route Straßen abzweigen. Für Abstecher bieten sich an: Caldana, Gavorrano, Bagno

di Gavorrano, Filare und Scarlino, alle auf der linken Seite.
Der Hinweis Centro leitet Sie in die Innenstadt des Etappenziels **Follónica**.

Etappe 75:
Follónica – Castiglione della Pescáia – Marina di Grosseto – Grosseto (45 km)

Küstenroute Follónica – Grosseto. Überwiegend flach, leicht, während der Hochsaison aber recht stark befahren, die restlichen 10 Monate des Jahres angenehm. Von der Hauptroute lassen sich zusätzliche Badeabstecher nach Punta Ala und Le Rocchette hinzufügen.

Sie verlassen Follónica am Südrand Richtung Punta Ala/SS 322. Die Straße verläuft zunächst einmal ca. 4 km in Meeresnähe (Pinienwald). Dann gehen Sie für ca. 13 km ins Hinterland. In der zweiten Hälfte dieses Abschnitts ist mal eine Steigung im Weg. Danach sind Sie wieder am Meer, nach gut 3 km ist man in dem lebhaften Fischerort und Badeparadies Castiglione d. Pescáia (km 22,5).

Castiglione della Pescáia (8000 Einw.)
Badestädtchen an der Mündung der Bruna, die von den Bergen der Colline Metallifere herunterkommt. Am Meer zahlreiche Lokale und Hotels. Über der kleinen Altstadt eine mächtige Festung aus dem 14. Jh.
Zu beiden Seiten der Flußmündung ziehen sich lange Sandstrände hin. In den italienischen Ferienmonaten herrscht starker Andrang. Dagegen ist man in der Vor- und Nachsaison eher einsam.

Information: APT, Piazza Garibaldi, ✆ 0564933678, 🖹 0564933954, detaillierter Stadtplan und allerlei Informationsbroschüren.
Markt: Sa vormittags, Piazza Ponte Giorgini.
Hotel: Bologna *, Piazza Garibaldi 8, Zentrum, ✆ 0564933746; La Portaccia *, Via San Benedetto Po 5/7, Zentrum, ✆ 0564933825; Iris **, Piazza O. Moni 5, Zentrum, ✆ 0564933639, 🖹 0564934531.
Camping: Etruria *, Ortsteil Le Marze, Richtung Marina di Grosseto, ✆ 0564933483, 🖹 0564938247, 180 Stp., Restaurant, 15.4.-30.9.; Santa Pomata *, Ortsteil Rocchette, ✆ 0564941037, 🖹 0564941221, 350 Stp., Restaurant, 1.4.-20.10.; Rocchette *, Ortsteil Le Rocchette, ✆ 0564941123, 🖹 0564941213, 150 Stp., Restaurant, 1.5.-15.9.; Stella del Mare **, Ortsteil Le Rocchette, ✆ u. 🖹 0564947100, 150 Stp., 1.4.-30.9.; Maremma Sans Souci ***, Casa Mora, ✆ 0564933765, 🖹 0564935759, 415 Stp., Restaurant, 1.4.-31.10.; Baia Delle Rocchette ***, Ortsteil Le Rocchette, ✆ 0564941092, 🖹 0564941242, 110 Stp., Restaurant, 1.4.-30.9.

Die Route bleibt hinter Castiglione della Pescáia die nächsten 8 km am Meer, von dem sie durch Pinienwald getrennt ist. In diesem Bereich existiert sogar ein Radweg. Bei km 31 kommt man an eine Gabelung. Für Marina di Grosseto geht es hier nach rechts ab.

Kartenskizze Etappen 73 – 79

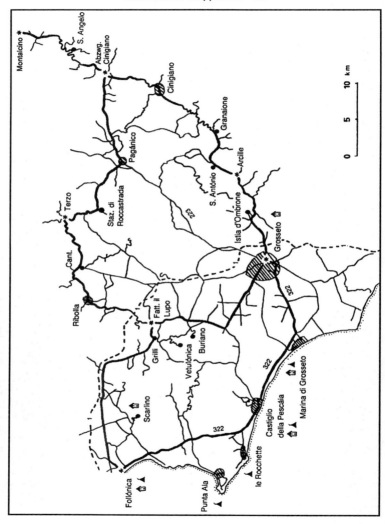

Marina di Grosseto
11 km westlich von Grosseto, langer flacher Sandstrand, moderner weiträumig angelegter Badeort. Im Norden und Süden ausgedehnte Pinienwälder.

Information: Via Piave 2, ✆ u. 🗎 056434449.
Hotel: Rosmarina ***, Via delle Colonie 33-35, ✆ 056434408; Lola Piccolo ***, Via XXIV Maggio 39, ✆ 056434402.
Camping: Eden *, Viale Montecristo, Ortsteil Rosmarina, ✆ u. 🗎 056435465, 100 Stp., 23.5.-15.9.; Rosmarina, Via delle Colonie 37, Ortsteil Rosmarina, ✆ 056436319, 🗎 056434758, 70 Stp., Restaurant, 24.4.-4.10.; Il Sole, Via Cavalleggeri, ✆ 056434344, 360 Stp., Restaurant, 22.4.-20.9.; Principina, Via del Dentice 10, Ortsteil Principia a Mare, ✆ 056431424, 🗎 056431414, 450 Stp., Restaurant, 1.4.-30.9.; Cieloverde, Ortsteil Principia a Mare, ✆ 056430150, 🗎 056430178, 1260 Stp., Restaurant, 1.5.-20.9.
Fahrradladen: Botarelli Cicli, V. del Pescatore 7, ✆ 056437383.

Unsere Hauptroute führt dagegen auf der SS 322 an dem Seebad vorbei und direkt nach Grosseto (km 45).

Exkurs:
Naturpark Maremma
Das Gebiet südlich von Marina di Grosseto/Principina/Marina di Albarese, eine urwüchsige mediterrane Küstengebirgslandschaft (417 m), steht unter Naturschutz. Das hat zur Folge, daß man hier eine Küstenlandschaft vorfindet, die

noch nicht durch Tourismus verformt ist. Große Teile des Parks sind von mediterranem Buschwald bedeckt, auch als Macchia bekannt. Es ist so ziemlich alles vertreten, was als für diese Pflanzen-Formation typisch gilt: Erdbeerbaum, Steineiche und Steinlinde, Mastix-Pistazie, Baumheide, Ginster, Zistrose, Rosmarin, Myrte, Lorbeer – Blütezeit Mai/Juni. Von den hochstämmigen Baumarten sind vertreten: in Ufernähe Pinie, in kühleren Lagen Ahorn, Eberesche und Buche. Insbesondere im Winter ist die Vogelwelt (dann um zahlreiche Zugvögel angewachsen) sehr artenreich (ca. 150 Vogelarten). Damit kann es die Familie der Säugetiere nun mal nicht ganz aufnehmen. Dazu zählen: wilde Maremmarinder, Hirsche, Rehe, Wildschweine, Füchse, Wildkatzen, Stachelschweine, Marder, Wiesel etc.

Am besten läßt sich der Naturpark Maremma mittels einer der geführten Touren des APT Grosseto kennenlernen. Wir verzichten hier aus ökologischen Gründen bewußt darauf, einen Schleichweg für Radler zu entwicklen.

Abstecher:
A25: **Punta Ala**
Ca. 11 km südlich von Follónica zweigt nach rechts die Straße zum exklusiven „Urlaubsparadies" Punta Ala ab, das ca. 7 km entfernt ist.
Fast der gesamte „Ort" geht im Meer der Pinien unter. Es gibt nur wenige kleine Konzentrationen von Gebäuden, ansonsten besteht Punta Ala aus im weiten Gemeindegebiet verstreuten einzelnen Ferienvillen mit viel Gelände. Der Ort besitzt einen großen Jachthafen, auch Golfgelände und Pferderennbahn sind vorhanden.

Camping: Puntala ****, ✆ 0564922294, 🖹 0564920379, 690 Stp., Strand, Restaurant, 1.4.-31.10.; Báia Verde ***, ✆ 0564922298, 🖹 0564923044, 1058 Stp., Strand, Restaurant, Ostern-30.10.

A26: **Le Rocchette**
9 km hinter der Abzweigung nach Punta Ala und 3 km vor Castiglione d. Pescáia zweigt nach rechts ein Sträßchen ab, das an einem langgestreckten Urlaubsflecken aus Strand, Camping und Lokalen entlang führt, der sich Le Rocchette nennt. Ca. 2 km westlich von der Abzweigung endet die Asphaltroute an einem schönen kleinen Strand.

Camping: Baia delle Rocchette ***, ✆ 0564941092, 🖹 0564941242, 110 Stp., Restaurant, 1.4.-30.9.; Stella del Mare **, ✆ u. 🖹 0564947100, 150 Stp., 1.4.-30.9.; Rocchette *, ✆ 0564941123, 🖹 0564941213, 150 Stp., Restaurant, 1.5.-15.9.; Santa Pomata *, ✆ 0564941037, 🖹 0564941221, 350 Stp., Restaurant, 1.4.-20.10.

> **Etappe 76:**
> Fatt. il Lupo – Ribolla – Terzo (22 km)

Über Fatt. il Lupo läuft außer der Tour Grosseto – Follónica auch unsere Verbindung Grosseto – Roccastrata – Siena. Schöne Tour am Rand des Gebirges mit Blick auf die weite Grosseto-Ebene. Mehrere leichte Aufstiege und eine lange kraftraubende Steigung.

Aus Richtung Grosseto (Etappe 73) halten Sie sich bei der Einmündung in die Straße Grosseto – Follónica kurz nach rechts (ca. 100 m, Hinweis Giuncanico) und biegen dann nach links in die Landstraße nach Ribolla/Giuncanico ab. Auf den ersten 14 km ist die Strecke leicht, ein paar kleinere Steigungen bereiten nicht allzu viel Mühe. Nach ca. 11 km kommen Sie durch Ribolla, den einzigen größeren Ort auf dieser Etappe. Bei km 15 können Sie den Ausblick auf das Bergdorf Montemassi genießen (natürlich auch hinauffahren). Bald darauf beginnt der ca. 8 km lange Aufstieg nach Roccastrada. Ca. 1 km vor dem Bergstädtchen treffen Sie auf die SS 73. In diesem Bereich – **Terzo** – endet die Etappe.

> **Etappe 77:**
> Terzo – Pagánico – Abzweigung Cinigiano (27 km)

An der Gabelung von Terzo hält man sich aus Ribolla kommend nach rechts. Es folgt nun eine rasante Abfahrt. 3,6 km unterhalb von Terzo, in Cant. il Giovanello, fahren Sie gen Stazione di Roccastrada, während sich die SS 73 nach rechts wendet. Dort folgt man zunächst 2 km der Bahnlinie nach Osten, bevor es an der Gretano talabwärts nach Pagánico, einem urigen Landstädtchen, geht. Sie verlassen den Ort durch das östliche Stadttor Richtung Castel del Piano (auch Hinweis für den Monte Amiata). Es folgen 13,5 km durch welliges Gelände, bis Sie die **Abzweigung nach Cinigiano** erreichen.

> **Etappe 78:**
> Abzweigung Cinigiano – Montalcino (19 km)

Sie zweigen ca. 1 km östlich von der Abzweigung Cinigiano oder 14,6 km von Pagánico nach links für S. Angelo ab. Zunächst wird der unterhalb gelegene Fluß Orcia überquert. Dahinter liegt S. Angelo Scalo (Bahnstation, Einkehrmöglichkeit). Hier beginnt der 7 km lange schweißtreibende Aufstieg nach San Angelo in Colle (km 10, 444 m hoch, auf Bergeshöhe, kleine Piazza, Einkehrmöglichkeit), das etwas abseits der Hauptstraße liegt. Bald darauf gelangen Sie auf einen Hügelrücken, auf dem Sie bis Montalcino (km 19,2, 567 m hoch) bleiben – „Auf und Abs" nicht ganz ausgeschlossen, weite Blicke.

Etappe 79:
Abzweigung Cinigiano – Cinigiano – Arcille (31,5 km)

Eine wenig befahrene Alternative bietet für den Bereich Grosseto/Terzo/Abzweigung Cinigiano die Strecke Grosseto – Arcille – Abzweigung Cinigiano, die ich in entgegengesetzter Richtung geradelt bin. Im Schwierigkeitsgrad ist diese schöne verkehrsarme Strecke durch Hügelland sogar etwas leichter.

Am Anfang steht ein leichter Aufstieg, der nahe einer Burg vorbeiführt. Danach geht es mal kurz bergab, bevor als schwerstes Stück der Etappe der lange Anstieg nach Cinigiano (324 m) einsetzt. Letzteres ist ein Kleinstädtchen, in dem die Zeit stehen geblieben ist.

Danach beginnt der gemütliche Teil der Etappe: langes Stück „mehr oder weniger bergab", langer flacher Schlußabschnitt. In **Arcille** treffen Sie auf die Etappen 68 und 69, Grosseto ist nur 14 km entfernt.

Etappe 80:
Terzo – Roccastrada – Tortiella – Rosia – Siena (60,5 km)

Typische Tour durch Innertoskanien: Hügelwelt, zahlreiche Anstiege, Wald, Getreidefelder. Die Orientierung ist leicht, da Sie sich ausschließlich auf der SS 73 bewegen, immer die Schilder für Siena vor Augen. Der Verkehr ist mittelmäßig, da die SS 73 durch die Schnellstraße SS 223 entlastet wird.
Die Region ist sehr dünn besiedelt, manche Gegenden sehen absolut einsam aus – insgesamt mehr Wald als Äcker und Wiesen.

An der Gabelung von Terzo wendet man aus Ribolla kommend sich nach links/Norden Richtung Roccastrada/Siena/SS 73. Es geht weiter aufwärts. Die Route läuft über Roccastrada (km 1), Tortiella (km 12,5, großer Ort, Bar, Bäcker, Lebensmittelläden, Metzger), Monticiano (km 25,5, Kleinstadt, Läden), Frosini (km 35, Dorf, Lokal, Alimentari), Rosia (km 45, Kleinstadt) und Costafabbri. Außer zahlreichen kurzen und mäßigen Steigungen sind auch mehrere starke Anstiege zu bewältigen, und zwar von Terzo nach Roccastrada, zwischen Torniella und Monticiano, bei Frosini und bei Costafabbri. Einer der schönsten Streckenabschnitte ist das 7 km lange schmale Bachtal, das Sie nach der Gabelung SS 541/SS 73 auf dem Weg nach Rosia hinunterfahren. Ab Costafabbri beginnt in nunmehr starkem Verkehr die Anfahrt nach Siena (ab der Peripherie immer „Centro" folgen, siehe auch Stadtskizze Siena).

Start in Gegenrichtung: Bis Costafabbri wie für Etappe 48, dort bleiben Sie jedoch auf der SS 73, während die andere Etappe nach links wendet (Murlo).

Roccastrada (475 m)
Auf der Höhe, halb Großdorf, halb Kleinstadt, völlig untouristisch, nach dem anstrengenden Aufstieg der ersehnte Rastplatz.

Information: Corso Roma, ℂ 0564564086, 🗎 0564565692, nur im Sommer geöffnet.
Markt: Mi vormittags, Via Manzoni.
Hotel: Marconi *, Via Mazzini, ℂ 0564565062, Restaurant.

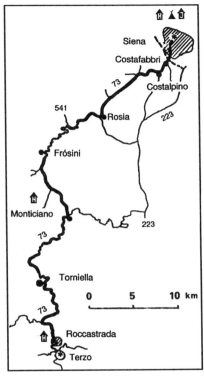

Umbrien

Umbrien bietet von ganz wenigen Ballungsräumen (Perúgia, Terni) und ebenfalls wenigen Hauptverkehrsstraßen (SS 147 Perúgia – Assisi, SS 3 Foligno – Spoleto – Terni – Narni) abgesehen gute Bedingungen für ausgedehnte Radtouren ohne Verkehrsstreß. Überwiegend haben Sie es mit Gebirge zu tun, im Westen und Zentrum mit Hügeln und unterem Mittelgebirge, im Osten mit Mittelgebirge und unterem Hochgebirge. In dem großenteils dünn besiedelten Land stoßen Sie aber andererseits auch recht häufig auf wunderschön gelegene mittelalterliche Städtchen (Montefalco, Todi, Trevi, Narni, Assisi, Spello, Gúbbio etc.).
Fürs leibliche Wohl ist fast überall gesorgt, fast alle Dörfer besitzen zumindest eine Bar, viele auch einen kleinen Lebensmittelladen.

Umbrische Küche ist bäuerliche Küche, im Gegensatz zur Toskana sind hier aber fast überhaupt keine Verfeinerungen vorgenommen worden. Hauptgerichte sind vorwiegend vom Schwein, so z.B. Porchetta (Spanferkel, gefüllt). Im Bereich des Lago Trasimeno spielt Süßwasserfisch eine Rolle. Von guter Qualität sind lokaler Schafskäse, Schinken und Honig. Ansonsten ist Umbrien in ganz Italien für seine „Schwarzen Trüffel" berühmt.

Umbrien ist wie Toskana Weinland. Allemal einen Test wert sind der Rosso di Montefalco und der Bianco di Orvieto.

Ein paar umbrische Spezialitäten: *Antipasti:* Antipasto magro (kalter Kartoffelsalat mit hartgekochten Eiern, Thunfisch, Kapern und Oliven), Crostini al tartufo all'umbra (altes Brot, geröstet, Aufstrich aus Anchovis und Trüffeln); *Primi piatti:* Frascarelli (Klößchen aus grobem Grieß mit frischen Tomaten und Basilikum), Spaghetti alla norcina (Spaghetti in scharfer Sauce), Spaghetti col rancetto (Spaghetti in Tomatensauce mit Guancia oder Pancetta); *Secondi piatti:* Arista di maiale (gebratene Schweinelende); Cinghiale umido (frisches Wildschwein in Wein geschmort); *Contorni:* Lenticchie di Castellúccio (Linsen, als Beilage zu gegrilltem Fleisch), Tartufi neri arrostiti (in Schinkenscheiben gewickelte Trüffel über Holzkohle gebraten).

Etappe 81:
Abzweigung Borghetto – Torricella – Monte Buono (27,5 km)

Einstieg in die Rundtour um den großen Trasimenischen See. Highlight in diesem ersten Abschnitt ist das zur Sommerzeit reichlich bevölkerte Städtchen Passignano. Die Route ist durchwegs fallend oder flach, also leicht. Verkehrsmäßig ist aber – insbesondere in der Urlaubzeit – einiges los, was die Freude mindert.

Start ist der Knotenpunkt der Etappen 54, 83 und 81. Sie befinden sich ein Stück oberhalb des Sees und haben einen feinen Rundblick. Die Idylle wird freilich durch die in Ufernähe verlaufende Autobahn gestört. Sie fahren zunächst einen Abschnitt abwärts, danach ist die Strecke eben. Nach ca. 4,5 km zweigt nach links die Straße zum alten Hauptort von Tuoro ab, der etwas oberhalb liegt. Wir fahren geradeaus und erreichen bei km 10 Passignano. Wir lassen das Zentrum links liegen und radeln am Seeufer entlang.

Passignano sul Trasimeno (289 m, 4700 Einw.)
Geschäftige Kleinstadt, neben Castiglione del Lago der Hauptfremdenverkehrsort am Lago Trasimeno. Am Seeufer zieht sich eine lange Promenade mit Bootsanlegestellen, Badeplätzen, Restaurants, Hotels und Camping entlang. Die kleine Altstadt ist etwas abgesetzt. Auch hier reichlich Speiselokale und Kneipen und geschäftiges Treiben.
Ein paar Kilometer nordwestlich von Passignano fand im Jahr 217 v. Chr. jene Schlacht statt, bei der die Karthager unter Hannibal die Römer vernichtend schlugen – ein Ereignis, das zum eisernen Bestand unserer Geschichtsbücher gehört.

Information: Pro Loco, Via Roma 36, ✆ 075827635.
Hotel: Florida *, Via 2 Giungno 2, ✆ 075827228; Del Pescatore *, Via San Bernardino 5, ✆ 0758296063, 🖹 075829201; La Vela **, Via Rinascita 2, ✆ 075827221, 🖹 075828211; La Darsena ***, Via Perúgina 52, Ortsteil San Donato, ✆ 075829331, 🖹 075829349; Belvedere **, Via dei Mandorli 1/e, ✆ 075827522, 🖹 075827229.
Camping: Kursaal ***, Viale Europa 24, Ortsteil San Donato, ✆ 075827765, Saison 075828085, 🖹 075827182, Stp., 1.4.-15.10.; Europa **, im Ortsteil San Donato, ✆ 075827405, 108 Stp., 1.4.-30.9.; Punta Navaccia ***, Tuoro sul Trasimeno, ✆ u. 🖹 075826357, 200 Stp., Strand, Freibad, Restaurant, 1.3.-31.10.

Lago Trasimeno
Viertgrößter See Italiens, 128 km² Fläche, von Norden nach Süden 13,5 km, von Osten nach Westen 14,5 km breit, 4,5 m tief, in einer reizvollen Hügellandschaft gelegen, in der Getreide, Oliven, Wein und Obst angebaut werden. Die Ufer sind sehr flach. Obwohl das Umland schwach besiedelt ist und keine Industrie existiert, ist der See seit Jahren ökologisch stets auf der Kippe (Rückstände von Kunstdünger und Pflanzenschutzmitteln, starkes Algenwachstum).
Im Lago di Trasimeno befinden sich drei kleine Inseln. Am Ufer liegen drei Kleinstädte und einige Dörfer. Der Lago Trasimeno ist eines der populärsten Erholungsgebiete Umbriens. Im Juli und August herrscht Hochbetrieb, die restlichen 10 Monate ist es hier aber durchaus beschaulich.

Märkte
Mo: Tavernelle bei Paciano, Mi: Castiglione del Lago, Do: Magione, Fr: Paciano und Tuoro sul Trasimeno, Sa: Città d. Pieve und Passignano.

Rundtour um den See: Etappen 81-82-83 (58 km)

Ca. 9 km hinter Passignano wird nach rechts die Autobahn unterquert. Dahinter liegt der Ort Torricella (Camping). Die Route führt weiter am See entlang. Bald darauf steigen Sie nach Monte del Lago (Camping) hinauf, die Straße führt jedoch an dem steil über dem Lago Trasimeno angelegten hübschen Dorf vorbei. Nicht nur wegen der Einkehrmöglichkeiten lohnt sich ein Abstecher. Danach bringt Sie eine erholsame Abfahrt zur Kleinstadt San Feliciano (Camping) hinunter. Die Straße führt durch das Zentrum. Viel schöner ist es jedoch, zunächst einmal abzuzweigen, an der weiten offenen Promenade entlang zu gondeln und das Ufer, den See und den Blick zur nahegelegenen Insel Polvese zu genießen. Ca. 2 km südöstlich von San Feliciano geht es kurz aufwärts und östlich unterhalb an San Savino vorbei. Ca. 1 km weiter kommen Sie an die Gabelung **Monte Bueno**, wo die Etappe endet: links hinauf Mugnano/Pietráia/Perúgia, geradeaus Castiglione del Lago.

Etappe 82:
Monte Buono – Castiglione del Lago (17,5 km)

Dieser zweite Abschnitt der Rundtour um den Lago Trasimeno ist ebenfalls nicht schwer, wenngleich er zwei Steigungen aufweist. Hauptattraktion dieses Teils bildet Castiglione del Lago.

Die Orientierung ist leicht, Sie folgen immer dem Hinweis für Castiglione del Lago. Die Route führt durch mehrere Dörfer. Mitunter bestehen weite Ausblicke über den See, dessen Ufer in diesem Bereich weitgehend unverbaut geblieben ist. Nach ca. 15,5 km sind Sie am Rand von Castiglione del Lago. Zum Zentrum des etwas vom See abgesetzten alten Ortskerns des Städtchens muß „aufgestiegen" werden.

Castiglione del Lago (304 m, 13.400 Einw.)
Hauptort am Trasimenischen See. Kleinstadt auf einem Hügel. Alt, gemütlich, von einer Mauer umschlossen – Zugang durch mittelalterliches Tor. Am See Strand, Lokale, ein Landungssteg, von dem Ausflugsbote starten.

Information: APT del Trasimeno, Piazza Mazzini 10, ✆ 0759652484, Zweigstellen in verschiedenen Orten rund um den See.
Hotel: Santa Lucia *, Via B. Buozzi 84, ✆ u. 🖷 075951115; Fazzuoli **, Piazza Marconi 11, ✆ 075951119, 🖷 075951112.
Camping: Lido Trasimeno *, ✆ 0759659134, Saison 0759659350, 🖷 0759659134, Saison 0759659350, 65 Stp., Restaurant, 1.4.-30.9.; Villaggio Italgest ****, Sant'Arcangélo, ✆ 0755847422, Saison 075848238, 🖷 07558847425, Saison 075848085, 200 Stp., Strand, Freibad, Restaurant, 1.4.-30.9. Rund um den See gibt es insgesamt 14 Campingplätze, die alle im offiziellen Unterkunftsverzeichnis „Umbria. Ospitalità/Hotels & Camping sites" angeführt sind.

Kartenskizze Etappen 81 – 86

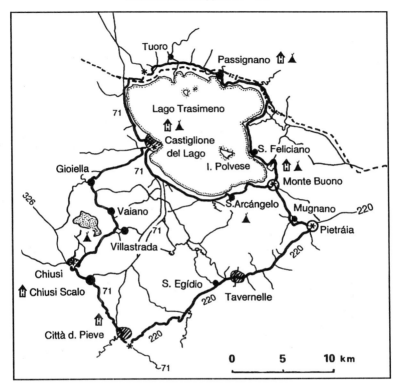

Etappe 83:
Castiglione del Lago – Abzweigung Borghetto (13 km)

Dieser letzte, vergleichsweise kurze Teil beschließt die 58 km lange Rundfahrt um Umbriens größten See, eine schöne Tour, die an einem Tag leicht bewältigt werden kann – vorausgesetzt, Sie legen nicht zu viele lange Pausen ein.

Sie verlassen Castiglione del Lago in Richtung Arezzo/SS 71 (Norden). Nach 8,6 km wird nach rechts abgebogen. Es wird dann im Bereich von **Borghetto**

(Camping) die Autobahn überquert, der Sie anschließend ein Stück gen Osten folgen. Nachdem die Bahnlinie überquert ist, trifft Etappe 83 auf die Etappen 54 und 81.

Etappe 84:
Monte Buono – Pietráia (6,5 km)

Verbindungsstück für Touren, die zu interessanten Städten in nicht allzu großer Entfernung vom Lago Trasimeno führen – Perúgia, Città della Pieve. Am Anfang und Ende je eine Steigung, der Rest fallend oder flach; also eine Etappe, die kein Kopfzerbrechen hervorruft. Ausgesprochene Highlights gibt es allerdings auch nicht. Ein solches könnten Sie sich jedoch verschaffen, wenn Sie auf einer alternativen Strecke via Agello (411 m) an die Straße Perúgia – Città d. Pieve heranfahren.

Von San Feliciano kommend zweigen Sie auf der Gabelung Monte Buono nach links ab. Es folgt ein kurzer Aufstieg. Auf der Höhe halten Sie sich geradeaus (nach links Richtung Agello). Danach befindet man sich in agrarischer Szene. Die Hauptstraße führt an dem Bauerndorf Mugnano vorbei. Hinter diesem Ort erfolgt ein zweiter Anstieg, der Sie zur nahegelegenen SS 220 bringt – Knotenpunkt **Pietráia**.

Etappe 85:
Pietráia – Gabelung Città d. Pieve (25 km)

Schöne Etappe im Hinterland des Lago Trasimeno. Für Radler mit Standort am See läßt sich diese Etappe mit Hilfe der Etappen 86, 52, 82 und 84 gut zu einer abwechslungsreichen Tagestour koppeln. Die Region südwestlich des Lago Trasimeno ist durchweg hügelig, das Profil der Etappe reflektiert diesen Zustand. Freilich sind die Höhen nicht übermäßig – und die Steigungen auch nicht.

Sie fahren immer auf der nicht allzu stark befahrenen SS 71 gegen Südwesten – dem Hinweis Città della Pieve folgend. Nach 10 km wird Tavernelle durchradelt – ein größerer Ort mit Supermarkt. Auf den letzten 8 km müssen Sie von 350 auf 500 m hinauf (z.T. Eichenwald). Ca. 1 km vor **Città d. Pieve**, das Städtchen in Sichtweite, trifft die SS 220 auf die SS 71 bzw. die Etappen 86 und 87.

Città della Pieve

Etappe 86:
Gabelung Città d. Pieve – Chiusi (12 km)

Verbindung zwischen Nordwest-Umbrien und dem Südosten der Toskana. Eine leichte (nicht in Gegenrichtung!), schöne Kurzetappe.

Start am Knotenpunkt Etappe 85/Etappe 87. Es geht zunächst mal auf der SS 71 zum ca. 1 km nordwestlich vom Knotenpunkt gelegenen Städtchen Città d. Pieve.

Città della Pieve (508 m, 6500 Einw.)
Auf dem fast flachen Plateau eines Bergrückens angelegt. Respektables Städtchen. Die Bauten aus blassem ziegelrotem Backstein sind ungewohnt, aber irgendwie anziehend. Kommunikation: Gemächlichkeit der Provinz.

Historische Bauten

Dom (12. Jh., erweitert 1580, Umbau 1600): bemerkenswert die Gemälde von Il Perugino (bürgerlicher Name Pietro Vannuci), dem in Città d. Pieve geborenen Begründer der umbrischen Schule der Malerei.
Torre Civica, an der Ecke der Domfassade (12. Jh., oberster Teil aber erst 1471): Stadtturm, romanische Bi- und Triforien.
Palazzo Della Cargna (16. Jh.): bescheidene Renaissance-Fassade, in den oberen Räumen Fresken von Pomarancio, heute großenteils von einer Bibliothek und der Agrar-Fakultät der Uni Perúgia in Beschlag genommen.
Oratorio Santa Maria dei Bianchi, bedeutende Fresken von Perugino.

Information: Piazza Matteotti, ✆ 0578298031.
Hotel: Baglioni Orfeo *, Via G. di Vittorio 62, Ortsteil Ponticelli, ✆ 057824081, 057824078; Vannuci **, Via Icilo Vanni 1, ✆ 0578299572, 📠 0578298063.
Camping: am Lago di Chiusi, 15 km nordwestlich.

Sie verlassen Città d. Pieve im Nordwesten – Richtung: Chiusi/SS 71. Auf den ersten 7 km geht es steil bergab. Dann kommt ein leichter Anstieg, bevor die Ebene um Chiusi Scalo (Neustadt von **Chiusi**) erreicht wird, wo die Strecke für mehrere Kilometer flach ist. Zum Schluß müssen Sie noch einmal einen starken Aufstieg von Chiusi Scalo nach Alt-Chiusi, das auf einem Berg thront, bewältigen.

Etappe 87:
Gabelung Città d. Pieve – Orvieto Scalo (41 km)

Vom Knotenpunkt der Etappen 85, 86 und 87, ca. 1 km südöstlich von Città d. Pieve führt Sie diese ruhige Etappe durch tiefste Provinz in den Südwesten Umbriens. Die gesamte Tour bewegt sich auf der in den Straßenkarten dick markierten SS 71. Das kann man dennoch wagen, denn ausnahmsweise ist hier mal eine Hauptverkehrsstraße fast unbefahren. Auf der ersten Hälfte zwingen verschiedene Steigungen schon ein wenig zu Schweiß und Anstrengung, die letzten 10 km sind aber flach und überaus gemütlich.

Auf dieser fast einsamen Straße kommen Sie bei km 7 durch Monteleone (während einer längeren Abfahrt) und bei km 23 durch das wie eine kleine Festung aussehende Ficule (kurz nach einem langen Aufstieg). Auf den letzten 19 km ist – von zwei Anstiegen abgesehen – der größte Teil der Strecke fallend oder eben. Das Ziel heißt **Orvieto Scalo**, die tiefgelegene Neustadt von Orvieto. Es ist günstiger, hier zu übernachten und die hochgelegene Altstadt (= Orvieto) als Abstecher mitzunehmen.

Ausflug:
A27: Nach Orvieto
Von Orvieto Scalo führt eine recht stark befahrene Straße zum alten Orvieto hinauf (ausreichend ausgeschildert). Dies ist ein steiler, kurvenreicher, ca. 4 km langer Aufstieg. Sie können's jedoch bequemer haben, denn von Orvieto Scalo führt auch eine Seilbahn nach Alt-Orvieto hinauf.

Orvieto (325 m, 21.600 Einw., davon 8000 in der Altstadt)
Alt-Orvieto befindet sich auf dem Plateau eines gewaltigen Tuff-Bergklotzes. Letzterer, von zahlreichen Hohlräumen (insgesamt ca. 1500) durchsetzt, ist reichlich instabil. Es kommt immer wieder zu Abbrüchen und Erdrutschen. Seit Anfang der 90er Jahre ist man aber dabei, dieses Labyrinth geologisch genau zu erfassen und durch Maßnahmen aller Art zu stabilisieren (meterlange Haken und Eisennägel, Betonkorsetts und -einspritzungen).
Die Stadt ist recht groß. Einige Bauten zählen unbestritten zu den eindrucksvollsten Sehenswürdigkeiten ganz Umbriens. Vor allem der Dom ist sehr faszinierend.
Schlagader der Stadt ist der Corso Cavour, mit Läden, Caffès, Bars, Kunsthandwerk und Kulinarischem gut bestückt.

Historische Bauten
Dom (1283-1330, danach aber noch zahlreiche Veränderungen): gotische Kathedrale nach dem Raumkonzept einer Basilika gestrickt, entsprechend gewaltig (83 m lang); die Fassade ausgesprochen prachtvoll, feingliedriges gotisches Maßwerk mit zahlreichen farbigen Mosaiken geschmückt (Motive aus dem Alten und Neuen Testament). Als die Kostbarkeiten des Doms verdienen hervorgehoben zu werden: Gentile da Fabrianos „Muttergottes mit Kind", nahe Eingang, linke Wand (1425); die Capella del Corporale mit der Reliquie des sog. Blutmeßtuches (Ergebnis von Blutungen einer Hostie anläßlich einer Messe in Bolsena im Jahr 1263 – so die fromme Legende) und Lucca Signorellis Fresko „das Jüngste Gericht" in der Capella Nuova.

Information: APT, Piazza Duomo 24 (gegenüber vom Haupteingang des Doms), ✆ 076341772, 076342562, 🗎 076344433.
Hotel: Umbria *, Via Monte Nibbio 1, Orvieto Scalo, ✆ 0763301940, 🗎 0763305646; Picchio **, Via G. Salvatori 17, Orvieto Scalo, ✆ 0763301144, 🗎 0763301846; Pergoletta *, Via Sette Martiri 7, Orvieto Scalo, ✆ u. 🗎 0763301418,; Centrale *, Via Sette Martiri 68, Orvieto Scalo, ✆ 0763305881; Primavera **, Strada dell'Arcone 2/6, Orvieto Scalo, ✆ u. 🗎 0763341781; Posta **, Via L. Signorelli 18, ✆ 0763341909; Paradiso **, Via Sette Martiri 49, Orvieto Scalo, ✆ 0763301894, 🗎 0763390142; Etruria **, Via Angelo Costanzi 104, Orvieto Scalo, ✆ 0763301807, 🗎 0763300535; Duomo **, Via di Mauricio 7, ✆ 0763341887; Corso **, Via Corso Cavour 343, ✆ u. 🗎 0763342020.
Camping: Orvieto ***, am Lago di Corbara, 12 km, ✆ 0336691026, Saison 0744950240, 65 Stp., Restaurant, ganzj.
Fahrradladen: Starbyke, V. Monte Cimino 14, ✆ 0763301649.

Kartenskizze Etappen 87 – 91

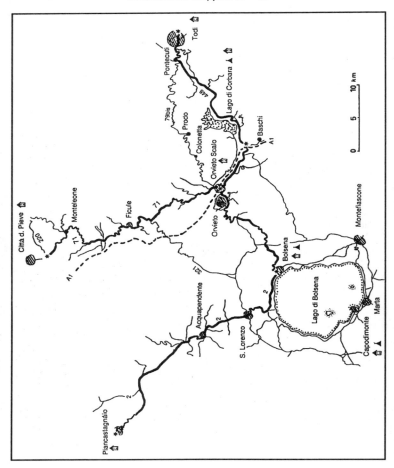

> **Etappe 88:**
> Orvieto Scalo – Bolsena/Lago Bolsena (27 km)

Auf dieser Etappe verlassen Sie ausnahmsweise mal die Landesgrenze Richtung Latium. Der schön gelegene Bolsena-See ist einfach einen Abstecher wert. Andererseits führt über Bolsena die kürzeste Verbindung von Südwest-Umbrien in die südöstliche Toskana. Etappe 88 ist zwar ziemlich kurz, aber keineswegs leicht, da die ersten 9 km stetig und kräftig ansteigen.

Absoluter Kick der Tour sind der faszinierende Blick auf die Altstadt von Orvieto und die herrliche Aussicht auf den Bolsena-See bei der Abfahrt nach Bolsena.

Sie zweigen in Orvieto Scalo nach Südwesten für Bolsena/Acquapendente ab (Hinweis)/SS 71. Es geht nun erst einmal 9 km bergauf (mit faszinierendem Blick auf den mächtigen Tuff-Felsen mit Orvieto). Die Route bleibt dann eine Weile auf der Höhe. Zum Schluß geht es in rasender Abfahrt nach Bolsena hinunter, steil, kurvenreich, über 5 km. Ein Genuß: der Blick auf den großen See, z.T. von Bergen umgeben.

Bolsena (4000 Einw.)
Kleinstadt, von einer Burg überragt, in Teilen reichlich heruntergekommen, aber gemütliche Atmosphäre, ansprechende Hauptgeschäftsstraße. Nicht weit vom See entfernt, der vielfältige Möglichkeiten zum Wassersport und Campen bietet.
Im Juli und August ist der Ort stark besucht, in den übrigen Monaten geht es hier gemächlich zu.

Historische Bauten
Kirche Santa Cristina (ursprünglicher Bau 1077 geweiht, 1492-94 renoviert, 1693 um die Cappella del Miracolo erweitert): stilistisch sehr heterogene Anlage aus vier Gebäuden; Renaissance-Fassade, romanischer Innenraum, barocke Cappella del Miracolo, Grotte der heiligen Cristina (Eingangsbereich einer römischen Katakombe).

Information: Piazza Matteotti 25, ✆ 0761799009.
Hotel: Italia *, Altstadt, ✆ 0761799193.
Camping: International Cappelletta, 4 km von Bolsena, ✆ 0671799543, 75 Stp., Restaurant, Strand, 15.5.-25.9.; Village Camping Lido, ca. 2 km von Bolsena, ✆ u. 0671799258, 600 Stp., Restaurant, Strand, 1.4.-30.9.; mehrere andere Plätze.

Lago di Bolsena
Größter italienischer Kratersee, Fläche: 115 km², Tiefe 146 m, von Nord nach Süd 13,5 km, Ost nach West 12,5 km. Der See gilt als fischreich. Der ökologische Zustand soll gut sein, so daß hier ohne Gefahr für die Gesundheit gebadet werden kann. Die Ufer sind nicht verbaut, im Schilf gluckert das Wasser und zwitschern die Vögel.

Rundtour um den Bolsenasee
Für Radler lohnt es sich, den schön gelegenen See zu umrunden. Die 52 km lange Route läuft von Bolsena über **Montefiascone** (hoch über dem See, Kleinstadt, bekannter Wein) und **Capodimonte** (auf einer Halbinsel).

Etappe 89:
Bolsena – Piancastagnáio (45 km)

Diese Etappe bringt Sie vom Lago Bolsena in die mittlere Höhenlage des Monte-Amiata-Massivs hinauf, das den Südosten der Toskana so eindrucksvoll dominiert. Die Region ist ziemlich dünn besiedelt, so daß Sie sich zumeist in „Landschaft pur" bewegen.

Sie verlassen Bolsena Richtung Acquapendente/SS 2. Die ersten Kilometer bleiben noch in Seenähe. Knapp 7 km nordwestlich von Bolsena wendet sich die SS 2 nach Norden. Es geht nun nach S. Lorenzo hinauf. Die Straße führt mitten durch die Piazza dieses stattlichen Ortes. Die überwiegend fallende oder flache Strecke passiert bei km 20 die Kleinstadt Acquadependente und bewegt sich dann im Flußtal aufwärts. Etwa bei km 35 (Hinweis) biegen Sie nach links für Piancastagnáio ab: der Aufstieg zum Monte Amiata kann beginnen. Der lange Anstieg wird auf den ersten Kilometern nochmal kurz durch eine Abfahrt unterbrochen, und dann geht es über 8 km, die wie eine Ewigkeit erscheinen, aufwärts – bis vor die Tore von **Piancastágnaio**.

Etappe 90:
Orvieto Scalo – Abzweigung Baschi (7,5 km)

Erstes Stück für Touren von Orvieto Scalo nach Terni (Fortsetzung Etappe 103, in Gegenrichtung) oder Todi (Fortsetzung Etappe 91). Kurz, flach, landschaftlich unspektakulär, Flußtal, immer dicht neben der Autobahn nach Südosten.

Etappe 91:
Abzweigung Baschi – Todi (28 km)

Landschaftlich recht schöne Route, mehrere Steigungen, die jedoch nicht schwer sind (eine am Anfang, eine am Ende des Tiber-Stausees; eine bald darauf, und eine letzte nach Todi hinauf). Verkehr nicht allzu stark. Highlight: das Stück, das am Südrand des Tiber-Stausees Lago di Corbara entlang führt.

7,5 km südöstlich von Scalo Orvieto biegen Sie nach links für Todi/SS 448 ab. Nach ca. 2 km erreicht die Straße den Tiber-Stausee, dessen mächtige Staumauer von weitem zu sehen ist. Es geht dann etwa 5 km inmitten malerischer Gebirgslandschaft am Lago di Corbara entlang (Camping, Lokale). Anschließend radeln Sie weitere 12 km das Tibertal aufwärts. 5,5 km vor Todi wird schließlich die SS 448 verlassen, der Fluß nach Pontecuti überquert und per kürzestem Weg auf der SS 79bis nach Todi hinaufgestiegen.

Todi (400 m, 16.900 Einw., davon 8000 in der Altstadt)
Städtchen auf Hügel, von wuchtiger Stadtmauer umgeben. Steile Wege führen in die uralte Oberstadt hinauf, die ausgesprochen malerisch ist. Herz der Stadt ist die Piazza del Popolo: zugleich Kommunikationszentrum, Handelsplatz und Festplatz; ökonomische Schlagader der Corso Cavour.

Historische Bauten
Dom Santa Maria (lange Bauperiode 12.-16. Jh.): ursprünglich dreischiffige romanische Basilika mit Querschiff, im 14. Jh. niedriges gotisches Langhausschiff angebaut. Drei spitzbogige Portale (13. Jh.), an der Fassade zwei kleine Rosen mit Maßwerk versehen, eher unscheinbarer Campanile, romanisch-gotische Mischarchitektur.
Franziskanerkirche San Fortunato (1292-1460): Fassade unvollendet, gotisches Portal, dreischiffige Halle, Kreuzrippengewölbe, Kapellen z.T. reich mit Fresken geschmückt als Grabstätten reicher Familien. Im Chor wertvolle Schnitzerei von Antonio Maffei aus Gúbbio (1590). In der Krypta Sarkophage von fünf Heiligen.
Santa Maria della Consolazione (1508-1606), ein Stück unterhalb und außerhalb von Todi, überragt von einer Zentralkuppel, kleeblattartig umringt von niedrigen, kleinen Kuppeln. Im Zentrum der großen Kuppel der Hochaltar mit „wundertätigem" Madonnenbild.

Information: Palazzo del Popolo, Piazza del Popolo 36, ✆ 0758942526; APT, Piazza Umberto 1, ✆ 0758942686, 📠 0758942406.
Hotel: Tuder ***, Via Maestà dei Lombardi 13, ✆ 0758942184, 📠 0758943952.
Camping: nächster Platz am Lago di Corbara, 22 km, siehe Orvieto.

Alternative: Auf der Strecke Orvieto Scalo – Todi existiert zu unserer Route (Etappen 90-91, 35,5 km) als Alternative die Landstraße SS 79bis via Prodo (kleines Dorf, Renaissance-Burg, Übernachtungsmöglichkeit) und Torrone (43 km). Diese landschaftlich schöne Route führt durch allertiefstes Hinterland und ist fast verkehrsfrei. Ansonsten: viel Wald, viel „auf und ab", meist „ruhig und einsam". Haupt- und Alternativroute ließen sich auch zu einer landschaftlich schönen Rundfahrt kombinieren.

> **Etappe 92:**
> Todi – Collevalenza (11 km)

Eher Verbindungsstück als eigenständige Etappe. Auf jeden Fall haben Sie sich spätestens in Collevalenza zu entscheiden, ob Sie sich nach Foligno (Etappe 93) oder Terni (Etappe 102, in Gegenrichtung) wenden.

Sie verlassen Todi in südöstlicher Richtung, Orientierung Terni – abwärts. Nach 11,2 km wird im Bereich von **Collevalenza** eine Gabelung erreicht: nach links Foligno (Etappe 93), nach rechts Terni (Etappe 102).

> **Etappe 93:**
> Collevalenza – Bastardo – Bevagna – Foligno (43 km)

Tour durch die dünnbesiedelte Mittelgebirgslandschaft des wirtschaftlich armen Zentralumbriens, die im reichen, fruchtbaren Valle Umbra von Foligno endet. Landschaftlich reizvoll, Profil mittelschwer, Verkehr gering. Es lohnt sich, etwas Proviant mitzunehmen, da erst in Bastardo Einkehrmöglichkeiten bestehen (inkl. Supermarkt).

Sie biegen aus Todi kommend nach links ab. Auf den nächsten Kilometern steigt man in offener Landschaft mit Ausblick auf Gebirge im Osten auf. Es folgt ein längerer Abschnitt auf Hochplateau. Anschließend können Sie eine lange Schußfahrt nach Bastardo (km 21) genießen – großes Dorf mit Supermarkt und Lokalen, der rechte Fleck für eine gastronomische Pause. Es folgt eine nicht allzu schwere Route durch Hügelland – mit Auf- und Abstieg zum Nachbarort Bevagna (Kleinstadt).

> **Bevagna** (225 m, 4500 Einw.)
> Gemütliche Kleinstadt, umschlossen von einer mittelalterlichen Mauer. Empfohlen zur Rast: die Piazza Filippo Silvestri, flankiert von Bauten im rosafarbenen Stein vom Monte Subasio. Ende Juni findet der in ganz Umbrien bekannte Mercato delle Gaite statt, ein großer Markt für Kunsthandwerk.
>
> **Information:** Pro Loco, Piazza Filippo Silvestri, ✆ 0742361667.
> **Camping:** Pian di Boccio, ***, Via Gaglioli, Ortsteil Gaglioli, ✆ 0742360164, 0742360391, 70 Stp., Restaurant, Freibad, 1.4.-30.9.

Die letzten 9 km sind flach. Sie erreichen Foligno im Nordwesten und folgen dem bekannten Symbol „Centro" in die Innenstadt.

Kartenskizze Etappen 92 – 96

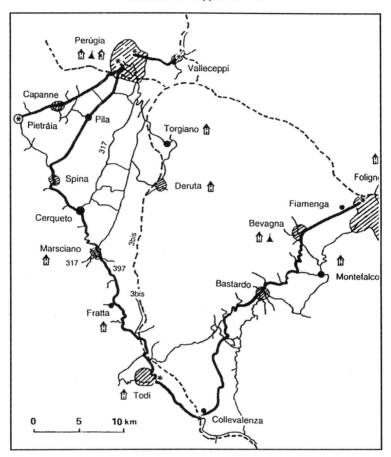

Foligno (235 m, 53.500 Einw.)
Mal eine alte Stadt, die nicht auf einem Hügel angelegt ist, auf den man nur mit viel Schweiß und Anstrengung gelangt. Das Centro Storico ist recht groß. Mittlerweile ist es aber von einem breiten Gürtel sog. Neustadt umgeben, die reichlich Landschaft gefressen hat und die Gegend verschandelt. Foligno ist

sehr einheimisch, ist Industrie- und Handelsstadt, im Altstadtbereich bereitet Shopping viel Spaß. Im Umland der Stadt befinden sich ausgedehnte Olivenplantagen.

Historische Bauten
Die Erdbeben von 1979, 1984 und 1997 sind einigen historischen Bauwerken nicht gut bekommen.
Dom San Feliciano (erbaut 1113, 12.-16. Jh. zahlreiche Veränderungen, Restaurierung 1903-04): einschiffiger romanischer Bau mit Querschiff und halbrunder Apsis, in der Restaurierung umgestaltet, dagegen in ursprünglicher Ausmalung die Sakramentskapelle von Antonio da Sangallo mit ihrem Freskenzyklus zum Leben des Stadtpatrons Felitian (17. Jh.).

Palazzo Trinci (erbaut 1389-1407, verschiedene Veränderungen im 19. Jh.): Backsteinbau im gotischen Stil, spitzbogige Arkaden, Triforien-Fenster, Sitz einer Pinakothek und eines Archäologischen Museums.

Information: Porta Romana 126, ✆ 0742354459, 0742354165; sowie APT, Piazza Garibaldi 12, ✆ 0742350493, 0742352814, 📠 0742340545.
Hotel: Fichetto *, Via dei Frantoi 24, Ortsteil Vescia, ✆ 0742660086; Nunziatella **, Via Pagliarini 3, ✆ 0742341013, 📠 0742341014; Il Valico **, Casette di Cupigliolo, Ortsteil Colfiorito, ✆ u. 📠 0742681385; Bolognese **, Via Istituto Denti 12, ✆ u. 📠 0742352350; Belvedere **, Via Flavio Ottaviani 19, ✆ 0742353990, 📠 0742356243.
Fahrradladen: U. Battistelli, V. XX. Settembre 88, ✆ 0742344059.

Etappe 94:
Perúgia – Pietráia (17 km)

Zugang von Perúgia zum Lago Trasimeno (Etappen 94 & 84). Von Pietráia bringt Sie die Etappe 84 (in Gegenrichtung) endgültig ans Ziel. Profil leicht: keine schwere Steigung. Verkehr zunächst stark, dann erträglich.

Bei Ausfahrten Richtung Lago Trasimeno, Città d. Pieve und Marsciano/Todi orientiert man sich von der Piazza Italia am Südrand des Zentrums der Altstadt Richtung „Stazione"/Hauptbahnhof (4 km unterhalb, steile Abfahrt). Ab dort sind dann die je einzelnen Ausfahrten beschildert.
Bei Einfahrten aus besagten Richtungen folgt man immer dem Zeichen für „Centro". Dabei wird zunächst der Bahnhof passiert, bevor der steile Anstieg zu dem dann noch 4 km enfernten Zentrum einsetzt, das Sie an der Piazza Italia erreichen.

Perúgia (439-511 m, 150.000 Einw.)
Uralt, Ursprünge in der Etruskerzeit, Landeshauptstadt – größte Stadt Umbriens, einzige Stadt der Region, die über Kleinstadtflair hinauskommt.
Das große mittelalterliche Zentrum ist über einem gewaltigen Tuffsteinfelsen

errichtet, der gefährlich stark ausgehöhlt ist. Die Stadtmauer ist noch fast vollständig erhalten – einschließlich mächtiger Tore, die teilweise sogar etruskischen Ursprungs sind.

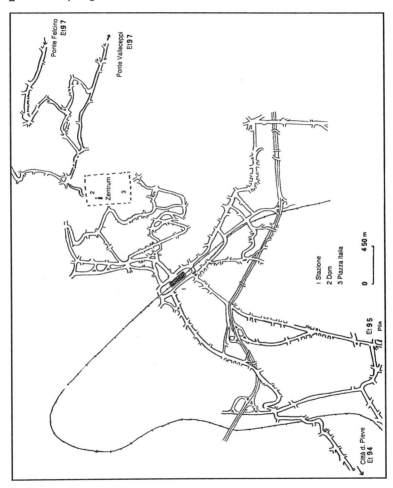

Salon der Stadt ist der 400 m lange, von mittalterlichen Palazzi umgebene Corso Vanucci – zwischen Piazza IV Novembre und Piazza Italia –, auf dem höchsten Punkt des Stadtareals angelegt, der dank plateauhafter Topografie sogar fast eben ist. Das macht ihn ideal als Bummelmeile zum Shopping und großen Treff für die frühabendliche Passegiata. Daß man hier so viele junge Leute sieht, ist kein Zufall, schließlich ist Perúgia populäre Universitätsstadt. Ein zusätzliches Kontingent kommt von der in der Stadt beheimateten Ausländeruni, einer für Italien zentralen Kultureinrichtung, die Ausländer konzentriert in Sprache und Kultur des Landes einführt. Letztere hat auch eine ausgesprochen lebendige Kneipenszene zur Folge, in der einiges nicht „typisch italienisch" ist.

Historische Bauten
Die Altstadt ist als ganze sehr interessant, die Anlage am Berg, die verwinkelten engen Gassen, die steilen Treppenwege, Türme, Paläste, Kirchen. Wir beschränken uns auf ganz wenige bedeutende Bauwerke im Bereich Piazza IV Novembre/Corso Vanucci, dem viel bevölkerten Stadtzentrum. Eine gute Grundlage für ausgiebigere Streifzüge bietet das APT-Faltblatt „Unterwegs in Perúgia", in dem fünf Rundgänge skizziert und beschrieben werden.

Dom San Lorenzo (erbaut 1437-1490), Nordseite der Piazza IV Novembre: dreischiffige gotische Hallenkirche, unvollendet, 68 m lang, barockes Hauptportal (Ostseite); im Innern kommt der „Kapelle des heiligen Rings" ein besondere Bedeutung zu. Hier wird nämlich der sog. Ehering der Jungfrau Maria (?) aufbewahrt. Das Altarbild „Vermählung der Jungfrau Maria" ist lediglich eine Kopie. Das domeigene Museum beherbergt eine wertvolle Kunstsammlung.

Palazzo dei Priori (1297-1353, Erweiterungen 1443 u. im 16. Jh.), Corso Vanucci/Piazza IV Novembre; politisches Zentrum der Stadt seit dem Mittelalter, auch heute Rathaus: mächtiges Bauwerk, das Hauptportal an der Nordseite, zu dem eine breite Freitreppe hinaufführt, flankieren zwei Bronzefiguren aus dem 13. Jh. (Kopien), Greif und Löwe, die Wappentiere Perúgias. Im Innern lohnt ein Blick in die Sala dei Notari, den ehemaligen Ratssaal, den farbenkräftige Fresken schmücken (geöffnet Di-Sa 9-13, 15-19 Uhr).

Fontana Maggiore (1275-77), auf der Piazza IV Novembre, zwischen Rathaus und Kathedrale: ein monumentaler Brunnen, von den Bildhauern Nicola und Giovanni Pisano reich mit Fresken und Statuen ausgestaltet.

Museum
Galleria Nazionale dell'Umbria, im Palazzo dei Priori: Schwerpunkt toskanische und umbrische Maler des 14.-16. Jh., Mo-Sa 9-14, 15-19, So, Fei 9-13 Uhr.
Museo Archeologico Nazionale dell'Umbria, Piazza Giordano Bruno 10, ein Schwerpunkt: Etrusker; Mo-Sa 9-13, 15-19, So, Fei 9-13 Uhr, im Winter geschlossen.

Information: APT, Via Mazzini 21, ✆ 0755725341; Pro Loco, Piazza IV Novembre 3, ✆ 0755736458; sowie als zentrale Auskunftsstelle für ganz Umbrien: Ufficio di Promozione Turistica della Regione Umbria, Corso Vannuci 30, ✆ 0755041, 📠 075504283.
Hotel: Casa Monteripido *, Via Monteripido 8, ✆ 07542210; Anna *, Via dei Priori 48, ✆ u. 📠 0755736304; Paola *, Via della Canapina 5, ✆ 0755723816; Etruria *, Via della Luna 21, ✆ 0755723730; Umbria **, Via Boncambi 37, ✆ 0755721203; Sant'Ercolano **, Via del Bovaro 9, ✆ u. 📠 0755724650; San Sebastiano **, Via San Sebastiano, ✆ 0755732006, 📠 0755727016; Iris **, Via Marconi 37, ✆ u. 📠 0755720259.
Jugendherberge: Via Bontempi 13, nahe Zentrum, ✆ u. 📠 0755722880, 16.1.-14.12., privat, kein internationaler Herbergsausweis erforderlich, gut eingerichtet, große Küche.
Camping: Paradis d'Été, ***, Via del Mercato 29/h-Strada Fontana, Loc. Colle della Trinità, westlich von Perúgia, ✆ u. 📠 0755172117, 50 Stp., geöffnet ganzjährig; Il Rocolo, **, Ortsteil Olmo, westlich von Perúgia, ✆ u. 📠 0755178550, Saison 0755178798, 15.6.-15.9., 100 Stp.; beide weit draußen, ca. 13 km westlich von Perúgia von der stark befahrenen SS 75bis abzweigen, Il Rocolo 600 m, Paradis d'Été 4 km (starker Anstieg) entfernt. Ich habe Campen am Lago Trasimeno vorgezogen.
Fahrradladen: Ciclismo Sport, Via Settevalli 195, ✆ u. 📠 0755052531 (auch Fahrradverleih); Punto Bici, Via delle Caravelle 1/B-2, ✆ 0755002685, 📠 0755008946.

Von der Altstadt kommend halten Sie sich vor dem Bahnhof zunächst nach rechts und kurz danach links und folgen anschließend der Beschilderung für Città d. Pieve/SS 220 stadtauswärts. Nach wenigen Kilometern ist der Bereich der

Perúgia, Stadttor

Vororte durchfahren und der Verkehr erheblich schwächer. Bei km 12 etwa passiert die SS 20 Capanne, ein großes Dorf. Danach sind Sie ganz und gar in ländlicher Szene. Bis zur Abzweigung nach Monte Buono/Lago Trasimeno, unserer Ortsbezeichnung **Pietráia**, sind es nur noch ca. 5 km. Am Schluß ist ein Anstieg zu bewältigen.

Etappe 95:
Perúgia – Marsciano – Todi (54,5 km)

Tour durch Zentralumbrien. Im letzten Abschnitt ein Stück Tiber-Flußlandschaft. Abwechslungsreich. Eine Reihe von Steigungen, wirklich anstrengend nur der abschließende Aufstieg nach Todi.

Sie fahren zunächst vom Bahnhof Perúgia aus wie Etappe 94. Sobald aber der Hinweis Pila auftaucht, orientieren Sie sich daran. Auf ansprechender Mittelgebirgsroute – abseits der bevölkerten Hauptstraße – steuern wir via Pila (auf dem Kreuz Richtung Spina), Spina (Richtung Marsciano) und Cerqueto (ab hier SS 317) nach *Marsciano* (km 31,5), einem betriebsamen Städtchen. Der zweite Abschnitt der Etappe (SS 397) führt dann bis kurz vor **Todi** durch das Tibertal. Zum Abschluß steht noch ein starker Aufstieg auf dem Programm, Ende am mächtigen mittelalterlichen Stadttor.

Etappe 96:
Perúgia – Ponte Valleceppi (6 km)

Östliche Ausfahrt aus Perúgia. Das Ende fungiert als Knotenpunkt, von dem die Etappen in Richtung Gúbbio und Assisi/Foligno gestartet werden.

Sie verlassen Alt-Perúgia durch das Presa-Tor (Südosten der Altstadt). Kurz unterhalb wird nach links für die Via del Pasticio abgebogen. Auf einer langen Abfahrt geht es zum Tiber hinunter (Orientierung Ponte Valleceppi) und in den am gegenüberliegenden Flußufer gelegenen Ort **Ponte Valleceppi** hinein.

Etappe 97:
Ponte Valleceppi – Gúbbio – Piandassino – Perúgia (89 km)

Lange Tour durch Vorgebirge des Apennin. Die waldreiche Gegend (viel Eiche) ist sehr dünn besiedelt. Nur im Umfeld von Perúgia und Gúbbio ist mit reichlich Autoverkehr zu rechnen, ansonsten sind die Straßen ziemlich leer. Aufstiege und Abfahrten wechseln häufig. Es geht nicht ganz ohne Schweiß. Proviant und

Getränke sollten sich in den Gepäcktaschen befinden. Absolutes Highlight dieser Etappe, die man eher als Rundtour bezeichnen kann, ist die alte Stadt Gúbbio. Ansonsten kommen Sie durch eine Reihe von Dörfern und Kleinstädten, die touristisch „unberührt" sind.

Sie durchqueren Valleceppi auf der Via Arno und verlassen den Ort in nordöstlicher Richtung (Orientierung Gúbbio). An der Peripherie wird die Schnellstraße unterquert. Sie folgen letzterer ca. 3,5 km nach Norden – bis eine Gabelung erreicht wird, wo die SS 298, die Straße nach Gúbbio, nach rechts abzweigt (nach links Umbértide). Die ersten 9 km sind flach (fruchtbares Agrargebiet, recht dicht besiedelt). Diese Einrollphase geht auf Höhe von Piccione (km 9, 294 m) zu Ende. Auf den nächsten 9 km müssen Sie in karger werdender Gebirgslandschaft von 294 auf 662 m hinauf – zunächst ein 3 km langer Anstieg, danach bis zum Croce Morella (662 m) drei weitere Anstiege. Nach den Anstrengungen des Aufstiegs folgt der Rausch der Abfahrt – ebenfalls sehr lang. Die letzten 5 km nach Gúbbio hinein sind eben (weites, fruchtbares Tal).

Gúbbio (500 m, 31.700 Einw., davon 10.000 in der Altstadt)
Alte Stadt, am Rand eines breiten Tales, die sich in malerischer Lage ein Stück den Ingenio-Berg hinaufzieht. Hoch über der Stadt thront die Basilika Sant'Ubaldo, die zu Fuß und per Seilbahn erreicht werden kann. Große Teile der Altstadt mit ihren Häusern aus hellem Bruchstein sind ordentlich restauriert. Zentrum ist die Piazza dell Signoria, an der mehrere sehenswerte Bauten stehen, so das hochaufgeschossene mittelalterliche Rathaus. In diesen Platz mündet die Via XX Settembre, Gúbbios Hauptgeschäftsstraße. Hier wird auch jene Keramik angeboten, für die die Stadt überregional bekannt ist.
Die „neuen" Stadtteile am Fuß der Altstadt sind reichlich verkehrsgeplagt und nicht sonderlich ansprechend.

Historische Bauten
Palazzo dei Consoli (1332-1336): aus hellem Kalkstein, eines der schönsten Rathäuser Mittelitaliens, eine Freitreppe führt zum großen Ratssaal hinauf, von der Loggia des Obergeschosses besteht ein weiter Rundblick. Im Palazzo dei Consoli befinden sich eine Pinakothek und ein Archäologisches Museum.

Information: APT, Piazza Oderisi 5-6/Corso Garibaldi, ✆ 0759220693, 📄 0759273409.
Hotel: Galletti *, Via Piccardi, ✆ 0759277753; Grotta Dell'Angelo **, Via Gioaia 47, ✆ 0759271747, 📄 075927348; Dei Consoli **, Via dei Consoli, ✆ 075927335.
Jugendherberge: Ostello dell'Aquilone, Ortsteil Ghigiano, ✆ 0759220187, 0759271105, geöffnet 15.3.-15.9.
Camping: Villa Ortoguidone, ****, Ortsteil Ortoguidone, ✆ u. 📄 0759272037, 14 Stp., 1.4.-30.9.

Sie verlassen Gúbbio Richtung Umbértide/SS 219 (ausgeschildert). Die nächsten Kilometer führen durch ein bewaldetes Tal, Profil: leicht. Der Verkehr ist relativ stark (an Werktagen auch reichlich Lkw). Ca. 25,3 km hinter Gúbbio biegen Sie kurz hinter der Unterquerung der Schnellstraße nach links Richtung Perúgia ab. Die Hauptstraße (geradeaus) führt dagegen nach Umbertide, 4 km, und Città di Castello, zwei Kleinstädten, die Sie als Abstecher einbeziehen könnten. Die Strecke nach Perúgia (30 km) führt am Rand des Tibertales entlang durch niedere Mittelgebirgslandschaft. Man bewegt sich durchweg auf verkehrsarmen Landstraßen und befindet sich bis zum Schlußanstieg nach Perúgia stets in Nähe zur Bahnlinie. Nach ca. 7,5 km kommen Sie durch das stattliche Großdorf Tavernace. Weitere 3,5 km südlich wird nach rechts für Ponte Páttoli abgezweigt. Im Bereich dieser propperen Kleinstadt geht es auf das rechte Tiberufer. Man folgt dann dem Fluß auf dieser Seite bis Ponte Feliciano (großer Ort). Danach wendet man sich ab und begibt sich in den langen anstrengenden Aufstieg nach Alt-**Perúgia**.

> **Etappe 98:**
> Ponte Valleceppi – Assisi – Foligno (43 km)

In Verbindung mit der Kurzetappe 96 ergibt sich die landschaftlich schöne und kunsthistorisch außerordentlich interessante Tour Perúgia – Foligno. Es existieren kürzere und leichtere Verbindungen, die allerdings erheblich stärker vom Autoverkehr belastet sind. Unsere Route hat ferner den Reiz, daß sie sich etwas abseits der „Trampelpfade" bewegt. Mehrere Steigungen auf der ersten Hälfte sorgen dafür, daß die Etappe nicht ganz federleicht ist. Andererseits ist die zweite Hälfte, die mit einer langen Abfahrt beginnt und mit einer langen flachen Strecke endet, ein ausgesprochenes Vergnügen.

Sie fahren von Ponte Valleceppi aus dem Tibertal auf der SS 318 Richtung Gualdo Tadino (Hinweis) hinauf. Nach ca. 9 km zweigen wir in Pianello nach rechts/Süden ab. Auf einem Sträßchen geht es nun am Rand des Tals des Fiume Ciascio durch ländliche Idylle via Palazzo nach Assisi, an das man sich von Westen annähert. Sie fahren dann ein Stück unterhalb des Assisi-Bergs entlang und steigen schließlich von Osten her kurvenreich zum Bergstädtchen Assisi auf (3,5 km kontinuierlich bergauf).

Assisi (505 m, 24.700 Einw.)
Pittoreskes mittelalterliches Bergstädtchen in der mittleren Höhenlage des Monte Subasio (1290 m), die Häuser aus Kalkstein mit blaß-rötlichem Grundton. Hier wurde einst der hl. Franziskus (1182-1226) geboren, der mit seiner Botschaft vom einfachen Lebenswandel eine große Gefolgschaft gewann. Nach seinem Tod entwickelte sich in Assisi im Lauf der Zeit ein gewaltiger Kult, der das schöne Bergstädtchen zum stärkstbesuchten Wallfahrtsort Italiens werden ließ – samt Touristentrubel und schwunghaftem Sakralbusiness. Hauptziel der zahllosen Pilger ist San Franceso, die Grabeskirche des Heiligen. Damit ist es aber vorläufig mal vorbei, denn am 28.9.1997 wurden durch

ein verheerendes Erdbeben (plus mehrere Nachbeben, zuletzt im März 1998) in Assisi an zahlreichen Gebäuden – darunter auch die Franziskusbasilika – erhebliche Zerstörungen hervorgerufen.
Gegenwärtig werden gewaltige Anstrengungen unternommen, um die Schäden zu beheben. Dies wird aber Jahre in Anspruch nehmen – und es wird leider nicht möglich sein, alle wertvollen Gemälde zu retten.

Historische Bauten
Assisi ist ein kleiner, leicht überschaubarer Ort, schon auf relativ kurzen Spaziergängen läßt sich vieles einfangen. Haupttreff der Einheimischen und der Touristen ist die Piazza del Comune mit ihren zahlreichen Läden und Lokalen, aber auch mehreren sehenswerten Bauwerken: so dem ehemaligen römischen Minervatempel (heute Kirche), dem Palazzo dei Priori (ab 1337, im 20. Jh. restauriert) und dem Palazzo del Capitano del Popolo (13. Jh., mit Turm Torre del Popolo). Diese Piazza ist durch die lange Via S. Franceso direkt mit der Franziskuskirche verbunden – dies ist sozusagen die massentouristische Meile der Stadt.

Chiesa San Franceso, Grabeskirche des hl. Franziskus, im äußersten Nordosten der Stadt (im Lauf des 13. Jh. entstanden): Ober- und Unterkirche, Grab in der Unterkirche; über 200 Jahre (13.-15. Jh.) haben die bedeutendsten Maler der damaligen Zeit hier gemalt, Giottos Freskenzyklus „Lebensgeschichte des Franziskus" in der Oberkirche galt als eines der bedeutendsten Kunstwerke des 14. Jh. Man muß sagen: galt, denn durch das Erdbeben vom 28. September 1997 wurde praktisch die gesamte Malerei der Oberkirche zerstört. Es wird nun mit großem Einsatz versucht, noch Teile zu retten, jedoch sind die Prognosen sehr pessimistisch.

Dom San Rufino, im Südosten der Stadt (ab 1140): Schön anzusehen die Fassade: umbrische Version von Romanik – Portal kunstvoll geschmückt, drei formschöne Rosenfenster. Das Innere der dreischiffigen Basilika ist im 16. Jh. neu ausgestaltet worden. Aus der Ursprungszeit stammt aber noch das Taufbecken im rechten Seitenschiff, in dem einst der hl. Franziskus getauft wurde.

Information: APT, Piazza del Comune 12, ✆ 075812534, 075812450, 🖷 075813727.
Hotel: La Rocca *, Via Porta Perlici 27, ✆ u. 🖷 075812284; Italia *, Vicolo della Fortezza, ✆ 075812625, 🖷 0758043749; Anfiteatro Romano *, Via Anfiteatro Romano, ✆ 075813025, 🖷 075815110; Sole **, Corso Mazzini 35, ✆ 075812373, 🖷 075813706.
Jugendherberge: Ostello della Pace, Via di Valecchie 177, ✆ u. 🖷 075816767, 60 B., 1.3.-9.1; Ostello Victor, Via Sacro Tugurio 116, ✆ 0758065562; Ostello Fontemaggio, Via Eremo delle Carecri, Ortsteil Fontemaggio, ✆ 075813636.
Camping: Internationale, ***, San Giovanni in Campiglione 110, Campiglione, ✆ 0337651981, Saison 075813710, 🖷 075812335, 140 Stp., 10.4.-10.10.; Fontemaggio, **, Loc. Fontemaggio, ✆ 075813636, 🖷 075813749, 244 Stp., ganzjährig.
Fahrradladen: M. Pettinelli, V. Diaz Armando Santa Maria degli Angeli, ✆ 0758040406.

Kartenskizze Etappen 97 & 98

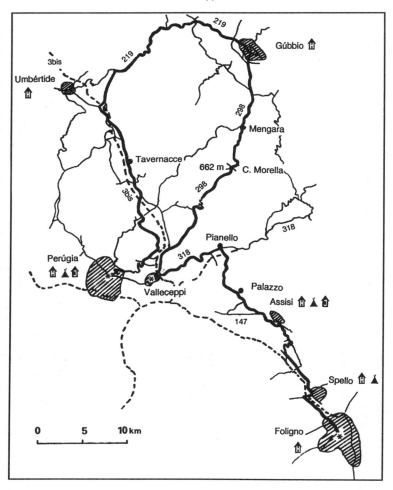

Sie verlassen Assisi auf derselben Straße, auf der Sie zuvor schweißgebadet heraufgekraxelt sind – nun eine steile Abfahrt. Noch weit oben geht es nach links ab Richtung Spello/Foligno (Hinweisschild). Die rauschende Abfahrt setzt sich noch mehrere Kilometer fort. Es folgt schließlich ein längeres flaches Stück bis Spello (km 34).

Spello (280 m, 7800 Einw.)
Sehr schönes über 2000 Jahre altes Städtchen, wie viele Siedlungen in Umbrien am Berg angelegt, die Häuser wie in Assisi aus dem rötlichen Subasio-Stein – das Ganze von Ölbaumhainen umgeben. Auch hier hat das Erdbeben im September 1997 schwere Schäden hervorgerufen.
Der Ort besteht aus einer zentralen Hauptstraße, der Via Consolare, von der etliche Nebensträßchen und Gassen abgehen. Sehenswert sind die Fresken von Pinturiccio, einem der bedeutendsten umbrischen Maler der Renaissance, in der Kirche S. Maria Maggiore (Hauptstraße).
An Spello ist die Anlage das Interessante. Wer farbenprächtige Feste mag, sollte das Städtchen an Fronleichnam besuchen.

Information: Pro Loco, Piazza Mateotti 3, ✆ 0742301009.
Hotel: Paolucci *, Via Brodolino 4, ✆ 0742301018; Il Portonaccio **, Via Centrale Umbra 48, ✆ 0742651313, 🖷 0742301615.
Camping: Umbria **, Via Rapacciano, Ortsteil Chiona, ✆ 0368431790, Saison 0742651772, 60 Stp., 6.4.-4.10.

Sie wechseln in Spello etwas nordwestlich vom Bahnhof auf die andere Seite von Bahnlinie und Schnellstraße und radeln dann immer dicht neben der Bahnlinie auf flacher Strecke nach **Foligno** (Südosten). Der Weg in das verkehrsfreie Zentrum der Nachbarstadt ist ausgeschildert (Centro).

Etappe 99:
Foligno – Montefalco – Mad. di Stella – Spoleto (36 km)

---

*Abstecher vom Valle Umbra auf einen „Aussichtshügel mit gemütlichem Bergstädtchen" und Rückkehr in die Ebene, und – sofern Sie Trevi mitnehmen – erneuter Aufstieg auf einen „Aussichtshügel mit pittoreskem Bergstädtchen" und erneute Rückkehr in niedrigere Lage. Die beiden Aufstiege sorgen dafür, daß etwas „Spannung" in die Tour kommt. Auf den Nebenstraßen läßt es sich angstfrei radeln. Die Attraktionen dieser herrlich abwechslungsreichen Tour heißen: Foligno, Montefalco, Trevi und Spoleto.
Die SS 3 Foligno – Spoleto ist keine Alternative, diese Straße ist sehr stark befahren!*

Sie radeln in nordwestlicher Richtung aus Foligno hinaus. Ca. 2 km vom Zentrum erreichen Sie eine Kreuzung, auf der nach links für Montefalco abzuzweigen ist (Hinweis). Gut 7 km besteht noch das Vergnügen, durch Ebene zu rollen. Danach erfolgt ein 3,5 km langer kurvenreicher Aufstieg auf den Berg von Montefalco. Kurz vor dem Ort geht es durch ausgedehnte Ölbaumhaine.

Montefalco (472 m, 5500 Einw.)
Städtchen auf einem Hügel. Schön gelegen. Ganz von einer Mauer umgeben. Für guten Wein (Rosso di Montefalco, Sagrantino) bekannt. Populäres Ausflugsziel unter Einheimischen und Touristen. An der gemütlichen Piazza Weinstuben.

Information: Pro Loco, Piazza del Commune 17, ✆ 074279111.
Hotel: Ringhiera Umbra **, Corso Mameli 20, ✆ u. 🖷 0742379166; Nuovo Mondo **, Viale della Vittoria 7, ✆ 0742379243, 🖷 0742379643.

Sie halten sich Richtung Spoleto und fahren via Turrita nach Madonna della Stella hinunter (6 km), das in der Ebene liegt. Am östlichen Ortsrand halten Sie sich nach rechts (verblaßtes Spoleto-Schild; das neue Spoleto-Schild weist dagegen zur stark befahrenen SS 3) und folgen dem Kanal in Richtung Süden. Für den Rest der Tour haben Sie bis Spoleto keine nennenswerten Steigungen mehr zu fürchten – sofern Sie nicht die Strecke durch eine Exkursion nach Trevi anreichern.

Abstecher:
A28: Nach Trevi
Für den Exkurs nach Trevi (8,5 km) hält man sich hinter Madonna d. Stella nach links. 2 km nördlich muß sodann nach rechts abgebogen werden. Danach geht es immer gen Osten auf Trevi zu. Auf den letzten 3 km erfolgt ein steiler Anstieg.

Spello

Trevi (425 m, 7300 Einw.)
Wohl keine Stadt Umbriens liegt so pittoresk wie Trevi. Für radelnde Fotofreaks gibt es kaum ein schöneres Motiv (eng verschachtelte Häuser, Domkuppel, diverse Türme, umgeben von Ölbaumhainen). Bleibt da nur das Ärgernis, daß zwischen der schönen Aussicht auf das Gipfelstädtchen und der gemütlichen Kaffeepause auf der Piazza Mazzini im kleinen Altstadtzentrum ein knallharter Aufstieg liegt.

Hotel: La Cerquetta *, Ortsteil Parrano, ℂ 074278366; Il Terziere **, Via Salerno 1, ℂ u. 🗎 074278359.
Fahrradladen: Perfection Bikes, V. Assisi, ℂ 0742391156.

Die Landstraße von Mad. d. Stella nach Spoleto – vollständig flach, im Osten Berge – führt über Bruna, S. Brizio und Maiano. Sie erreichen die Stadt in der Neustadt in der Ebene (Einfahrt zum Zentrum ordentlich markiert).

Spoleto (317-450 m, 38.000 Einw.)
Eine weitere alte Stadt, die hangaufwärts angelegt ist. Es beginnt in der Ebene, die zersiedelt ist, wo die Industrie, die Supermärkte, die Lager und der Bahnhof liegen. Und endet hoch oben mit einer gewaltigen Festung. Dazwischen erstreckt sich eine total mittelalterliche Stadt, ein absoluter Augenschmaus: enge Straßen und Gassen, steile Treppenwege, mehrere einladende Plätze, viele sehenswerte Bauwerke (Dom, Kirchen, Palazzi).
Seit 1958 wird alljährlich im Juni/Juli das „Festival dei Due Mondi" veranstaltet, ein internationales Kulturfestival mit starker US-amerikanischer Beteiligung, das ein umfangreiches Programm besitzt (Musik, Tanz, Theater) mit bis zu 10 Aufführungen am Tag. In diesen Wochen ist die Stadt überfüllt mit Fremden aus Rom und aller Welt, ansonsten geht es hier sehr geruhsam zu.

Historische Bauten

Dom Santa Maria Assunta, sehr weit oben (kurz vor 1200 errichtet): die Fassade ist ansehnlich, aber nicht hinreißend: Renaissance-Portikus, kunstvoll gearbeitete Rosenfenster, ein Goldgrundmosaik. Von Kunsthistorikern werden vor allem die Fresken im Chor hervorgehoben, die von Filipo Lippi stammen, der auch in der Kirche begraben ist.
Kirche San Pietro, am südlichen Stadtrand (12. Jh.): unter den recht zahlreichen romanischen Kirchen der Stadt die bedeutendste, originelle Skulpturen aus der Ursprungszeit zieren die Fassade (Szenen aus der Bibel, aber auch mittelalterliche Tierfabeln). Dagegen wurde der Innenraum 1699 total umgestaltet.

Kurze Rundtour

Sie können die Festung auf einer Straße umradeln: wegen der schönen Aussicht ein angenehmes Unternehmen. Auf der Ostseite kommen Sie an der riesigen Brücke Ponte d. Torri vorbei.

Information: APT, Piazza della Libertá 7, ✆ 0743220311, 🖷 074346241.
Hotel: San Giovanni *, Ortsteil San Giovanni di Baiano, Via Carlo Marx, ✆ 074353144; Il Panciolle **, Via Duomo 4, ✆ 07434567; Anfiteatro **, Via Anfiteatro; ✆ 074349853.
Camping: Il Girasole, **, Ortsteil Petrognano di Spoleto, ✆ 074351335, 🖷 074351583, 70 Stp., ganzj.; Monteluco, **, Strada per Monteluco, ✆ u. 🖷 0743220358, 35 Stp., 1.4.-30.9.
Fahrradladen: C.T. Spoleto Mountain Bike, Via Marconi 321, ✆ 074346781, 🖷 0743223598 (auch Fahrradverleih); Scocchetti Cicli, Via Marconi 82, ✆ 074344728.

Etappe 100:
Spoleto – Crocemaróggia – Terni (34 km)

Ein großer Teil dieser Tour führt durch tiefstes Hinterland, Teilstücke bestehen gar aus Schotterstraße. Während die ersten 10 km eher Allerweltscharakter haben, ist der zweite Teil landschaftlich ausgesprochen reizvoll.

Sie verlassen Spoleto im Nordwesten der Neustadt auf der SS 418 Richtung Acquasparta. Nach 10 km auf dieser mittelstark befahrenen Straße biegen Sie nach links (Fogliano) für das in unmittelbarer Nähe befindliche Crocemaróggia ab. Sie halten sich in diesem Ort Richtung Giuncano. Es beginnt bald Schotterweg, es geht aufwärts durch wilde Gebirgslandschaft (km 12,5-14,5 starker Anstieg). Im Wald treffen Sie mal auf eine Gabelung mit Holzschildern (hier nach rechts: Roma!). Schließlich wird Giuncano Scalo (großes Dorf, Bahnstation) erreicht. Jetzt wieder auf Asphaltstraße, fahren Sie nun immer am Serra-Flüßchen entlang nach Terni hinunter.

Terni (130 m, 109.800 Einw.)
Stadt in der Ebene, überwiegend mit breiten Straßen und relativ jungen Bauten sowie einiger Industrie im Umland. Dafür bekommt Sie von den „Vordenkern" touristischen Reisens die Leviten gelesen: vor einem Besuch in dieser „profanen" Stadt kann selbstverständlich nur abgeraten werden.
Ich habe den Kontrast zu den engen Gassen/Straßen und vom Alter – und mangelnder Renovierung – gezeichneten Bauten der alten Bergstädte, die ich durchaus liebe, genossen. Es war einfach ein Mehr an Abwechslung. Ich fand beides interessant – und ich bin dafür, beide Arten von Architektur und Stadtkultur ohne Scheuklappen zu durchstreifen.

Information: APT, Viale C. Battisti 7/A, ✆ 0744423047.
Hotel: Villa Laura *, Str. di Cospea 50, ✆ 0744812629; Centrale Minerva *, Viale I. Campofregoso 50, ✆ 0744402962; Brenta *, Viale Brenta 12, ✆ 0744283007; Velino **, Via Pilastri 1, Ortsteil Marmore, ✆ 074467425, 🖷 074467164.
Camping: Il Lago, **, Ortsteil Piediluco, ✆ 074480824, Saison 0744369199, 🖷 0744369199, 150 Stp., ganzj.; Marmore, **, Ortsteil Campacci, Fraz. Marmore, ✆ 0744780824, Saison 074467198, 🖷 0744368425, 77 Stp., 1.4.-10.10.
Fahrradladen: Centro Ciclismo, Vl. Stazione 60/62, ✆ 0744409144.

Stadtskizze Terni

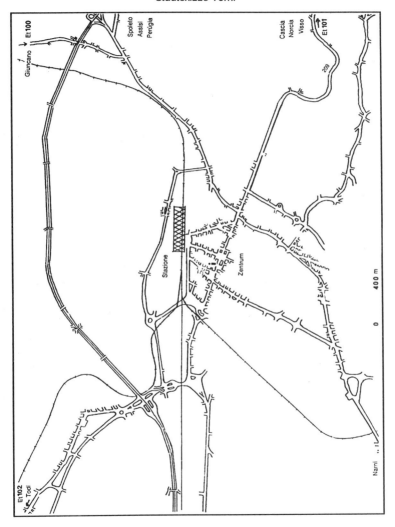

Kartenskizze Etappen 99 – 101

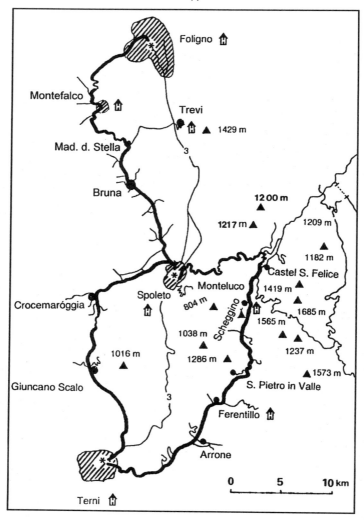

> **Etappe 101:**
> Terni – Sant'Anatolia di Narco – San Felice – Spoleto (53,5 km)

Eine der schönsten Gebirgstouren Umbriens: enges Tal, wildes Flüßchen, Berge mehr oder weniger nah, pitoresk gelegene Dörfer. Dennoch relativ leichtes Profil: zunächst einmal ca. 35 km lediglich stets ein wenig leicht talaufwärts, danach aber doch eine lange Steigung – und schließlich eine lange Abfahrt.

Sie verlassen Terni im Nordosten auf der SS 209 Richtung Visso. Sie fahren stets das enge Neratal aufwärts. Bei km 7 kommen Sie an dem Wasserfall Cascata delle Marmore vorbei, der vor über 2000 Jahren von römischen Ingenieuren geschaffen wurde. Danach führt die Strecke im üppigen, meist engen Tal (Gipfelbereich der Berge im Osten teilweise zu sehen) an am Rand des Tals gelegenen pittoresken Bergdörfern vorbei über Ferentillo (km 18), Sambucheto (km 22,5), Scheggino (km 30,5) und Sant'Anatolia di Narco (km 33,5).

Ca. 2 km hinter dem letztgenannten Ort verlassen Sie bei Castel S. Felice (kompaktes Dorf, wie eine Burg aussehend) nach links das schöne Neratal Richtung Spoleto (Hinweisschild).

Es folgt ein mühseliger kurvenreicher Aufstieg (durch Wald, auch Wiesen, fast keine Dörfer) zum ca. 8 km entfernten Forca di Cerro (734 m). Die Anstrengungen werden ein wenig vergolten durch die fantastischen Blicke in das Neratal und das gewaltige Panorama der sibillinischen Berge im Hintergrund. Auf der Paßhöhe wartet ein Ausflugslokal auf die müden Radler. Das Restprogramm läßt dann wieder reichlich Freude aufkommen: 9 km rauschende Abfahrt durch üppig grüne Landschaft, Blick in das Tal von Spoleto. Am Ende der Schußfahrt biegen Sie nach links in die brodelnde SS 3 ein, auf der Sie durch wilde Vorstadt nach ca. 1 km Fahrt am Rand des Zentrums landen.

Abstecher:
A29: Zum Kloster **Abbazia S. Pietro in Valle**
Ca. 22,5 km nordöstlich von Terni zweigt in Sambuchetto von der SS 209 nach links die Straße zum Kloster Abbazia S. Pietro ab, ca. 1,5 km entfernt, in einem Seitental, eine uralte Abtei, von Zypressen und Ölbäumen eingerahmt, deren Ursprünge in das 8. Jh. zurückreichen. Die heutige Kirche soll 996-1016 erbaut worden sein, die Langhauswände im Innern sind mit einem romanischen Freskenzyklus ausgemalt, der Ende des 12. Jh. geschaffen worden sein soll.

Alternative 1: Terni – Sant'Anatolia di Narco – Cascia – Norcia – Preci – Castel San Felice – Spoleto (151,2 km)
Sie können Etappe 101 in eine ausgedehnte und schwere Bergetappe ausweiten, indem Sie tief ins Hinterland hineingehen und die beiden schönen Bergstädtchen Cascia (653 m, 3200 Einw., Übernachtungsmöglichkeiten) und Norcia (604 m, 4800 Einw., Übernachtungsmöglichkeiten) „draufsetzen". Für diese

schwere, hochinteressante Gebirgstour sollten Sie sich aber 2 bis 3 Tage Zeit lassen.

Alternative 2: Terni – Sant'Anatolia di Narco – Cascia – Norcia – Castellucio – Visso – San Felice – Spoleto (198,4 km)
Auf Alternative 1 kann noch einmal drauf gepackt werden, wenn Sie dicht an die Gipfelregion der Monti Sibillini rangehen; dafür müssen Sie allerdings ein Stückchen in die Nachbarregion Marken rein. Diese großartige Gebirgstour ist noch länger und schwerer als Alternative 1. Auch von ihr hat man nur wirklich was, wenn sie auf ca. 3-4 Tage verteilt wird.

Etappe 102:
Terni – Acquasparta – Collevalenza (36 km)

Hauptteil der Strecke Terni – Todi, deren Restprogramm durch die Etappe 92 (Todi – Collevalenza, in Gegenrichtung) bestritten wird. Eher Allerweltstour, im ersten Teil (Terni – San Gémini) reichlich verkehrsgeplagt. Es ist auf jeden Fall weitaus interessanter, Terni – Todi via Narni, Amélia und Orvieto zu radeln. Allerdings ist diese Strecke erheblich länger.

Sie biegen kurz hinter dem Bahnhof (Westseite) nach rechts ab und fahren immer geradeaus zu einer verkehrsreichen Schnellstraße (SS 79) hin, auf der Sie dann in nordwestlicher Richtung die Tour fortsetzen. Sie kommen alsbald, die Richtung beibehaltend, über die autobahnähnliche Schnellstraße Orte-Terni. Danach geht es stets auf der SS 79 voran. Hinter Gabelletta steigen Sie nach San Gémini (Kleinstadt) hinauf. Es geht dann hinunter und ein längeres Stück durch Tal über Acquasparta (Städtchen ohne besonderen Reiz). Ca. 3 km nördlich wechseln Sie auf die andere Seite der AB-Schnellstraße, wo Sie via Villa S. Faustino fahrend bis **Collevalenza** bleiben.

Etappe 103:
Terni – Narni – Amélia – Baschi (59,5 km)

Wenn man erst mal die paar Kilometer durch Großstadtverkehr und Industrieszene hinter sich hat, beginnt eine landschaftlich sehr schöne Tour. Zwei ausgesprochene Leckerbissen sind die alten Bergstädtchen Narni und Amélia – beides ungeschliffene Diamanten, noch nicht für den Massentourismus zubereitet. Mehrere Steigungen, die etwas Energie erfordern, „en route". Von den ersten 12 km abgesehen ist der Verkehr mäßig.

Foto rechts: Gúbbio, Altstadt

Kartenskizze Etappen 102 & 103

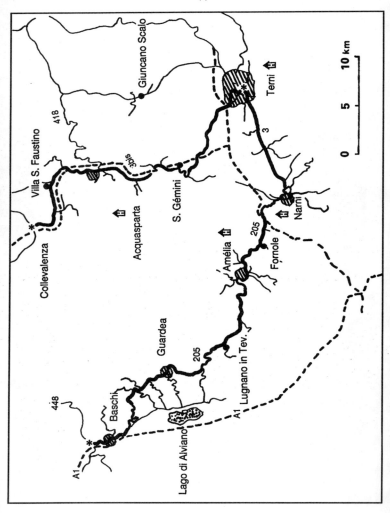

Stadttor von Narni

Kürzeste Verbindung von Terni nach Narni ist die SS 3 (s. Stadtskizze), die allerdings sehr stark befahren ist. Die ersten 9 km sind flach. Danach erfolgt der 3 km lange Aufstieg nach Narni. 2 km unterhalb zweigt nach rechts die Straße für Amélia ab. Wir nehmen aber Narni mit.

Narni (240 m, 20.600 Einw.)
Städtchen, 12 km südwestlich von Terni, auf einem Berg angelegt, ein weiterer sehenswerter Flecken. Nicht von Touristenschwärmen heimgesucht, da der Ort zu weit von den Zentren des Fremdenverkehrs entfernt ist.

Historische Bauten
Starke Konzentration von sehenswerten Bauwerken im Bereich Piazza dei Priori/Via Garibaldi, so: Duomo San Giovenale, Palazzo dei Priori, Loggia dei Priori und Palazzo del Podestà. Hier befindet sich auch der Markt.

Dom San Giovenale (1043-1145): vierschiffiges romanisches Langhaus, dreibogiger Portikus (15. Jh.), antike Säulen mit mittelalterlichen Kapitellen, goti-

scher Chor (1332).
Kirche San Francesco (14. Jh.): basilikahafte Halle, Wände und Pfeiler reich durch Fresken geschmückt.

Information: Pro Loco, Piazza dei Priori, ℂ 0744715362.
Hotel: Ponte D'Augusto **, Via Tudere 303, Narni Scalo, ℂ 0744750635, 🗎 0744750974; Da Carlo **, Via Ortana Vecchia 2, Ortsteil San Liberato, ℂ 0744742121. 🗎 0744742123; Ala d'Oro, Via Flaminia Romana, Ortsteil Gualdo di Narni, ℂ u. 🗎 0744796576; Novelli ***, Via della Stazione 12, Narni Scalo, ℂ u. 🗎 0744751004.
Camping: Monti del Sole, **, Strada di Borgaria, ℂ u. 🗎 0744796336, 50 Stp., 1.4.-30.9.
Fahrradladen: Capotosti, V. del Santuario 14, Narni Scalo, ℂ 0744750253.

Sie kehren nach dem Besuch in Narni auf die zuvor angeführte Abzweigung zurück und biegen nun nach links für Amélia ab. Bald darauf wird erneut nach links abgezweigt (Hinweis Amélia). Anschließend folgt ein langer Aufstieg bis Fórnole. Vor dem ca. 5 km entfernten Amélia existiert sodann noch eine Steigung.

Amélia (406 m, 11.200 Einw.)
Malerisch gelegenes Städtchen, der Stadtberg ist von der Silhouette des Doms bestimmt. Der Eintritt in die Kommune erfolgt durch das mächtige Tor Porta Romana. Völlig ungestört vom Massentourismus können Sie herumstreifen – und zu sehen gibt es einiges, z.B. den Dom und die Franziskanerkirche. Um die Piazza Marconi stehen jene Bauwerke, die man gemeinhin unter die Palazzi einordnet. Von der Domterrasse können Sie weit ins Umland hineinblicken.

Information: APT, Via Orvieto 1, ℂ 0744981453, 🗎 0744981566.
Hotel: Le Colonne *, Via Roma 191-193, Ortsteil Le Colonne, ℂ 0744983529; Amerino *, Via Amerina 54, Ortsteil Fornole, ℂ 0744989667; Scoglio Dell'Aquilone ***, Via Orvieto 23, ℂ 0744982445, 🗎 0744983025; Anita ***, Via Roma 31, ℂ 0744982146, 🗎 0744983079;

Von Amélia (406 m) geht es zunächst einmal steil bergab. Im Rückblick aus dem Tal bietet sich das Bergstädtchen in atemberaubender Lage. Auf dem Weg nach Baschi (165 m) kommen Sie durch die Orte Lugnano in Teverina (419 m), Guardea (387 m), Póggio Nuovo und Ténaglie. Es sind zuerst zwei stärkere Anstiege zu bewältigen, bevor Sie die lange Abfahrt nach Baschi genießen dürfen. 2 km nördlich von **Baschi** (großes Dorf) mündet die SS 205 in die SS 448.

Register

Bei mehreren Seitenangaben ist die jeweilige Hauptnennung **halbfett** gedruckt; die Seitenzahlen der Fotos sind *kursiv* gesetzt.

Abazzia di Sant'Antimo 195
Abbadia San Salvatore 193
Abbazia di Monte Oliveto Maggiore 173
Abbazia S. Pietro in Valle 247
Albínia 202
Alpi Apuane *60*, *101*, **117**, 125
Amélia 252
Anghiari 187
Arezzo 185
Asciano 172
Assisi 238

Bagni di Lucca 119
Bagno Vignoni 177
Barga 119
Bevagna 230
Bibbiena 188
Bolgheri 142
Bolsena *63*, **227**
Borgo San Lorenzo 96
Buonconvento 173

Campiglia Marittima 146
Campo Cécina *123*, **123**
Capodimonte 228
Capoliveri 152
Caprese Michelangelo 188
Carrara *27*, *60*, **124**
Casciana Terme 161
Cascina 6
Castagneto Carducci 142
Castelfiorentino 93
Castell'Azzara 198
Castellina in Chianti 82
Castelnuovo di Garfagnana *9*, **118**
Castiglione del Lago 220
Castiglione della Pescáia 211
Cécina 140
Cerbáia 93

Certaldo 93
Chianciano 179
Chianti 78
Chiusi 180
Città della Pieve **223**, *223*
Colle di Val d'Elsa 166
Cortona 183

Dicomano 189
Donoratico 141

Elba *62*, *145*, **147**, *150*
Empoli 109

Fantiscritti 124
Fiésole 96
Figline Valdarno 192
Firenzuola 99
Florenz *24*, *39*, **68**, *77*, *95*
Foiano di Chiana 183
Foligno 231
Follónica **143**, *213*
Forte dei Marmi 127

Gaiole in Chianti 169
Garfagnana 117
Greve 81
Grosseto 208
Grotta del Vento 119
Gúbbio **237**, *249*

Isola Santa 120

Lago di Bolsena 227
Lago di Chiusi 180
Lago Trasimeno 219
Le Rocchette 214
Livorno *134*, **135**
Loro Ciufenna *191*
Lucca *112*, **113**
Lucignano 182

Manciano 201
Maremma 206
Marina di Bibbona 142
Marina di Campo 151
Marina di Castagneto 141
Marina di Grosseto 213
Marina di Pisa 134
Marina Marciana *62*
Marradi 100
Massa 120
Massa Maríttima 154
Montalcino 174
Monte Amiata **193**, 194
Montecatini Terme 111
Montefalco 242
Montefiascone 228
Monte il Telégrafo 205
Monte Perone 151
Montepulciano 178
Monteriggioni 167
Montespértoli 93
Mugello 94
Murlo 174

Narni *251*, **251**
Naturpark Maremma 213

Orbetello 205
Orvieto 225

Palazzuolo sul Senio 100
Panzano 81
Passignano sul Trasimeno 219
Perúgia **232**, *235*
Piancastagnáio 197
Pienza 177
Piombino 147
Pisa *2*, *6*, **129**
Pisaner Berge 116
Pistóia 105
Pitigliano 199
Poggibonsi 89
Pontedera 162
Poppi 189
Populónia 146
Porto Ércole 204
Portoferráio *145*, **148**, *150*
Porto San Stéfano 204

Prato 102
Punta Ala 214

Radda in Chianti 169
Radicófani 198
Rifugio Carrara 123
Roccalbegna 206
Roccastrada 217

San Feliciano 220
San Gimignano **89**, *160*
San Miniato 163
San Piero a Sieve 97
San Quirico d'Orcia 176
Sansepolcro 187
Santa Fiora 196
San Vincenzo 146
Sarteano 198
Sassetta 142
Saturnia 205
Scansano 206
Scarperia 99
Semproniano 205
Siena **84**, *87*, *171*, *181*
Sinalunga 182
Sorano 199
Sovana 201
Spello **241**, *242*
Spoleto 243
Suvereto 142

Talamone *202*, **209**
Terni 244
Todi 229
Trevi 243

Vagli 123
Valle Chiana 181
Venturina 146
Versilia 125
Viaréggio 126
Vicchio 191
Vinci 110
Volterra 157

Der Wind kommt immer von vorn

Der Titel dieses Buches steht stellvertretend für die Erfahrungen auf einer Fahrradreise.
Bei der Planung, Vorbereitung und Durchführung einer Reise, angefangen mit der Auswahl und Ausstattung eines geeigneten Fahrrades, gibt es eine Vielzahl von Details zu beachten.

Der Autor Jürgen Rieck hat in seinem Buch alle nötigen Informationen zusammengetragen. Die darin gegebenen Hinweise sind für jede Radtour gültig, gleich wie lange sie dauert und wohin sie geht. Sie sollen dazu beitragen, daß Fahrradreisen mit Planungsfehlern der Vergangenheit angehören.
Zur Vorbereitung Ihrer Reise sollten Sie sich dieses Buch besorgen. Da wird Ihnen auch dann der Spaß an der Reise nicht vergehen, wenn Sie das meteorologische Wunder erleben:
Der Wind kommt immer von vorn.

ISBN 3-921939-72-0; 176 Seiten, zahlreiche Fotos und Abbildungen.
Preis: DM/sfr 19,80

CYKLOS-Fahrrad-Reiseführer

Toskana/Umbrien ist nicht das einzige Fahrrad-Reisegebiet. Für die wichtigsten radtouristischen Gebiete vor allem Europas erscheinen Fahrrad-Reiseführer mit Routenbeschreibungen auf bis zu 320 Seiten. Alle Bände dieser Reihe sind speziell für den deutschsprachigen Radtouristen konzipiert und recherchiert worden.
1999 sind folgende Fahrrad-Reiseführer lieferbar:

Irland per Rad
Schottland per Rad
England per Rad
Island per Rad
Norwegen per Rad
Finnland per Rad
Südschweden per Rad
Dänemark per Rad
Holland per Rad
Belgien/Luxemburg per Rad

Fortsetzung nächste Seite

Weitere CYKLOS-Fahrrad-Reiseführer:

Südwest-Frankreich per Rad
Südost-Frankreich per Rad
Korsika per Rad
Mallorca per Rad
Spanien per Rad Bd. 1 (Norden)
Portugal per Rad Bd. 1 (Süden: Algarve – Alentejo)
Portugal per Rad Bd. 2 (Norden)
Teneriffa & Gomera per Rad
Peloponnes per Rad
Zypern per Rad
Mittel-Griechenland per Rad (Attika – Thessalien – Epirus)
Rhodos & Dodekanes per Rad
Ostägäische Inseln per Rad
Kreta per Rad
Slowenien per Rad
Südtirol per Rad
Schweiz per Rad
Österreich per Rad
Ungarn per Rad
Tschechien per Rad
Polen per Rad – Bd. 1 (Norden)
Polen per Rad – Bd. 2 (Süden)
Thailand per Rad
Neuseeland per Rad

Jeder Band mit etwa 250-320 Seiten kostet DM/sfr 19,80 – 26,80.
Die genannten Bücher sind zu beziehen in jeder Buchhandlung oder direkt vom

Verlag Wolfgang Kettler
Bergstr. 28
D-15366 Neuenhagen
✆ (03342) 202173 / 📄 (03342) 202168

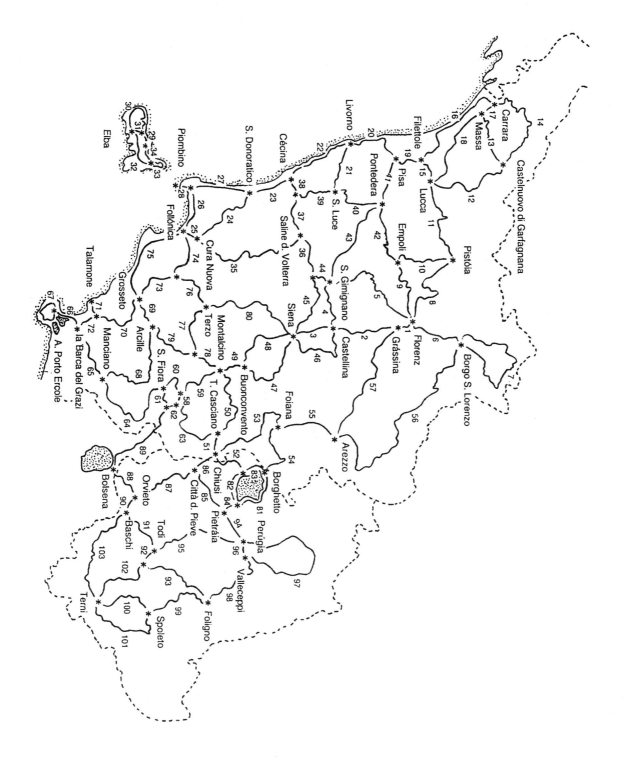